KB051708

한반도 뫼비우스의 띠 풀기:
북한 비핵화와 평화 구축

박영호 외

한반도 뫼비우스의 띠 풀기:
북한 비핵화와 평화 구축

목 차

서문

남북 간의 진정한 화해와 다각적인 교류·협력, 공고한 평화구축과 공동번영, 평화통일의 성취는 우리 모두의 바람입니다. 끊임없는 도전과 노력이 필요합니다. 그러나 현실은 녹록하지 않습니다. 우리처럼 분단국이었던 독일은 2020년에 통일 30주년을 기념했습니다. 분단을 극복한 독일은 유럽의 중추 국가로 우뚝 서 있습니다. 우리는 분단된 지 75년이 넘었습니다. 한반도 평화와 남북관계를 둘러싼 우리 사회의 갈등과 분열은 걱정스러울 정도입니다. 이대로 가면 우리는 분단 100년을 맞게 될 수도 있습니다.

정전협정 체결 이후 남북관계는 부침을 거듭했습니다. 1970년대 초 남북대화가 시작된 이래 다섯 차례의 정상회담과 수백 번의 대화와 접촉이 있었습니다. 7.4 남북공동성명, 남북기본합의서, 6.15 남북공동선언, 10.4 선언 등 많은 합의가 이뤄졌습니다. 1980년대 후반 남북 교역이 시작되고 1998년 금강산 관광의 길이 열렸을 때, 우리 국민은 '새로운 남북관계'가 펼쳐질 것으로 기대했습니다. 그러나 서해에서 남북 해군 간 교전이 벌어지고, 북한 측에 의해 천안함이 피격되고 연평도에 대한 포격이 가해졌을 때, 남북관계의 본질이 크게 변하지 않았음을 깨닫게 되었습니다.

지난 30년 동안 남북관계는 물론 한반도와 동북아의 평화와 안보, 세계적 차원의 비확산을 크게 위협한 것이 북핵문제입니다. 미국을 비롯한 국제사회는 북핵문제를 해결하기 위해 다양한 노력을 기울여 왔습니다. 그러나

1994년 10월의 제네바합의, 2005년 9월의 9.19 공동성명, 2012년 2월의 2.29 합의는 결국 무용지물이 됐습니다. 이제 '핵보유국'을 자임하는 북한은 수십 기의 핵무기와 그 운반 수단인 ICBM, SLBM 등을 개발하면서 핵전략을 구사하고 있습니다. 핵을 가진 북한과 정치군사적 대결상태를 해소하고, 관계를 개선하고, 평화를 만들어 나가는 일은 지금까지와는 차원이 다를 것입니다.

북핵문제가 등장한 이후 역대 한국 정부는 '비핵화'를 대북정책의 최우선 과제로 내세웠습니다. 그러나 북한은 미국만을 직접 상대하려 했고, 한국 정부의 역할은 축소하려고 했습니다. 북한은 미국의 '적대시 정책' 때문에 자위적 차원에서 핵무기를 개발했다는 논리에서 한치도 벗어나지 않고 있습니다. 2017년 11월 '국가 핵무력의 완성'을 선언한 이후에는 자주권과 생존권이 위협을 받고 있다면서 핵무기가 북한의 안전과 미래를 담보한다는 주장을 적극적으로 펼치고 있습니다. 북한 비핵화를 향한 길은 더욱 험난해졌습니다.

이런 환경 속에서 열린 2018~2019년 남북, 미북 정상 간의 비핵 평화회담은 그동안의 북핵문제 협상의 패러다임을 바꿀 기회일 수도 있다는 기대를 모았습니다. 그러나 하노이 회담 결렬 이래 협상은 교착 상태이고 대화는 중단됐습니다. 협상 환경은 악화됐습니다.

그러나 아무리 어려워도 북한 비핵화를 달성하기 위한 우리의 노력을 중단할 수는 없을 것입니다. 북한 비핵화의 길이 한반도에 공고한 평화를 만드는 길이기 때문입니다. 특히 한국은 북핵문제의 직접적인 당사자로서 적극적으로 해법을 만들고 실천해야 합니다. 한국이 노력하는 정도에 따라 동맹국 미국을 포함해서 첨예한 이해관계를 가진 주변국의 협조 수준과 내용이 달라질 것입니다. 한반도 위기를 새로운 발전의 기회로 만드는 것은 우리가 하기에 달렸습니다.

한반도평화만들기의 모태인 한반도포럼은 1990년대 중반 한반도 평화와 통일문제에 기여하기 위해 보수·진보를 망라한 학자·전문가의 연구모임으로 출발했습니다. 그동안 세미나·학술회의·정책 제안을 해 왔습니다. 2003년 3월에는 분단 이후 최초로 평양의 인민문화궁전에서 남·북·해외 학자가 참여한 평화·통일학술회의를 개최했습니다. 2012년 9월에는 북핵문제, 남북 경제·교류협력과 인도주의 문제, 평화체제와 국제협력, 통일문제를 망라한 전략제안서인 『남북관계 3.0: 한반도 평화협력프로세스』를 발간해 정책 입안 과정에 반영되도록 했습니다.

한반도포럼은 학자·전문가뿐만 아니라 전직 장·차관과 외교관으로 구성원이 확대됐습니다. 한국 최고의 전문가 모임이 됐기에 정책 제안이 더욱 활발하게 이뤄질 것으로 기대합니다. 이 책은 이런 노력의 하나로 꽉 막힌 북한 비핵화와 한반도 평화구축의 돌파구를 열기 위한 포괄적인 정책 대안을 제시했습니다.

이번 제안이 현재의 교착 상황을 타개하는 데 도움이 되기를 기대합니다. 앞으로도 한반도포럼은 한반도의 평화와 통일, 동북아 국제 평화, 안보와 협력을 위해서 계속 기여할 것입니다. 감사합니다.

2021년 2월

재단법인 한반도평화만들기 이사장 **홍석현**

평화-안보의 균형과 대북정책

박영호

I

불안정한 평화, 북핵을 머리에 인 안보

미국의 트럼프 대통령과 핵단추 공방을 벌이면서 핵·미사일 개발에 속도를 낸 북한의 국무위원장 김정은은 수소폭탄 실험과 '화성-15호ICBM' 시험 발사에 성공한 후 2017년 11월 29일 '국가핵무력 완성'을 선언했다. 한 달 뒤 2018년 1월 1일 그는 신년사를 통해 국방 부문에서 핵탄두와 탄도로켓미사일의 대량생산과 실전배치 사업, 적미국의 핵전쟁 책동에 대응한 즉각적 핵반격 작전 태세 유지를 강조하면서, 한국 정부에 당국 간 대화를 제의했다. 평창 동계올림픽에 북한을 참가시키기 위해 애태우던 문재인 정부는 즉각적으로 호응했다. 이에 따라 2018년 초부터 모처럼 한반도에 훈풍이 불었다.

남한과 북한은 특사단을 교환했다. 김정은의 여동생 노동당 제1부부장 김여정이 북한의 명목상 국가원수 김영남, 통일전선부장 이선권과 남한을 방문했다. 문재인 정부도 국가안보실장, 국정원장 등을 포함한 대표단을 평양에 보냈다. 4월 27일 한반도 분단의 상징 장소인 판문점에서 한국의 문재인 대통령과 김정은 북한 국무위원장 간 정상회담이 열렸다. 정상회담에서 채택된 「판문점선언」에서 남한과 북한의 두 정상은 "한반도에 더 이상 전쟁은 없을 것이며 새로운 평화의 시대가 열리었다"고 천명했다.

6월 12일 싱가포르에서 트럼프 대통령과 김정은 국무위원장 간 역사적인 첫 북미정상회담이 열렸다. 무대 위의 주인공이 자신이 되길 집착하는 트럼프가 김정은을 국제무대에 화려하게 데뷔하도록 해주는 자리였다. 정상성명을 통해 미국과 북한은 '새로운 관계 수립', '항구적이며 공고한 평화체제 구축', '한반도의 완전한 비핵화', '(6.25전쟁 사망 및 실종 미군) 유해 발굴 및 발굴 유해 송환'에 합의했다.

9월에는 평양에서 또 한 번의 남북정상회담이 열려 「평양선언」을 채택했다. 동 선언에서 두 정상은 남북관계를 "민족적 화해와 협력, 확고한 평화와 공동번영을 위해 일관되고 지속적으로 발전시켜 나가기로" 했다. 남북 군사당국은 평양 정상회담에서 「판문점선언 이행을 위한 군사 분야 합의서」를 채택했다. 동 합의서에서 남한과 북한은 군사적 긴장 상태 완화와 신뢰구축이 항구적이며 공고한 평화 보장에 필수적이라면서 '일체의 적대행위 전면 중지', '비무장지대의 평화지대(화)를 위한 군사대책 강구', '서해 북방한계선 일대에서 우발적 군사충돌 방지와 어로 활동 보장대책 강구', '교류협력 및 접촉 왕래 활성화에 필요한 군사적 보장대책 강구', '군사적 신뢰구축을 위한 조치 강구' 등에 합의했다. 이에 따라 2018년 내로 우선 'DMZ 내 남북의 각 11개 GP 철수', 'JSA의 비무장화' 등을 이행하기로 했다.

그러나 한반도에 훈풍은 계속 불지 않았다. 북한 비핵화를 둘러싼 북미간 고위협상은 공방만을 벌이면서 좀체 풀리지 않았다. 본질적으로 '비핵화'의 개념이 달랐고 접근법에도 큰 괴리가 존재했기 때문이다. 2019년 2월 하노이 북미정상회담은 결렬됐다. 내용이 불명확한 영변 핵시설 폐쇄와 2016년 이후 모든 유엔 안보리 제재의 전면 해제를 교환하려던 북한의 협상 목표는 달성되지 못했다.[1] 김정은이 원했던 '하노이 공동성명'도 이루어지지 않았다.[2] 편도 60여 시간의 기차여행에도 아무런 소득을 얻지 못한 김정은

---

1 김정은은 영변 한곳만 폐쇄하겠다고 제안했지만, 트럼프 대통령은 영변을 포함 5곳의 폐쇄를 요구했다. John Bolton, *The Room Where It Happened: A White House Memoir* (New York: Simon & Schuster, 2020), pp. 325-328; Bob Woodward, *Rage* (New York: Simon & Schuster, 2020), p. 175. 또한, 2018년과 2019년에 트럼프 대통령과 김정은 북한 국무위원장 간 27통의 서신이 교환된 것으로 밝혀졌다. Bob Woodward, *Rage*, p. 106.

2 John Bolton, *The Room Where It Happened: A White House Memoir*, pp. 329-330.

은 미국에 대해 '새로운 셈법'을 요구하면서 강경한 태세로 돌아섰다.

이와 함께 김정은 정권은 대남정책을 압박과 전면적 무시 전략으로 180도 전환하였다. 남북화해 분위기 속에서 소강상태에 있던 단거리 탄도미사일, 대형방사포, 장사정포 등의 시험 발사가 잇따라 이루어졌다. 한국 정부에 대한 소위 '민족 공조' 압박은 한층 강해졌다. 국제 제재의 지속으로 심화한 경제난을 자력갱생의 '정면돌파전'으로 대응하기로 한[3] 김정은 정권의 대남 압박은 2020년 6월 절정에 달했다. 6월 4일 노동당 제1부부장 김여정의 담화에서 북한은 남북공동연락사무소의 폐쇄, 남북군사합의의 파기 등을 위협했다. 그리고 6월 16일 개성공단에 설치·가동되던 남북공동연락사무소 건물을 폭파하고 이를 대내외에 알렸다. 그날은 북한이 남북관계의 '장전章典'으로 중시하는 「6.15남북공동선언」 발표 20주년 바로 다음 날이었다. 특히 남북공동연락사무소는 「판문점선언」의 대표적 성과물로 남북협력의 상징이었다.

판문점 도보다리를 함께 걷고 백두산 정상에서 손을 맞잡은 문재인-김정은의 모습은 화려한 행사의 절정을 보여주었다. 그러나 그 화려함은 삭풍에 쓸려나갔다. '새로운 평화의 시대'는 열리지 않았으며 남은 결과는 속 빈 강정이나 마찬가지다. 북한의 대남사업 당국인 통일전선부는 남한 정부를 두고 '적은 역시 적'이라고 속내를 털어놓았다.[4] 그리고 김여정의 입을 빌려 남북관계의 파국이 문재인 정부의 "친미사대와 굴종주의가 낳은 비극"이라고 비난했다.[5]

---

3 "주체혁명위업 승리의 활로를 밝힌 불멸의 대강 - 우리의 전진을 저애하는 모든 난관을 정면돌파전으로 뚫고 나가자," 조선로동당 중앙위원회 제7기 제5차 전원회의에 관한 보도, 〈조선중앙통신〉 2020.1.1.

4 노동당 통일전선부 대변인 담화, 〈조선중앙통신〉 2020.6.5.

5 김여정 담화, "철면피한 감언리설을 듣자니 역스럽다." 〈조선중앙통신〉 2020.6.17.

반세기의 남북대화 역사에서 훈풍과 삭풍의 교차가 새로운 일은 아니다. 냉전의 한가운데 있던 1972년 남한과 북한은 상호 중상 비방 중지, 무장도발 중단, 군사적 충돌 방지 등을 담은 「7.4 남북공동성명」에 합의하고 성실한 이행을 "온 민족 앞에 엄숙히 약속"했다. 냉전체제가 무너진 1991년 12월에는 정치군사적 대결상태 해소, 화해 실현, 무력 침략과 충돌 방지, 긴장 완화와 평화 보장, 교류·협력 실현 등을 약속한 「남북 사이의 화해와 불가침 및 교류·협력에 관한 합의서」 「남북기본합의서」 를 채택했다. 그리고 1992년 1월에는 「한반도 비핵화 공동선언」을 통해 핵무기의 시험·제조·생산·접수·보유·저장·배비·사용을 하지 않고, 핵재처리시설과 우라늄농축시설을 보유하지 않는다는데 합의했다.

돌이켜보면, 「남북기본합의서」에서 약속한 정치군사적 대결상태는 해소되지 않았고, 긴장 완화와 평화의 보장도 이루어지지 않았다. 애초 북한은 "미제의 핵위협 제거"에 이용할 목적으로 1985년 12월 NPT에 가입했다.[6] 사회주의진영 해체로 대외환경이 불안해진 북한에 「한반도 비핵화 공동선언」은 체제보전과 안보 수단으로써 핵무기를 개발하는 과정의 위장막에 불과했다. 북한은 NPT 탈퇴·복귀·재탈퇴를 미국과의 핵협상에 활용하면서 한 세대 만에 '핵보유국'의 목표를 달성했다. 결국, 한국만 NPT 당사자로서 누릴 수 있는 플루토늄 재처리와 우라늄 농축의 권리를 포기한 셈이다.

1990년을 전후해 방사화학실험실재처리시설과 우라늄 정련 및 변환 시설을 가동하면서 본격적으로 핵무기 개발과정에 들어간 북한은 핵협상에 관한 한 철저하게 한국을 무시했다. 북핵문제 등장 이후 역대 한국 정부가 북한 비핵화를 대북정책의 목표로 내세웠으나 비핵화는커녕 북한의 핵개발 수준은 시간이 지날수록 더욱 높아졌다. 남북 정상회담의 결과물인 「10.4선언」,

---

6 정기종, 『력사의 대하』(평양: 문학예술종합출판사, 1998), p. 8, p. 62.

「판문점선언」, 「평양선언」에 각각 '한반도 핵문제 해결을 위해 공동 노력', '완전한 비핵화를 통해 핵 없는 한반도 실현', '한반도의 완전한 비핵화 추진에 긴밀히 협력'이라는 내용을 담았으나 북한의 관심 사안은 전혀 아니었다. 더욱이 그 말들은 '북한 비핵화'를 의미하지 않았다.

김정일 정권에서 두 차례의 핵실험을 한 북한은 김정은 정권이 공식 출범한 2012년 4월, 헌법에 '핵보유국'임을 명시했다.[7] 그리고 2017년 9월 '초강력 열핵무기'**수소폭탄** 시험까지 네 차례의 추가 핵실험으로 핵무기의 소형화·경량화·다종화를 추진하면서 잇따른 단·중·장거리 탄도미사일 시험발사를 통해 핵무기 운반수단 능력을 발전시켰다. 결국, 2020년 9월 현재 북한은 최소 20, 최대 60기의 실전배치가 가능한 핵탄두와 그 운반수단인 단·중·장거리 탄도미사일을 상당한 수준으로 보유하는 상황이 되었다.[8]

북한의 핵·미사일 수준 고도화에 대응해 국제사회는 유엔 안보리의 제재 수준을 점차 강화했다. 미국 오바마 정부의 '전략적 인내' 정책은 북한을 비핵화로 이끌지 못했으며, '최대의 압박과 대화' 정책을 세운 트럼프 대통령의 자기과시용 정상회담 등 위로부터의 협상도 김정은의 비핵화를 향한 전략적 결단을 견인하지 못했다. 미국 주도의 국제 제재와 외교적 압박에 맞선 김정은의 '정면돌파전'은 경제적으로는 '자력갱생'을, 군사안보적으로는 '강력한 핵억제력의 경상적 동원태세를 항시적으로 유지'하는 것, 즉 핵무기의 전략적 배치를 말하는 것이다. 김정은은 "자위적 핵억제력으로 하여

---

7 핵과 인공위성(미사일)은 새 세기 산업혁명, 민족의 정신력과 함께 김정일이 김정은에게 물려준 3대 유산이다. "김정일 동지의 혁명 유산," <로동신문> 2011.12.28.

8 미국 육군부는 2020년 7월 발간한 기술보고서에서 북한이 핵무기를 20~60개 보유하고 있으며 매년 6개를 추가 생산할 능력이 있다고 평가했다. Department of the Army, *North Korean Tactics* (Washington, DC: Headquarters, Department of the Army, 24 July 2020), p. 1-11. 스톡홀름 국제평화연구소(SIPRI)는 2020년 연감에서 북한이 보유한 핵무기 수를 30-40개로 평가했다. SIPRI, *SIPRI Yearbook 2020: Armaments, Disarmament and International Security* (Oxford: Oxford University Press, 2020), p. 326.

이 땅에 더는 전쟁이라는 말은 없을 것"이라며[9] 핵무기의 안보 전략적 의도를 밝히고 있다.

'평화'를 전면에 내세우며 북한과 미국 사이에서 '한반도 운전자론'을 펼친 문재인 정부의 정책은 워싱턴과 평양의 '선의'에 기대해야 하는 나락으로 떨어졌다. 문재인 정부는 김정은 정권이 2018년 4월 21일 노동당 중앙위원회 제7기 제3차 전원회의에서 결정한 '경제건설·핵무력건설 병진노선' 결속과 '경제건설 총력집중' 노선 선택을 비핵화로의 정책 변화로 오판했다. 김정은 정권의 결정은 핵탄두와 운반수단의 개발을 통해 '핵무기병기화를 실현'했으므로 그에 토대하여 경제건설에 역량을 집중하겠다는 것이지, 핵을 포기한다는 의미가 아니었다. 이미 김정은은 전쟁 억제력으로서 핵무기로 북한의 '자주권'을 지킬 수 있게 되었고, 외부미국의 위협에 대응할 수 있는 '평화수호의 강력한 보검'을 갖게 되었다고 선언했다.[10]

대미 차원에서 핵억제력에 자신감이 생긴 김정은은 문재인 정부에 대화를 제의했다. 남북관계를 정책의 최우선에 두고 북한에 대화의 문을 두드리던 문재인 정부는 즉각적으로 호응했다. 남북대화에 대한 김정은의 전략은 경제발전 5개년 전략의 성공을 위한 외적 환경의 개선이었다. 대남 차원에서는 2007년 「10.4선언」에서 당시 노무현 정부가 약속한 대규모 경협을 문재인 정부가 이행하도록 하며,[11] 비무장지대 인근에서 북한의 군사적 취약성을 개선하는 데 있었다. 전자의 목적은 정상회담의 결과인 「판문점선언」과 「평양선언」에 그 내용을 담았으며, 후자의 목적은 「9.19 군사 분야

---

9 김정은, "위대한 승리자들의 위훈은 영원불멸할 것이다," 제6차 전국로병대회 연설, 〈조선중앙통신〉 2020.7.27.

10 김정은 신년사, 〈로동신문〉 2018.1.1.

11 박영호, "남북정상회담 주요 합의 분석 및 평가," 『남북 정상회담 이후 한반도정세 전망과 과제』(북한연구소·제주평화연구원 공동학술회의 발표 논문집, 2018.5.24), p. 23.

합의서」에 그 내용을 담았다.

그러나 한반도 평화와 한국 안보의 최대 위협요인 북핵은 문재인 정부의 기대와는 달리 전혀 해결의 실마리를 찾지 못했다. 오히려 김정은 정권은 험로역경에도 불구하고 핵보유국으로의 길을 걸어왔음을 자부하며 자위적 핵억제력이 국가와 체제의 담보라고 강조하고 있다.[12] 북한의 핵능력 고도화는 남한과 북한 간 군사안보 전략적 균형을 무너뜨리는 것으로 핵무기 없는 한국의 안보를 미국의 핵우산에 더욱 의존하도록 만든다. 사실상 한국의 국가와 국민은 북한의 핵과 함께 살아가야 하는 상황이 된 것이다. 북한 핵은 절대 용납할 수 없다며 북한 비핵화와 한반도 평화구축을 정책 목표로 내세워 추진해온 역대 한국 정부의 대북정책은 처절하게 실패했다. 전쟁 없는 불안정한 평화, 북한의 핵을 머리에 이고 사는 안보는 해결할 수 없는 과제인가?

---

12 김정은, "위대한 승리자들의 위훈은 영원불멸할 것이다," 2020.7.27.

Ⅱ

평화와 안보:
상호 배타적인가, 보완적인가?

한국의 국가안보정책 좁게는 대북정책에서 무력충돌 방지와 평화 보장은 가장 중요한 목표 중 하나다. 동족상잔의 비극을 겪고 군사적 밀집도가 매우 높은 한반도에서 첨예한 대치 상황을 벗어나지 못하고 있으니 당연한 일이다. 「남북기본합의서」의 전문에도 정치군사적 대결상태 해소, 무력 침략과 충돌 방지, 긴장 완화와 평화 보장이 강조되었다. 세계적 차원의 냉전구조 해체 이후, 역대 한국 정부의 대북정책에서 평화는 평화공존, 평화증진, 평화정착 등의 이름으로 빠지지 않는 정책 목표로 채택되었다. 평화가 없는 평화통일은 가능하지 않기 때문이다. 문재인 정부도 정책비전의 하나로 평화공존을, 정책목표의 하나로 평화정착을 내세웠다. 특히 "평화는 추구해야 할 최우선의 가치이자 정의이며, 번영을 위한 토대"라고 그 배경을 설명했다.[13]

한국 정부의 대북정책에서 평화 이상으로 중시되는 요소가 안보다. 모든 국가는 영토 보전과 국민의 생명과 재산을 보호할 책임과 의무가 있다. 따라서 안보는 국가가 존재하는 한 최우선의 국익이며 가치다. 특히 분단국으로서 정전협정 체결 이후 전쟁 재발 방지를 위해 북한의 군사적 위협 억제가 안보의 상수로 굳어진 이유다. 역대 한국 정부는 '진보' 또는 '보수'의

---

13 통일부, 『문재인의 한반도정책: 평화와 번영의 한반도』(서울: 통일부, 2017.11), p. 6.

이념적 정향과 무관하게 평화평화정착, 평화증진라는 목표를 달성하기 위한 토대로 튼튼한 안보 또는 강한 안보를 내세웠다. 예를 들어 박근혜 정부는 남북관계 발전, 한반도 평화정착, 통일기반 구축을 목표로 내세운 '한반도 신뢰프로세스'를 튼튼한 안보에 기초하여 추진한다고 했다.[14] 문재인 정부는 북핵문제 해결과 평화정착, 남북관계 발전, 한반도 신경제공동체 구현을 목표로 내세운 '한반도정책'을 추진하는 원칙으로 '강한 안보를 통한 평화 유지'를 설정했다.[15] 여기에서 '강한 안보'란 "확고한 한미동맹과 국방력을 바탕으로 굳건한 안보태세를 유지함으로써, 북한의 도발을 억제하고 한반도 평화를 정착시키겠다"는 것이다.[16]

남한과 북한은 「남북기본합의서」에서 쌍방의 관계를 "나라와 나라 사이의 관계가 아닌 통일을 지향하는 과정에서 형성되는 특수관계"로 합의했다. 이에 따라 그동안 맺은 합의 문건들에 조약, 협정의 용어 대신에 합의서라는 용어를 사용했다. 남한과 북한은 국제법상으로 각각 독립 주권국가이지만 각각의 국내법 차원에서는 그렇게 인정되지 않는다. 그래서 '특수관계'이지만 지금까지의 남북관계를 보면 사실상 그리고 현실 정책적으로 국가 대 국가 간 관계로 보는 것이 타당하다. 서울과 평양에는 각각의 정부가 있으며 그들이 상대방에 대한 정책을 입안하여 추진한다.

남한과 북한은 각각의 헌법에 체제의 성격을 규정하고 있으며 그에 토대한 통일의 실현을 지향한다. 즉 남한은 자유민주주의와 자본주의에 토대를 둔 통일을, 북한은 계급노선·인민민주주의독재와 '북한식' 사회주의에 토대를 둔 통일을 목표로 한다. 서로 양립할 수 없는 통일의 목표는 남한과 북한을 대립하고 갈등하게 만드는 근본 원인이다. 북한의 무력통일 시도가

---

14 통일연구원, 『한반도 신뢰프로세스』(서울: 통일연구원, 2013), p. 6.

15 통일부, 『문재인의 한반도정책: 평화와 번영의 한반도』, p. 11.

16 통일부, 『문재인의 한반도정책: 평화와 번영의 한반도』, p. 30.

실패로 돌아간 이래 남한의 국가안보정책에서 상수는 북한에 의한 전쟁 재발 방지와 군사적 위협의 억지이다. 북한의 경우 미국 '제국주의'와 한미동맹이 북한 체제의 안전을 위협한다고 보며, 따라서 그에 대한 안보적 대응이 국가안보정책의 필수 조건이다.

남북대화가 시작된 이후 남북관계의 개선 또는 발전을 추진하면서도 안보는 항상 기본 토대였다. 세계적 차원의 냉전 종식과 더불어 체결된 「남북기본합의서」의 제1조는 상대방의 체제 인정과 존중이었다. 남한과 북한이 서로 다른 통일 구상을 가진 상황에서 관계 개선을 추진하더라도 국가 안위는 기본 전제이기 때문이다. 「남북기본합의서」와 「한반도 비핵화 공동선언」은 한국의 대북정책 차원에서는 적극적인 정책이었지만 북한으로서는 체제 안위를 위한 전술적 선택이었다. NPT 가입을 미국의 한반도 주둔 핵철폐 목적으로 이용한 북한은 이 시기부터 핵무기 개발프로그램을 본격화하기 시작했다. 미국이 수십 년간 북한을 '적대시'하고 특히 사회주의진영 붕괴 이후 북한 체제를 '압살'하려 한다고 판단했기 때문이다. 이에 따라 국제정치적으로 북핵문제가 불거지고 한국의 대북정책에서는 북핵문제 해결 **북한 비핵화**이 핵심 목표이자 일종의 상수가 되었다. 북핵문제는 또한 한국의 대북정책 입안 및 추진과정에서 미국과의 정책협력 문제를 핵심 변수로 등장시켰다. 핵문제를 미국과의 양자문제로 본 북한의 전략에 따라서 한국은 직접 당사자로 참여할 수 없었기 때문이다.

북핵문제가 등장한 이후 역대 한국 정부는 정도의 차이는 있으나 대북 '포용'정책을 정책 기조의 중요 줄기로 채택·추진하였다. 동시에 안보문제의 해결 방안으로 북핵문제의 평화적 해결과 함께 평화체제 구축문제를 다루기 시작했다. 「남북기본합의서」 제5조에 담긴 '정전상태의 평화상태 전환'을 실현하기 위해 '평화체제 구축'을 정책목표 내지는 핵심 정책과제로 채택·추진하였다. 상대방으로부터의 군사적 위협이라는 안보문제를 근본적으로 해결하기 위해서는 단순히 군사적 충돌 방지 및 전쟁 억지에 머물지 않고 군사적 불안정 해소와 평화상태를 이루어야 하기 때문이다.

안보는 한 나라의 생존과 안전, 평화와 발전을 포함한 국가이익을 지키기 위한 기본 토대이다.[17] 안보의 개념은 다양하게 정의될 수 있다. 추상적으로 말하면, 안보란 핵심가치에 대한 위협으로부터의 자유로움[18] 또는 타자에 의한 잠재적 위해나 원치 않는 강압적 변화로부터의 자유로움을 말한다.[19] 안보는 국가의 책임으로 핵심가치가 위협받는 상황을 방지해 심리적, 물리적 안정을 추구한다.[20] 안보의 수혜자는 개인, 사회집단, 제도, 체제 또는 원치 않는 변화를 당할 수 있는 실체나 현상일 수 있다.[21] 전통적인 안보 개념은 전쟁이나 힘의 사용 위협과 연관되어 이해되었다.

그러나 냉전 종식 이후 안보의 개념은 그 폭이 깊어지고 범위가 넓어졌다. 이에 따라 안보개념의 재정의가 필요하다는 주장도 제기됐다.[22] 예를 들어, '위협'의 내용은 군사력과 같은 물리적 힘의 사용 이외에 테러, 국내 무력충돌 같은 직접적인 폭력, HIV/AIDS 같은 팬데믹, 환경 파괴 등으로 확대되었다.[23] 2020년 연초부터 지구를 흔들고 있는 신종 코로나바이러스 감염증COVID-19도 '안보'에 대한 위협이다. 또 식량안보, 경제안보, 환경안보처럼 안보가 군사적 측면 이외에 정치, 경제, 사회, 환경 등의 측면과 결부되어 이

---

17 박영호 외, 『한반도 평화정착 추진 전략』(서울: 통일연구원, 2003), pp. 9-14.

18 John Baylis and Steve Smith ed., *The Globalization of World Politics: An Introduction to International Relations* (Oxford, UK: Oxford University Press, 2005), p. 300.

19 https://en.wikipedia.org/wiki/Security

20 Robert Mandel, *The Changing Face of National Security: A Conceptual Analysis* (Westport, Connecticut: Greenwood Press, 1994), p. 21.

21 https://en.wikipedia.org/wiki/Security

22 Ronnie D. Lipschutz, ed., *On Security* (New York: Columbia University Press, 1995), pp. 5-8.

23 Alan Collins ed., *Contemporary Security Studies* (Oxford: Oxford University Press, 2013), pp. 1-2.

해되기도 한다. 1994년 유엔개발계획UNDP 보고서에 처음 등장한 '인간안보' 용어는 '안보'의 영역을 무한 확장하면서 동시에 '안보'를 인간의 삶의 발전과 연관시키면서 개념 논의에 혼란을 초래했다. 인간안보의 개념은 인간의 삶을 위한 좋은 국가와 좋은 거버넌스의 발전을 목표로 하며, 자국민에게 폭력을 행사하는 국가나 정부에 대해 제3국이 인간에 대한 보호책임Responsibility to Protect의 명분 아래 개입하는 것을 정당화한다.[24] 따라서 북한 주민에 대한 무조건적 인도적 지원을 인간안보의 개념으로 정당화하려면 북한 정권의 주민에 대한 폭력적 인권 압박을 억제하기 위한 제3국의 개입도 정당화되어야 한다.

한국 국방부의 『2018 국방백서』는 세계 안보정세를 "범세계적으로 영토, 종교, 인종 등과 같은 전통적 갈등 요인으로 인한 안보위협이 지속하는 가운데 초국가적·비군사적 위협이 증대하고 있다"고 평가했다. 초국가적·비군사적 안보위협 요인에는 테러의 확산, 사이버위협 증대, 신종 감염병 확산, 대규모 자연재해와 재난 등을 들었다.[25] 전통적 안보위협의 차원을 넘어서 전방위 안보위협을 거론하고 있다.

그러나 안보개념의 폭과 범위가 확대되었음에도 국가 단위의 전통적 안보, 즉 외부의 침략이나 위협으로부터 국가와 영토의 존엄을 유지하고 국민의 생명과 재산을 보호하는 국가안보의 기본 전제는 여전히 안보의 핵심이다. 한반도의 안보를 논할 때, '안보'는 주로 남북관계의 맥락에서 이해되고 논의된다. 즉 안보는 '북한의 위협'을 상정하고 있다. 위에 언급한 『2018 국방백서』에 따르면, "우리의 적"은 "대한민국의 주권, 국토, 국민, 재산을 위

---

24 Pauline Kerr, "Human Security," In Alan Colins, ed. *Contemporary Security Studies* (Oxford, UK: Oxford University Press, 2013), p. 105.

25 대한민국 국방부, 『2018 국방백서』(서울: 국방부, 2018), p. 33.

협하고 침해하는 세력"이다.[26] 여기에서 '우리의 적'은 북한을 의미한다는 점에 이의를 달기 어려울 것이다. 이 글에서 인식하는 안보의 개념은 그 본질이 군사력을 포함한 다양한 수단으로 영토와 국민, 국가의 안전을 침해하고 생존을 위협하는 것을 방어하는 것을 의미한다.

한편 평화의 개념도 다양하게 정의할 수 있다. 일반적으로 평화의 개념은 소극적 평화와 적극적 평화로 구분된다. 소극적 의미의 평화는 전쟁으로 상징되는 무력적/폭력적 충돌이 없는 상태, 또는 무력/폭력이나 무력/폭력의 공포가 없는 상태를 말한다. 적극적 의미의 평화는 소극적 의미의 평화를 넘어서 무력적/폭력적 충돌이나 분쟁 요소가 해소되고 평화가 일상적으로 유지·관리되는 상태를 말한다. 적극적 평화의 개념은 폭력 또는 무력 사용이나 위협 요소를 근원적으로 제거하는 차원을 넘어 한 나라 내부의 여러 요인의 상태를 포함시키기도 한다. 예를 들어, 2008년 이래 국제평화지수Global Peace Index를 측정·발표하는 경제평화연구소Institute for Economics & Peace는 적극적 평화의 개념을 평화적 사회를 창출하고 지속시키는 태도, 제도 및 구조라고 정의한다.[27] 평화의 개념을 외부 세력과의 관계 차원뿐 아니라 내부의 사회, 정치, 경제적 구조와 상태, 제도와 구성원의 태도 등을 포함하여 정의하고 있다.

그러나 이 글에서의 평화는 한반도 평화문제와 관련한 직접적인 두 당사자, 남한과 북한 간의 관계 차원에서 이해한다. 국제사회에서 "평화는 주권국가의 독립을 전제로 상호 자주성의 존중과 호혜 평등의 원칙이 관철될 때 전쟁 가능성은 줄어들고 안정된 국제질서 속에서 평화가 유지될 수 있다."[28] 이러한 평화의 개념은 한반도와 동북아 국제질서의 주요 행위자인

---

26 대한민국 국방부, 『2018 국방백서』, p. 33.

27 Institute for Economics & Peace, *Global Peace Index 2020*, June 2020, p. 54.

28 박영호 외, 『한반도 평화정착 추진 전략』, p. 9.

남한과 북한 사이의 관계에도 해당한다.

남북관계 차원에서 소극적 평화는, 남한과 북한이 전쟁이나 무력충돌이 없이 공존하는 상태, 즉 상호 폭력이 없는 상태를 의미한다. 위에서 논의된 안보개념의 맥락에서 보면 북한의 군사적 위협이 억제된 상태로 볼 수 있다. 소극적 평화의 상태에서는 북한으로부터의 잠재적 군사적 위협은 상존한다. 반면 북한은 한반도 평화의 위협요인을 미국의 '대조선북한 지배전략'과 주한미군 그리고 남한의 '반공화국북한 대결 및 군비증강'이라고 주장한다.[29] 즉 미국과 한국으로부터의 군사적 위협이 평화를 위협한다는 것이다. 이와 함께 정전체제를 형식적으로 유지하는 것이 평화보장의 장애요인이라고 주장한다. 북한은 정전체제의 현실을 평화가 아니라고 주장한다.[30] 김정은은 정전협정 체결 67주년 2020년 7월 27일 연설에서 "전후 근 70년간의 역사는 결코 평화 시기라고 할 수 없는 적들과의 치열한 대결의 연속"이었다며[31] 현 한반도의 상황이 평화가 부재하다고 주장했다. 결국, 남한과 북한이 각각 상대방으로부터의 군사적 위협이 평화를 근본적으로 저해한다고 본다. 남북관계 차원에서 적극적 평화는, 남한과 북한 간에 전쟁이나 무력충돌이 없으며 쌍방 간에 그러한 갈등을 일으키는 근원적 요인이 제거된 상태를 의미한다. 따라서 한반도에서의 적극적 평화는, 남한과 북한 간의 단순히 폭력이 없는 상태가 아니라 폭력의 근원이 해소된 상태, 즉 공고한 평화가 정착되는 평화공존의 상태를 의미한다.

「남북기본합의서」의 내용을 인용하면, 한반도의 적극적 평화의 상태는, 남한과 북한 사이에 정치군사적 대결상태가 해소되고, 무력에 의한 침략과

---

29 엄국현·윤금철, 『조선반도 평화보장문제』(평양: 평양출판사, 2006).

30 "조국수호정신은 주체조선의 넋이며 필승의 무기이다," 사설, <로동신문> 2020.6.25.

31 김정은, "위대한 승리자들의 위훈은 영원불멸할 것이다," 제6차 전국노병대회에서 한 김정은 동지의 연설, <조선중앙통신> 2020.7.27.

충돌이 근원적으로 배격되며, 평화가 보장되는 공고한 평화상태가 이룩되어, 다각적인 교류·협력이 일상적으로 이루어지는 상태라고 할 수 있다. 요컨대 남북관계 차원에서 보면, 안보와 평화는 서로 분리해서 다루어질 성격의 것이 아닌 동전의 앞면과 뒷면으로서 하나의 몸체로 이해할 수 있다.

Ⅲ

'평화-안보'의 관점에서 본 한국의 대북정책: 노태우 정부에서 문재인 정부까지

사회주의권의 체제 전환 요구가 절정으로 움직이는 국제환경 속에서 노태우 정부는 적극적인 대 사회주의권 관계 개선 정책, 즉 '북방정책'을 추진했다. 북한에 대한 접근도 적대적 대결의 지속보다는 포용의 관점에서 이루어지기 시작했다.[32] 북한을 남북관계 개선을 향한 '선의의 동반자'로, 공동번영을 추구하는 '민족공동체의 일원'으로 본다며[33] 북한관의 변화를 보여주었다. 통일은 단계적일 수밖에 없고, 교류·협력과 함께 군사적 긴장 상태 해소가 추진되어야 하며, 남한과 북한이 상호 존재를 인정하는 데서 출발해야 한다는 정책 기조가 제시되었다.[34]

사실 이때까지 한국 정부는 북한과 정치·군사문제를 논의하는 것에 소극적이었다. 주한미군 문제와 한국이 정전협정 서명자가 아니라는 점 이외에 남북 간 군사력 불균형과 북한의 예측할 수 없는 무력도발에 대한 우려 등이 심리적 위축 요인으로 작용했기 때문이다.[35] 노태우 정부에서 처음으로 북한의 위협 억제라는 소극적·방어적 평화에서 정치·군사문제의 해결을 통한 적극적 평화의 개념이 정책 구상에 도입되었다.

---

32 통일원, 『1990 통일백서』(서울: 통일원, 1990), pp. 50-51.

33 '민족자존과 통일번영을 위한 특별선언'(7.7선언), 1988.7.7.

34 통일원, 『1990 통일백서』, p. 47.

35 통일원, 『1990 통일백서』, p. 86.

대외관계 측면에서 공식적으로 북한의 대 미일관계 개선 지원을 표명한 정부는 노태우 정부가 처음이다. 한반도 평화정착을 위해서는 남북한이 모든 이해 당사국들과 정상관계를 구축해야 한다는 것이었다. 그러나 한국이 소련러시아과 1990년에, 중국과는 1992년에 각각 수교하였으나, 북한의 미국, 일본 수교는 여전히 이루어지지 않은 상태다. 이러한 정책 기조는 총리급을 대표로 한 8차례의 남북고위급 회담 결과 채택·발효된 「남북기본합의서」에 반영되었다.

평화에 대한 적극적 접근이 북한에 대한 전통적 안보 시각을 전면적으로 바꾼 것은 아니었다. 북한의 대남적화 전략은 변하지 않고 있으며 특히 대남적화 통일의 조기 실현을 위해 신예무기 증강 및 핵무기 개발 등 정책 노력을 집중시키고 있다고 판단했다. 따라서 남북 대결구조가 지속되는 가운데 북한의 무력도발 가능성이 높기 때문에 총합안보태세의 강화가 필요하다고 보았다.[36]

사회주의진영의 대전환이 이루어지는 국제환경 속에서 남북한은 1991년 9월 동시에 유엔회원국이 되었다. '하나의 조선' 정책을 주장하며 유엔 동시 가입을 반대했던 북한의 입장이 무너졌다. 한국이 북한의 동맹국들인 소련러시아, 중국과 수교한 반면, 북한은 미국, 일본과의 관계 개선조차 제대로 이루지 못했다.

1992년 2월에 발효된 「남북기본합의서」는 정치군사적 대결상태 해소와 화해, 긴장 완화와 평화 보장, 다각적 교류·협력 등과 관련 가장 포괄적인 내용을 담았다. 그 이후 역대 한국 정부는 신뢰구축, 평화공존, 평화정착, 평화체제 등 평화의 문제를 대북정책의 목표, 추진전략, 추진기조 또는 추진과제로 제시하였다. 평화문제는 국가안보와 결부되었다. 역시 1992년

---

36 국방부, 『국방백서 1991~1992』(서울: 국방부, 1991), pp. 23-27.

2월에 발효된 「한반도 비핵화 공동선언」 1항에서 남한과 북한은 핵무기를 시험, 제조, 생산, 접수, 보유, 저장, 배비를 사용하지 않기로 했다. 3항에서는 핵재처리시설과 우라늄 농축시설을 보유하지 않기로 했다. 그러나 북한은 1989년 9월 북핵문제가 국제사회의 중요 관심사로 대두될 즈음, 영변에서는 핵재처리시설인 방사화학실험실을 가동하고 있었으며, 평산에서는 우라늄 정련 및 변환 시설을 가동하고 있었다. 돌이켜보면, 플루토늄과 농축 우라늄 방식의 핵무기 개발을 위한 초기 단계가 진행 중이었던 것이다.

김영삼 정부는 "어느 동맹국도 민족보다 더 나을 수는 없(다)"며[37] '민족' 중시의 입장에서 출발했다. 통일 이전에 평화공존의 실현을 전제로 하는 '민족공동체 통일방안'을 제시했다. 그러나 북한의 NPT 탈퇴 선언으로 핵문제가 본격적으로 불거지면서 "핵무기를 가진 상대와는 결코 악수할 수 없다"는 입장으로 바뀌었다.[38] 남북대화의 자리에서 북한 측의 '서울 불바다', '전쟁 불사' 등 위협 언사가 나왔고 김영삼 정부의 대북정책은 강경하게 변했다. 북핵문제를 최우선으로 해결해야 할 과제로 강조했으나 이 문제를 두고 한국 정부가 북한을 직접 상대할 수는 없었다. 북핵문제는 북미 간 협상 과제가 되었다. 한국은 한미공조의 틀에서 정책투입을 할 수밖에 없었다.

북미 제네바합의로 북핵문제가 해결의 길로 가는 듯했으나 핵프로그램이 차단되지는 못했다. 북핵협상 과정에서 북한은 북미 간 평화협상의 추진에도 적극적으로 나왔으나 양자 평화협상은 이루어지지 않았다. 김영삼 정부는 북한의 공세에 대응하여 정전체제의 평화체제 전환, 한반도 평화체제 구축 논의를 위한 4자회담을 1994년 4월 미국과 함께 제안했다. 1997년 12월 1차 회담이 열렸으나 본격적 협상이 이루어지지는 않았다.

---

37 "김영삼 대통령 취임사," 통일원, 『통일백서』(서울: 통일원, 1993), p. 239.

38 "대통령 취임 100일 기자회견," 1993.6.3.

김대중 정부는 무력도발 불용을 대북정책 추진 원칙의 하나로 세웠으나 남북관계 개선에 우선순위를 두었다. 따라서 비핵화 실현, 평화체제 수립도 정책 목표로 설정했으나 교류협력에 역점을 기울였다. 남북관계 개선 목표는 금강산관광을 열고 분단 이후 첫 정상회담을 성사시켰다. 그러나 북핵문제의 해결과는 거리가 멀었다. 「6.15남북공동선언」에는 남북 간 군사적 긴장 완화를 위한 어떠한 합의도 담겨 있지 않았다. 김대중 대통령은 평양 정상회담 후 "이제 한반도에서 전쟁의 위험은 사라졌다"고 했으며, 2001년에는 "북(한)은 핵을 개발한 적도 없고 개발할 능력도 없다"고 언급한 것으로 알려졌다.[39] "북(한)은 1994년에 핵을 포기했다"고 말했고, 핵을 개발하면 "내가 책임지겠다"고도 했다.[40] 2000년 2월에는 김정일이 핵무기를 개발하지 않겠다는 합의를 지키고 있다고 말했다.[41] 그러나 북한의 핵개발은 중단되지 않았고 탄도미사일 개발도 계속되었다. 동·서·남해안을 통한 북한의 군사적 침투가 발생했고, 서해에선 한국 해군이 북한 해군의 기습공격을 받았다. 대북정책 원칙으로 내세웠던 북한의 '무력도발 불용'과 정책 기조였던 '안보와 협력의 병행 추진'이 실제 정책에서는 무력했다.

김대중 정부는 안보목표로 전쟁 억제와 항구적인 평화체제 구축, 남북관계 개선과 평화공존 관계 정착 및 통일기반 조성 등을 제시했다. 확고한 안보태세를 통한 전쟁 억제와 냉전 대결구조 해체를 통한 한반도 안정과 평화기반의 공고화를 안보전략 기조의 하나로 설정했다.[42] 그러나 북핵문제와 미사일 문제의 해결은 미국에 맡겨두었으며 교류·협력 중심의 남북관계

---

39 "'북핵이 햇볕정책 폐기 때문' 이라는 추미애 野 대표," (사설) <동아일보> 2016.9.12.

40 "[배인준 칼럼] 국민이 DJ를 위해 있나," <동아일보> 2009.6.17.

41 "[이영종의 바로 보는 북한] 노무현 '북핵 일리 있는 측면 있다'…MB는 6자회담만 믿어," <중앙일보> 2016.9.13. 김대중 전 대통령의 공언과는 달리 김정일은 핵무기와 미사일을 유산으로 남겨주었다.

42 국방부, 『국방백서』(서울: 국방부, 1998), p. 51.

개선을 강조했다. 평화체제 구축 과제를 위해 김영삼 정부에서 시작된 4자 회담은 1999년 8월 6차 회담을 끝으로 흐지부지되고 말았다. 평화협정에 대한 남북 간 입장의 근본적인 괴리도 문제였으나 애초 북한은 남한을 협상 상대로 인정하지 않았다. 김대중 정부는 평화체제 구축을 위한 방편으로 남북 간 군사적 신뢰구축을 설정했으나 금강산관광 실현을 위한 군사 접촉에 만족해야 했다. 「6.15남북공동선언」에 평화의 문제는 빠졌다. 동 선언은 결국 북한에 남한의 대북 경협과 지원을 유인하는 수단을 주었으나 군사적 긴장 완화 및 평화체제 구축에 대한 남북 간 대화를 촉진하지 못했다. 요컨대 김대중 정부는 교류협력을 중시하면서 안보는 상대적으로 등한시했다.

노무현 정부는 한반도 평화정착과 남북 공동번영, 평화통일 기반조성과 동북아 공존·공영 토대 마련이란 정책 구상을 제시하고, 평화공존과 화해협력의 남북관계 정착을 우선 목표로 설정했다.[43] 대북정책 목표인 '북핵문제의 평화적 해결'은, 북한의 핵프로그램 완전 제거를 통해 핵문제가 재발하지 않도록 하는 근원적·포괄적 해결 추구를 내세웠다. 이를 위해 북핵 불용, 대화를 통한 평화적 해결, 한국의 적극적 역할을 북핵 해결의 3원칙으로 설정했다.[44] 특히 노무현 정부는 앞선 정부들보다 한반도 평화체제 구축의 필요성을 강조했다. 북핵문제 해결과 평화체제 구축의 연계는 북핵문제 해결과 군사적 신뢰구축 실현을 통한 평화증진 가속화 → 남북협력 심화와 평화체제 토대 마련 → 남북 평화협정 체결과 평화체제 구축이라는 3단계로 구상 및 제시되었다.[45]

그러나 노무현 정부도 개성공단 가동, 금강산관광, 남북교역 증대와 같은 일방적 성격의 교류협력을 통한 관계 개선이 중시되었다. 서울–평양을

---

43 국가안전보장회의(NSC), 『평화번영과 국가안보』(서울: 국가안보회의사무처, 2004), p. 23.

44 국가안전보장회의(NSC), 『평화번영과 국가안보』, pp. 32-33.

45 국정홍보처, 『참여정부의 국정비전과 국정과제』(서울: 국정홍보처, 2003), p. 17.

오가며 열린 남북장관급회담에서는 주로 교류·협력 관련 사안들이 논의되었으며, 군사 대화는 개성공단과 금강산관광 등의 진행을 뒷받침하기 위한 것이었지 실질적인 군사적 신뢰구축이 논의되지는 않았다. 노무현 대통령은 북한의 핵개발 의혹 대두로 시작된 6자회담에서 한국의 주도권 행사를 강조함과 동시에 개혁·개방을 해야 하는 북한 지도부가 핵문제 해결의 정치적 결단을 할 것으로 기대했다.[46] 그러나 교류협력의 규모가 늘어나는 가운데 2006년 10월 북한은 첫 핵실험을 단행했다. 결국, 북핵문제의 평화적 해결 목표는 달성되지 못하고 커다란 비판에 직면했다. 북한이 핵실험을 강행하자 노무현 대통령은 포용정책만을 계속 주장하기는 어렵다고 말하기도 했으나 교류협력 확대를 통한 남북관계 개선 우선 정책을 유지했다. 1년 뒤 2007년 10월 평양에서 개최된 남북 정상회담에서는 광범위한 대북 경협 약속을 담은 「10.4선언」이 합의되었다.

이러한 정책에는 교류협력을 통한 경제 관계의 확대가 평화를 가져온다는 평화경제 논리가 작용했다. 북한의 무력도발 불용이나 북핵 불용과 같은 대북정책 원칙은 안보 차원의 문제인데 단호한 대응과 억제 의지를 보여주지 못했다. 냉전체제 붕괴 이후의 북한이 처한 안보적 불안에 대해 평가하면서도 그에 토대한 북한지도부의 핵무기 개발 의지에 대해서는 안이하게 판단했다.

이명박 정부는 김대중·노무현 두 정부의 일방적 대북지원과 대북 저자세가 국민의 비판을 받았으며 한반도 평화를 위협하는 북핵문제를 최우선 과제로 다루지 않았다고 비판했다.[47] 그리고 화해·협력, 평화공존, 점진적 통일을 지향한다면서 한반도 비핵화, 평화체제 구축, 주변 4국과 지역협력

---

46 "'노무현 독트린'은 네오콘견제-북한 결단 촉구 위한 것," <오마이뉴스> 2004.12.6.

47 통일연구원, 『이명박정부 대북정책은 이렇습니다』(서울: 통일연구원, 2007), p. 9.

안보체제 구축 등을 내용으로 하는 '새로운 한반도 평화구조'를 창출하겠다는 정책을 내세웠다.[48] 북한과의 경제협력을 포함한 대북정책 구상은, 북한이 핵폐기 과정에 들어가면 그에 상응하여 북한을 경제적으로 돕겠다는 사실상 북한의 비핵화를 전제조건화하였다. 북핵문제의 해결 없이는 진정한 의미의 평화가 정착될 수 없으므로 북핵문제가 먼저 해결되어야 한다는 것이었다. 결국, 평화정착의 핵심은 북핵문제 우선 해결이었다. 그러나 북핵문제는 6자회담에 의존해야 했고 남북관계 차원의 북핵문제 해결 촉진공약은 빈말로 끝났다.

이명박 정부는 남북 간 군사적 대결이 첨예하므로 국방력 강화, 한미동맹 강화와 주변국과의 협력 증진을 통한 확고한 안보가 필요함을 강조했다. 그 토대 위에서 한반도 평화정착의 또 다른 과제인 군사적 긴장 완화와 신뢰구축을 추진하겠다고 공약했다.[49] 그러나 이러한 안보 토대 위의 남북관계 개선과 평화정착 추진 정책은 북한의 강경 대응 정책에 봉착해 유연한 돌파구를 찾기가 어려웠다. 남북관계를 일방주의가 아닌 호혜적 방식으로 변화시키려고 한 시도는 남북 경제협력과 북핵의 진전을 연계함으로써 북한의 반발을 가져왔다. 애초 보수 정부에 대한 북한의 강경책은 이명박 정부와 김정은 정권 간 강強 대 강強의 대치적 관계를 낳았다. 북한의 천안함 폭침, 연평도 포격 같은 군사적 도발은 이명박 정부의 '남북관계 정상화'라는 대북정책 목표의 달성을 더욱 어렵게 만들었다.

북한은 이명박 정부 초기2009.5.25.와 대통령 임기 종료 직전2013.2.12.에 각각 2차, 3차 핵실험을 단행했다. 북한의 3차 핵실험 직후 이명박 대통령은 "북한 정권과의 협상이나 대화로 핵을 포기시킬 수 없다"며 북한 체제가

---

48 통일연구원, 『이명박정부 대북정책은 이렇습니다』, pp. 12-13.

49 통일연구원, 『이명박정부 대북정책은 이렇습니다』, pp. 20-21.

붕괴해야 핵문제가 해결될 것이란 인식을 드러냈다.[50] 이명박 정부는 이전 두 정부의 대북정책이 안보를 등한시했다는 비판으로부터 튼튼한 안보를 강조했으나 북한이 먼저 핵을 폐기하지 않는 한 원천적으로 평화구축의 기회를 찾을 수 없었다. 한국의 독자적 북한 비핵화 전략추진이 사실상 불가능한 상황에서 평화를 만드는 전략적 유연성이 없었다.

박근혜 정부의 대북정책은 "튼튼한 안보를 바탕으로 남북 간 신뢰를 형성함으로써 남북관계를 발전시키고 한반도에 평화를 정착시키며 나아가 통일의 기반을 구축"한다는 것이었다.[51] 불안정한 평화와 대결이 지속되는 남북관계의 악순환을 끊고, 북한을 국제사회의 책임 있는 일원으로 견인하며, 북핵문제 등 한반도 안보위기의 근원적 해결이 필요하다고 주장했다. 북한의 도발과 잘못된 행동에 대해서 강력하게 대응하고, 북핵문제의 해결을 한반도 안보위기를 해소하는 관건으로 간주했다. 박근혜 정부는 특히 북한의 무력도발을 용인하지 않는 강력한 억지와 튼튼한 안보를 강조했다. 튼튼한 안보가 평화를 지키며, 북한을 신뢰형성의 길로 견인해 평화를 만들어 나가겠다고 공약했다.[52] 소극적 평화와 적극적 평화를 모두 내세운 것이다.

그러나 박근혜 정부의 안보 우선의 대북정책은 북한과의 신뢰 형성을 통해 구현하기에는 기존의 남북 대치관계를 어떻게 풀어나갈 것인가에 대한 전략적 대안이 없었다. 한국과 국제사회의 지속적인 노력에도 불구하고 해결하지 못한 북핵문제의 해결을 위해서 남북대화, 6자회담과 한미중 전략대화를 통한 설득과 압박을 제시했으나 핵협상의 상대로 한국을 배제해 온 북한을 유인하는 외교적 설득력도 강제력 있는 압박책도 없었다. 박근혜 전 대통령은 중국의 협력을 얻기 위해 2015년 9월 3일 중국의 전승절 기념

---

50 〈연합뉴스〉 2013.2.15.

51 통일연구원, 『한반도 신뢰프로세스』(서울: 통일연구원, 2013), p. 6.

52 통일연구원, 『한반도 신뢰프로세스』, p. 6.

행사인 천안문 열병식에 자유민주주의 국가의 정상으로선 유일하게 참여했다. 하지만 이는, 북한의 4차 핵실험 이후 종말고고도지역방어체계THAAD 배치 결정에 대한 중국의 전방위 압력을 통해 알 수 있듯 무전략 외교의 모습을 보여주었다. 또한, 신뢰 없는 상대방, 북한과 어떻게 신뢰를 쌓아나갈 것인가에 대한 방책을 찾을 수가 없었다.

오히려 박근혜 정부 출범 초기부터 제시된 '통일대박론'은 실현 가능성에서 비현실적이었던 반면 북한으로부터는 '흡수통일론'이란 격렬한 비난과 함께 경계의 대상이 되었다. 평화를 만들기 위한 평화체제 구축의 구상은 결여한 채 한미동맹에 전적으로 의존한 북한 비핵화 접근은 지속가능한 평화 추구의 구호를 무색하게 만들었다. 김정은 정권이 2016년 5월 제7차 노동당 대회에서 '핵보유국'으로의 위상을 공식화한 상황에서 박근혜 정부는 억지와 압박의 정책으로 대응했다. 심지어 2016년 9월 북한이 5차 핵실험을 단행하자 박근혜 대통령은 "김정은의 정신 상태는 통제 불능"이며 그의 핵실험 강행을 "광적"이라고 평했다.[53] 결국, 박근혜 정부와 김정은 정권의 강强 대 강强 대립 속에서 '한반도 신뢰프로세스'는 제대로 가동되지도 못했다.

문재인 정부는 김정은 정권의 질적·양적 핵무력 증대 전략을 보면서 출범했다. 한국의 두 보수 정부 집권 중 4차례의 핵실험과 여러 차례의 중·장거리 탄도미사일 시험 발사를 한 김정은 정권은 2017년 9월 사실상 핵무기 개발의 완성인 수소탄 핵실험을 단행했다. 이어 11월 29일 미 대륙을 사정거리로 하는 ICBM화성-15호의 시험 발사에 성공한 직후 '국가 핵무력 완성'을 선언했다. 북한의 잇따른 핵·미사일 실험은 유엔 안보리의 제재 강화를 연이어 초래했다. 김정은 정권은 또한 2017년 1월 출범한 미국 트럼프

---

53 "박 대통령, '김정은 정신 통제불능…국가비상사태 준해 북 주시'," <연합뉴스> 2016.9.9.

행정부의 '최대의 압박'정책과 공방을 벌이며 한반도의 핵위기를 고조시켰다.

문재인 정부의 대북정책 구상에서 한반도 안보상황에 대한 인식은 "여전한 군사적 대치 속의 불안정한 평화 유지"였다. 문재인 정부는 북한의 "도발과 제재, 다시 도발로 이어지는 악순환 극복을 위해 한반도 평화를 위한 근본전략이 필요"하다고 주장했다.[54] 튼튼한 안보를 바탕으로 평화를 지키고, 평화를 만들어 항구적 평화를 정착시키겠다는 주장은 박근혜 정부와 다르지 않았다. 특히 북핵문제가 해결되고 평화체제가 구축되어 남한과 북한이 평화를 제도화한 평화공존, 즉 적극적 평화의 실현을 정책과제이자 비전으로 내세웠다.[55]

그러나 평화를 지키고 평화를 만들어가는 상대방인 북한에 대한 인식과 평화에 대한 인식 및 접근은 달랐다. 평화가 "최우선의 가치이자 정의"이며, "평화 없이는 아무것도 할 수 없(다)"는 '평화 최우선 추구'의 정책은[56] 국제정치의 현실과는 동떨어진 이상주의적 평화지상주의로 평가된다. 북핵문제 해결을 위해 북한 정권의 '체제안보' 집착을 고려한 정책을 구상해야 하지만, 이러한 '오직 평화' 인식은[57] '핵보유국'으로서의 북한의 핵전략과 한반도를 둘러싼 국제정치 현실을 반영하지 못하는 결과를 초래했다. 세 차례의 남북정상회담 개최와 북미정상회담 중재의 결과가 2019년 2월 말 북미정상회담 결렬 이후 북한의 철저한 한국 정부 무시 전략으로 나타나고 있는 현실이 이를 증명해주고 있다.

문재인 정부는 북핵문제 해결 및 항구적 평화정착을 남북관계 발전과

---

54 통일부, 『문재인의 한반도정책: 평화와 번영의 한반도』(서울: 통일부, 2017.11), p. 6.

55 통일부, 『문재인의 한반도정책: 평화와 번영의 한반도』, p. 14.

56 통일부, 『문재인의 한반도정책: 평화와 번영의 한반도』, p. 6.

57 문재인, "독일 쾨르버재단 초청연설," 2017.7.6.

한반도 신경제공동체 구현과 함께 내세웠다. 북핵문제 해결은 한반도 평화를 위한 최우선과제로 제시됐다. 그러나 두 차례의 남북 정상회담 선언문에 담긴 '한반도 비핵화' 용어는 한국과 미국이 기대하는 북한 비핵화가 아니었다. 북한은 핵강대국의 목표를 버리지 않았다. 또한, 문재인 정부도 이전 정부들과 마찬가지로 트럼프-김정은의 정상회담 등 북미 간 회담을 통해 북한 비핵화 문제가 풀리기를 바라는 대미 의존적 자세에서 벗어나지 못했다. 더욱이 대북제재의 완화와 해제를 요청하는 외교를 전개함으로써 국제사회로부터 한국의 북핵문제 접근에 대한 의혹을 불러일으키기도 하였다. 미국과의 정상회담에서 '핵보유국 토대의 북미관계 정상화'의 목표를 달성하지 못한 김정은은 "자위적핵억제력이 국가의 안전과 미래를 영원히 담보한다"는 '핵보유국'으로서의 의지와 신념을 더욱 강하게 드러냈다.[58]

한반도 평화공존과 관련, 평화 없이는 안보도 경제도 보장할 수 없다는 평화와 안보, 평화와 경제를 사실상 등치 시키는 정책적 행태를 나타냈다. 이러한 행동은 실제 정책에서 북한의 비핵화보다는 남북관계 발전을 우선순위에 두고 결국 「판문점선언」과 「평양 공동선언」에 북한이 원하는 대규모 경협이 담긴 「10.4선언」의 이행을 약속하게 되었다. 그 결과 북한으로부터 '민족공조'에 입각한 합의의 이행을 압박받는 상황을 자초하였다. 요컨대, 문재인 정부는 북핵문제의 해결과 평화체제의 전환을 함께 추진하려는 정책을 보여주었으나 평화지상주의는 북한으로부터 이용만 당하는 현실을 낳았다.

〈표 1〉은 김대중 정부 이후 이름을 내건 대북정책 구상을 발표한 역대 한국 정부의 대북정책 목표, 추진 원칙 및 추진 기조를 비교한 것이다.

---

58 김정은, "위대한 승리자들의 위훈은 영원불멸할 것이다," 제6차 전국로병대회에서 하신 김정은 동지의 연설 〈조선중앙통신〉 2020.7.28.

〈표 1〉 김대중 정부 이후 역대 한국 정부의 대북정책 비교

구분	김대중 정부	노무현 정부	이명박 정부	박근혜 정부	문재인 정부
목표	• 평화 · 화해 · 협력 실현을 통한 남북관계 개선	• 평화 증진 • 공동 번영	• 상생과 공영의 남북관계 발전 - 조속한 북핵 폐기 - 북한 변화 - 평화통일의 실질적 토대 구축	• 남북관계 발전 • 한반도 평화 정착 • 통일기반 구축	※ 비전 • 평화 공존 • 공동 번영 ※ 3대 목표 • 북핵문제 해결 및 항구적 평화체제 구축 • 지속 가능한 남북관계 발전 • 한반도 신경제 공동체 구현
추진 원칙	• 무력도발 불용 • 흡수통일 배제 • 가능한 분야부터 화해 · 협력 적극 추진	• 대화를 통한 문제 해결 • 상호 신뢰 우선과 호혜주의 • 남북 당사자 원칙에 기초한 국제협력 • 국민과 함께 하는 정책	• 실용과 생산성 • 원칙에 철저하되, 유연한 접근 • 국민 합의 • 국제협력과 남북협력의 조화	• 균형 있는 접근 • 진화하는 대북 정책 • 국제사회와의 협력	※ 5대 원칙 • 우리 주도 • 강한 안보 • 상호 존중 • 국민 소통 • 국제협력
추진 기조	• 안보와 협력 병행 추진 • 평화공존과 평화 교류 우선 실현 • 북한 변화 여건 조성 • 남북 상호이익 도모 • 남북당사자 해결 원칙 하 국제적 지지 확보 • 국민적 합의	※ 추진전략 • 북한 핵문제 해결(단기) • 한반도 평화 체제 구축 (중기) • 동북아 경제 중심국가 건설 (중장기)	※ 중점 추진과제 • 진정성 있는 남북대화 • 한반도 평화 정착 • 상생과 호혜의 남북경협 (비핵 · 개방 · 3000 구상 이행) • 사회 · 문화 교류 활성화 • 인도적 문제 해결	• 튼튼한 안보에 기초한 정책 추진 • 합의 이행을 통한 신뢰 쌓기 • 북한의 '올바른' 선택 여건 조성 • 국민적 신뢰와 국제사회와의 신뢰에 기반	※ 4대 전략 • 단계적 · 포괄적 접근 • 남북관계와 북핵문제의 병행 진전 • 제도화를 통한 지속 가능성 확보 • 호혜적 협력을 통한 평화적 통일기반 조성

출처: 통일부, 『'국민의 정부' 대북정책 추진기조』(1998.3); 통일부, 『참여정부의 평화번영정책』(2003.3); 통일연구원, 『이명박 정부 대북정책은 이렇습니다』(2008.8); 통일부, 『한반도 신뢰프로세스』(2013.8); 통일부, 『문재인의 한반도정책』(2018)을 참조하여 필자가 재구성함.

Ⅳ

북한 비핵화와 평화체제 구축: 평화-안보의 국가전략 과제

북핵문제의 해결, 북한 비핵화는 한국 안보의 최우선 당면과제이자 목표다. 한반도의 평화정착은 북핵문제의 해결과 불가분의 관계에 있다.[59] 그러나 지난 30년의 북핵협상 실패가 말해주듯이 결코 쉽게 달성할 수 있는 목표가 아니다. 돌이켜보면 북한은 겉으로는 협상하면서도 속으로는 핵무기 개발을 멈추지 않았다. 2003년 6자회담이 추진되는 과정에서 북한은 "핵억제력 강화를 때가 되면 실물로 증명"할 것이라고 언명하고,[60] 2005년 2월에는 6자회담 참가를 무기한 중단한다면서 핵무기보유를 선언했다.[61] 그리고 1년 8개월 후 첫 핵실험을 단행했다. 2020년 9월 현재 북한은 최대 60여 기의 실전배치가 가능한 핵탄두를 보유하고 핵무기 원료인 농축우라늄과 플루토늄의 생산도 지속하고 있는 것으로 추정된다.

북미협상의 결과인 1994년 10월의 제네바합의와 2005년 9월의 9.19 공동성명은 파행으로 끝났으며, 2018년과 2019년 두 차례의 북미정상회담과 여러 차례의 장관급 고위회담도 아무런 합의 없이 끝났다. 남북정상회담과 북미정상회담의 결과물에 '한반도(조선반도) 비핵화' 용어가 담겼지만, 김정은 정권은 여전히 북한의 핵무기, 핵물질, 핵시설 등을 최종적이

59 박영호, 『한반도 평화정착 추진 전략』, pp. 84-87.

60 북한 외무성 대변인 발표, <조선중앙통신> 2003.10.18.

61 북한 외무성 대변인 성명, <조선중앙통신> 2005.2.10.

고 완전하게 검증된 폐기Final, Fully Verified Dismantlement, FFVD 또는 완전하고, 검증 가능하며, 되돌릴 수 없도록 폐기Complete, Verifiable, and Irreversible Dismantlement, CVID할 의사가 없다. 트럼프 대통령과 회담을 준비하면서도 북한 내부적으로는 하노이 정상회담의 목적을 "핵 담판"으로서 "핵무력을 더욱 공고히 하고 세계적인 핵전력국가의 위상을 드높이는 최후의 결과를 얻기 위한 첫걸음"으로 규정했다.[62] 즉 핵보유국으로 인정받기 위해 협상을 추진한다는 설명이다.

싱가포르 북미정상회담에서 김정은은 한반도 비핵화를, 트럼프는 북한에 대한 안전보장을 약속했다. 그러나 트럼프와 김정은 간 교환된 서신에서 드러난 것은, 트럼프가 최종적이고 완전하게 검증된 비핵화FFVD와 양자 관계의 평화로운 미래를 향한 구체적 조치를 협상하자고 했으나 김정은은 '비핵화'에 대한 구체적 언급은 하지 않고 한 번에 하나씩 단계적 방식으로 나아가자고 비핵화의 조건을 달기 시작했다는 것이다.[63]

북한의 변하지 않는 주장은, 미국의 위협에 대응한 자위적 목적을 위해 핵억제력을 개발했으며, 핵무력은 미국의 핵위협이 있는 한 절대 포기할 수 없는 자주권과 생명권의 담보이자 '통일조선의 국보'라는 것이다. 김정은은 2019년 8월 5일 트럼프에게 보낸 서신에서 "(북한은) 특별한 수단이 필요 없는 강한 군대를 갖고 있고, 한국군은 우리(북한)군의 상대가 되지 않는다"고 주장했다.[64] 그는 또한 주한미군의 역할에 대해 불만을 표시했다. 한국군에 대한 비하는 자기과시용, 협상용 주장일 수도 있으나 핵무기를 보유

---

62 조선노동당출판사, "경애하는 김정은 동지는 인민군대를 백두산 혁명강군, 세계적인 핵전략국가의 강군으로 키우시고 이끌어나가시는 백전백승의 강철의 영장이시다." (강습제강: 장령 및 군관용), 2018.11.

63 Bob Woodward, *Rage* (New York: Simon & Schuster, 2020), pp. 171-172.

64 Bob Woodward, *Rage*, p. 189.

했기 때문에 할 수 있는 말이다. 총체적 국력의 엄청난 차이로 인해 한국에 대해 방어적 자세를 취하면서도 핵무기보유의 전략적 우위와 주한미군 철수 목표의 달성으로[65] 북한식 통일을 여전히 가능한 문제로 보고 있음을 의미한다. 이러한 북한의 주장은, 북한 비핵화의 평화적 해결을 위해서는 북한지도부가 체제/정권 안보에 대한 인식의 변화를 가질 수 있는 조건이 형성되도록 정책이 추진돼야 함을 말해준다.

북핵문제 등장 이후 역대 한국 정부는 정도의 차이는 있으나 북한 비핵화와 한반도 평화체제 구축을 대북정책의 핵심적 과제로 채택하고 추진해왔다. 〈남북관계발전기본법〉에 따라 작성된 남북관계발전기본계획의 가장 중요한 전략목표도 한반도 비핵화 실현과 평화체제 구축이었다.[66] 그리고 임기 말에는 모두 자신들의 정책이 성과를 거뒀다고 자평하면서 이루지 못한 것이 있다면 북한 탓이라고 변명했다. 현실은 비핵화는커녕 남북 간에 평화체제 구축을 논의조차 하지 못했다. 북한 비핵화의 문제는 북미가 핵심 협상 당사자가 되었으며 한국은 사실상 국외자로 머물렀다. 평화체제 구축문제와 관련해 남한과 북한 양자 간 실질적인 협상을 한 번도 하지 못했다. 북한이 한반도의 안보와 평화문제를 근본적으로 미국과 협상할 문제로 주장·접근하고 한국이 직접 협상에 참여하지 못한 현실적 이유도 있지만, 한국 정부가 직접 당사자로서 북한과 마주 앉아야 한다는 강한 의지를 보이고 실행하는 정책적 자세를 취하지 못했음을 부인할 수 없다. 남한과 북한 간 교류·협력이 증대하면 관계가 개선되고 이는 평화를 촉진할 것이라는 기능주의적 대북정책은 정치·군사적 긴장 완화와 신뢰 조성에 이바지

---

65 주한미군 문제와 관련, 폼페이오 미 국무장관은 그동안의 모든 대화와 교환된 서신에서 김정은이 직접 또는 간접적으로 주한미군 문제를 거론한 적이 없다는 데 주목했다. 폼페이오 장관은 김정은이 주한미군이 중국을 견제하므로 한국에 남아 있기를 바란다고 결론지었다. Woodward, *Rage* (New York: Simon & Schuster, 2020), p. 322.

66 대한민국 정부, 『제1차 남북관계 발전 기본계획(2008 ~ 2012)』(서울: 통일부, 2007), pp. 15-20.

하지 못했고, 북한 비핵화와 평화체제 구축의 측면에서 아무런 성과를 거두지 못했다.

필자는 지금까지 북한 비핵화의 실패는 해법과 방안의 부족이 아니라 한국의 전략적 선택의 오류가 가장 큰 원인이라고 평가한다. 현실적으로 북미 양자 협상을 할 수밖에 없었더라도 한국은 안보 차원에서 한미동맹과 그에 토대한 한미 정책협력에 절대적인 역점을 두었어야 했다. 역대 한국 정부는 5년 단임의 제한된 임기 속에서 북한 비핵화의 목표를 달성하기 위한 장기전략을 추진하지 않았다. 북한의 핵보유 전략에 대한 평가도 오류를 범했다. 대북정책이 정치권력의 획득을 위한 국내정치 동학에서 벗어날 수 없지만, 모든 정부가 중·장기 전략과 정부 정책의 연속성을 고려하지 않고 정치적 목적 중심의 대북정책을 추진해왔다. 예를 들어, 정권의 성격이 바뀌면 법률에 따라 부과된 계획조차도 변경하거나 이행하지 않는다.[67] 한국 정부가 이러한 정책 자세를 유지하는 한 북한 비핵화와 한반도 평화체제 구축을 한국 정부가 주도적 제안과 역할을 발휘함으로써 추진하는 것은 사실상 불가능하다.

북한이 핵보유국이 되고 ICBM 능력을 확보한 지금, 그동안의 경험이나 북한의 전략적 자세를 봤을 때, 협상을 통한 북한 비핵화의 달성은 불가능에 가까운 일인지도 모른다. 이론적으로나 정책적으로 다양한 시나리오를 상정할 수 있고 그에 따른 여러 대안을 제시할 수 있으나 어떤 대안도 성공을 보장하지는 않으며 또 최적의 대안이라고 장담할 수도 없다.

그렇지만 남아프리카공화국, 구소련구성국가였던 우크라이나와 카자

---

67 대표적인 사례를 들면, 노무현 정부에서 「남북관계 발전에 관한 법률」이 제정·공포되어 마련된 제1차 남북관계발전기본계획(2008~2012)은 이명박 정부에 들어와 시행도 되기 전에 바뀌었고, 박근혜 정부에서 제정·공포된 「북한인권법」에 따라 설치·운영되어야 할 북한인권재단은 문재인 정부에서 아예 설치할 생각조차 하지 않고 있다.

흐스탄, 리비아 등 비핵화가 성공적으로 이루어진 사례도 있다. 이들 사례의 결정적인 공통점은 최고정책 결정자가 핵을 포기하는 전략적 결단을 내렸다는 것이다. 각각의 경우 핵무기 개발을 추구한 동기나 비핵화 이전의 핵 보유 또는 능력은 달랐다. 그러나 최고정책 결정권자의 핵 포기 결단에는 핵무기보유가 자국의 안보를 보장하지 않을 뿐 아니라 경제발전에 결코 도움이 되지 않는다는 점을 깨달았기 때문이다. 국가통치자로서 자신들의 권력 안위에 큰 도전을 받지는 않았으나 국내정치와 국제환경의 변화가 있었다. 또 국제사회의 경제제재도 비핵화로의 정책 전환에 일정한 영향을 미쳤다.[68]

이러한 비핵화 성공 사례에 비추어보면 북한 비핵화의 결정적 관건은 유일지배체제 북한의 절대권력자 김정은이 핵무기, 핵물질, 핵시설 등 모든 핵을 포기하는[69] 명백한 '전략적 결단'을 자발적으로 내리거나 그러한 결단이 이루어지도록 강제하는 조건을 형성하는 것이다. 그런데 김정은은 강대국에 둘러싸인 한반도의 지정학적 조건과 남북 분단, 미·중 간 패권 경쟁 심화, 미국을 위시한 적대세력의 도전 속에 자주권을 지키면서 사회주의 건설의 과제를 안고 있다는 정세 판단을 하고 있다. 또한, 핵능력의 발전 때문에 미국이 협상에 나왔고 "강력한 군력에 의해서만 평화가 보장된다"는 인식을 보여주고 있다.[70] 이러한 국제정세관을 갖고 있는 그에게서 자발적인 핵능력 포기 결정을 기대하기는 어렵다.

하노이 북미정상회담과 그 이후의 공방에 비추어보면, 미국과 북한 모두

---

68 국제 비핵화 사례에 대한 유용한 자료로는 전봉근, 『비핵화의 정치』(서울: 명인문화사, 2020), pp. 133-231 참고.

69 이 경우 북한이 NPT 체제에 복귀하면 NPT 회원국으로서 누릴 권리가 있는 평화적 목적의 핵 이용은 허용되어야 할 것이다.

70 "최고인민회의 제14기 제1차 회의 김정은 시정연설," 〈연합뉴스〉 2019.4.12.

기존의 입장에서 물러서지 않고 있다. 미국은 비핵화의 개념 합의에서 부터 모든 핵프로그램의 완전한 신고, 비핵화와 상응조치의 이행, 로드맵의 작성, 합의 후 이행과정에 들어서고자 한다. 이에 반해 북한은 비핵화의 개념에 대한 합의 없이 사안을 잘게 나누어 하나씩 교환해나가는 단편적인, 이른바 '행동 대 행동'의 접근 자세를 보여왔다.[71] 하노이 정상회담 결렬 후 북한은 미국에 대해 북한의 선호에 부응하는 '새로운 셈법'을 요구하였다. 이론적으로는 북미 간 비핵화 개념에 대한 합의가 선행되고 이를 토대로 북한 비핵화와 그에 상응하는 체제 안전보장, 평화체제 구축, 경제제재 해제와 관계 정상화 등이 상호 연동된 비핵화 이행 로드맵이 작성·합의되는 것이 바람직하다. 이 과정이 원만하게 이루어지면 그 이행과정은 단계적으로 이루어질 수 있을 것이다.

그러나 현실적으로 이러한 시나리오는 핵무기가 김정은 정권과 북한 체제에 주는 본질적 의미를 간과하는 것이다. 무엇보다 김정은을 중심으로 한 북한의 핵심 지배층에 핵무기는 국가/체제안보 측면에서 군사·안보 전략의 안전판이자 최후의 보루다. 둘째, 김정은에게 핵무기는 자신의 1인 지배 전체주의 독재 권력을 유지할 수 있는 수단이다. 셋째, 핵무기보유는 북한 주민들을 통제하고 체제에 대한 충성심을 동원·강요하는 수단이다. 넷째, 핵보유국으로서 미국과의 협상 수단이다. 다섯째, 대남관계 차원에서 한국을 안보의 인질로 활용하며 북한 측 요구를 강요할 수 있는 수단이 된다. 동시에 한국이 원하는 방식의 통일을 추진하는 것을 억제할 수 있는 수단이다. 이처럼 핵무기가 북한 정권과 체제에 주는 이익을 비핵화의 조건으로 충분히 획득하거나 방어할 수 있다고 판단하지 않는 한 김정은이 자발적으

---

71 이러한 북한의 접근법은 김정은이 트럼프에게 보낸 2018년 9월 6일자 서신에도 반복되었다. Bob Woodward, *Rage* (New York: Simon & Schuster, 2020), pp. 172-173.

로 비핵화로의 전략적 결단을 할 가능성은 극히 낮을 것이다.

결국, 김정은에게 최대의 압박을 통해 비핵화로의 전환을 강제하거나 최소한 체제/정권/권력 안전보장의 명확한 조건을 제시해 진의 협상에 임하도록 해야 할 것이다. 어느 선택을 하든 한국 정부가 그동안과는 다른 전략적이며 결연한 정책 실천 의지로 무장해야 한다. 한국이 그러한 전략적 선택을 해야 한미동맹에 기반한 강건한 한미 정책협력을 추진할 수 있다. 또한, 북핵문제를 자국의 패권 추구 전략 수행을 위해 대한반도 및 대미정책에 활용하는 중국의 전략을 어느 정도 제어할 수 있을 것이다.

북핵문제의 본질은 분단구조 아래서의 한미동맹과 북한의 독재체제 유지 차원의 위협인식, 그리고 남한과 북한이 각각의 방식에 토대한 분단 극복과 통일정책을 추진하는 데 있다. 김일성-김정일-김정은으로 이어진 북한의 1인 지배 독재체제의 유지에 한미동맹은 위협으로 간주된다. 따라서 북한은 오랫동안 일관되게 주한미군 철수와 한미동맹 철거를 안보의 핵심 목표로 추진해왔고 체제에 대한 위협을 방어하기 위한 기제로 핵무기를 개발해왔다. 또 한국과의 체제 경쟁의 대응 수단으로써 핵무기 개발은 매우 유용하다.

냉전 시기 동서 양 진영의 최전방에 있으면서 대립한 남한과 북한은, 냉전 종식 이후에도 각자의 선호에 입각한 남북관계를 구상했고 정책을 추진했다. 냉전 종식 이후 북한의 변하지 않은 대남접근은 자기 체제의 유지와 경제적 실익, 통일전선 사업의 기회 확보에 부정적인 요인을 차단하는 데 있었다. 따라서 한국 정부의 현실주의적 대북정책이든 이상주의적 대북정책이든 북한으로서는 체제 방어의 보루로써 핵 개발을 통한 '자위적 억제력'을 강화하면서 남북관계를 전술적으로 활용하면 그만이었다. 따라서 5년 단임의 역대 한국 정부가 보여준 단절적인 대북정책 속의 북한 비핵화 전략은 실패할 수밖에 없었다. 더욱이 한반도 문제에 가장 직접적인 주변국인 미국과 중국 간에는 한반도의 안정적 현상 유지 이외에 전략적 공유점을 찾기 어려웠다.

이러한 점을 고려하면, 북한 비핵화와 그와 연관된 평화체제 구축의 문제는 남북관계의 근본적인 전환으로부터 찾아야 한다. 한반도의 지정학은 이웃 국가들의 전략적 국익과 직결되는 조건 아래 있다. 국제법상 각각의 독립·주권국가인 한국과 북한은 국내법 및 국내정치 차원에서는 각방을 통일의 대상으로 간주하고 있다. 각방이 구상·추진하는 통일의 방법은 결코 양립할 수 없다. 북한의 입장을 보면, 냉전체제 종식을 전후하여 남한에 의한 '흡수통일'을 매우 우려하였으며 미국이 주도하는 냉전 이후의 질서에 특히 체제/국가/정권 안보에 대한 위협인식을 가졌다. 핵무기 개발은 그 이전부터 시작되었으나 그러한 위협의 방어기제로써 본격화되었다. 약소국과 강대국 간 국제정치 관계의 논리에 따르면, 약소국 북한이 강대국 미국에 대응하기 위해서 미국이 공격하지 못하도록 억제할 수 있는 전력을 확보하기 위해서다.[72] 또한 북한의 정치사상 논리에 따르면 '미 제국주의와의 끝없는 대결에서 승리'하기 위해서다.

그렇다면 북한 비핵화 문제의 교착을 풀어가는 실마리는 북한의 '피포위의식'에 대한 냉정한 이해로 시작되어야 한다. 북한은 대남전략 및 대미전략 차원에서 한미동맹 철폐, 주한미군 철수 등을 끊임없이 주장해왔다. 하지만 북한 독재정권의 입장에서는 미국의 '적대 정책'으로 표현되는 위협을 상시로 안고 있다. 정치적 현실주의 관점에서 북한 체제의 현실을 인정한다면 북한을 평화공존의 틀 속으로 견인하는 하나의 방법은 북한의 위협인식에 따른 체제 안전에 대한 불안감을 해소해주는 것이다. 체제 안전의 보장이 독재

---

72 Michael Handel, *Weak States in the International System* (London: Frank Cass, 1981), p. 92.

정권의 항구적인 존재를 보장하는 것은 아니다. 어떠한 제3의 국가도 타국의 체제 내부에서 일어나는 변화의 동인을 통제할 수는 없다. 그런 점에서 북한에 대한 체제 안전보장이란 기본적으로 북한 집권층이 느끼는 외부로부터의 군사안보적 위협을 해소해주는 것을 말한다. 마찬가지로 북한도 핵을 보유하지 않은 남한이 북한의 핵으로부터 유발되는 위협을 제거해줘야 한다.

그 방법으로 남한과 북한이 국제법적으로나 국내법적으로 두 개의 국가로서 평화공존을 제도화하는 것이다. 남한과 북한은 기본조약을 체결함으로써 평화공존을 제도화하는 출발을 할 수 있을 것이다. 그러한 방향에 동의가 이루어진다면, 북한 비핵화의 과정과 함께 정전체제의 평화체제 전환 과정이 시작될 수 있을 것이다. 이러한 과정이 진행되면 남북관계의 여타 분야, 즉 정치, 경제, 사회 등 제 영역에서의 새로운 관계 설정과 발전을 추진해 나갈 수 있을 것이다.

북한 비핵화의 완성과 평화체제의 구축을 제도적으로 완성하는 평화협정의 서명은 시간적 순서로 함께 맞물리는 것이 이상적이다. 평화협정 체결 이전에 한국전쟁의 종전을 형식적으로 선언하는 이른바 '종전선언' 방안은 상징적 의미만 가질 뿐이다. 종전선언을 하는 경우 북한의 기존 전략에 따르면 종전선언과 함께 전쟁은 끝난 것이므로 전쟁의 한 당사자인 유엔군사령부는 당연히 해체되어야 하며 주한미군 또한 당연히 철수해야 한다고 주장할 것이다. 종전선언이 평화를 가져오기는커녕 한반도의 안보 균형을 저해할 수 있는 동인이 될 수 있다.

평화공존이 미래의 한반도 통일을 포기하는 것은 아니다. 남한과 북한이 평화적 방식의 통일을 논의할 수 있으려면 각각의 방식에 토대한 분단극복정책을 유보하고 평화공존정책을 추진함으로써 서로가 느끼는 위협인식을 제거하고 강건한 신뢰를 쌓아야 한다. 이 과정에서 한국은 북한의 미국 및 일본과의 관계 개선을 실질적으로 지원할 수 있고 또 해야 한다. 미국과 신뢰를 충분히 쌓기 이전 북한이 대미 억제력에 대한 보완 방안으로써 한국이 미국으로부터 핵우산 보호를 받는 것처럼 중국이 북한에게 핵우산을 제공할 수 있을 것이다.

V

평화-안보 차원의 대북정책 재정립

역대 한국 정부의 대북정책에서 핵심 목표로 채택·추진된 평화체제 구축은 한반도에 전쟁이 없는 소극적 평화가 아닌, 갈등과 충돌의 근본적 원인을 제거하는 적극적 평화를 구축하려는 데 그 목적이 있다. 공고한 평화체제의 구축은, 첫째, 한반도의 평화와 안정을 제도적 차원에서 확보함으로써 크고 작은 군사적 충돌의 발생을 예방하며, 둘째, 안정된 평화상태를 기반으로 군사적 긴장 완화 및 신뢰구축을 이룩하고 나아가 군비통제를 추진하며, 셋째, 평화공존의 상태에서 남북관계를 발전시켜 통일의 기반을 조성하려는 데 그 목적이 있다. 평화체제의 구축은 바로 국가목표인 평화통일의 달성과정에 있어서 남한과 북한이 상호 위협인식을 불식시켜 안보 불안을 제거하고 평화공존 상태에서 안정된 관계 발전을 추진하는 제도적 장치이며, 동시에 그러한 상태인 것이다.

그러나 북한의 전력화된 핵탄두와 지속적인 핵물질 생산, 그리고 탄도미사일 능력의 고도화는 이러한 평화체제 구축의 과정을 근본적으로 차단한다. 북한이 핵 억제력의 개발을 미국의 위협 때문이라고 주장하지만 사실 미국은 제네바합의를 비롯한 양자 간 합의를 통해 이미 여러 차례 북한에 선제 핵 불사용을 약속했다. 북한이 대미협상에서 한미 군사훈련 완전 중단, 유엔사 해체, 주한미군 철수 등을 목표로 하고 있지만 그러한 목표들은 북한 비핵화의 진행, 남북 간 평화체제 구축과정의 전개, 북미 양자 관계 개선과정이 성숙화되면서 충분히 논의될 수 있는 사안들이다. 그렇지만 북한이 핵보유국으로서의 안보전략을 추진하는 한 미국과의 관계 개선은 현실적으로 추진되기 어렵다.

북한의 핵무기는 한국의 안보와 한반도 전체의 안정에 직접적인 위협요인이며 미·중 전략적 충돌이 심화하고 있는 상황에서 동북아의 질서를 불안하게 만드는 요인이다. 총체적 국력에서 한국이 북한을 압도하고[73] 남한과 북한 간의 재래식 전력의 균형이 변하고 있으나, 김정은 정권이 절대무기 핵무기와 그에 토대한 군사안보전략을 견지하는 한[74] 한국의 안보는 사실상 북한의 의도적/비의도적 인질 상황에 놓이게 될 수밖에 없다. 더욱이 북한에서 돌발적인 상황이 발생했을 때 핵무기의 통제력이 상실되는 경우 상상하기 어려운 위험이 초래될 수도 있다. 따라서 한국의 안보, 한반도의 안정과 평화문제에서, 북한 핵의 통제·관리와 핵 군사전략의 억제, 그리고 궁극적인 비핵화의 목표달성을 위해서는 북한 핵에 대한 억지 능력과 전략, 이에 대한 정책적 의지가 확고해야 한다.

그동안의 경험에서 남북관계의 외형적 변화가 북한의 대남전략의 본질을 바꾸지도 실질적인 군사적 긴장 완화와 신뢰 조성을 가져오지 못했음을 냉정하게 인식해야 한다. 그러므로 대북정책은 평화적 관여 정책과 안보 차원에서 강화된 억지 정책이 신축적 균형을 이루면서 추진돼야 한다. 북한에 대한 관여는 일방주의적인 거래가 아니다. 교류협력과 같은 거래의 확대를

---

73 2018년 북한의 국내총생산(GDP, 명목)은 35조 6,710억 원으로 남한의 1,893조 4,970억 원 대비 1/53 수준에 불과하다. "통계로 보는 북한 - 2019 북한의 주요통계지표,"『통계청』, 2019. 12.13.

74 북한은 2013년 4월 1일 '자위적 핵보유국의 지위를 공고히 할 데 대한 법'을 제정, 핵전략을 천명한 이후 제7차 당대회(2016.5.)를 비롯해 최근의 당중앙위 제7기 제5차 전원회의(2019.12.), 당중앙군사위 제7기 제4차 확대회의(2020.5.) 등 주요 계기 때마다 "강력한 핵억제력의 경상적 동원태세", "전략무력을 고도의 격동상태에서 운영"을 운운하면서 핵군사전략을 강조하고 있다. 특히 북한은 핵보유국으로서의 '핵 선제 불사용'을 견지하지만 한국에 대해서는 이를 포기한 것으로 보인다. 전봉근,『비핵화의 정치』, p. 300.

통한 남북관계 개선은 정치·군사적 화해 및 신뢰 조성과 평화문제에 대한 남북 간 협상이 상호 추동할 수 있도록 전략적으로 추진해야 한다.

남한과 북한은 상대방으로부터의 위협인식에서 벗어나지 못하고 있다. 북한의 핵무기 개발이 미국 핵위협을 억제하기 위한 것이라면, 한국의 대미 핵우산 의존과 첨단 무기체계의 도입은 자체적인 핵무장이 어려운 상황에서 북한의 핵위협을 억제하기 위한 것이다. 김정은 정권이 '핵보유국'의 지위를 포기하지 않는다면, 한반도의 안보 상황은 불안정한 평화상태가 계속되거나 특정 계기가 발생하면 심각한 위기에 빠질 수 있다. 사실 핵무기가 체제/정권의 안정과 경제발전, 장기 존속을 보장하지 않는다. 김정은의 관점에서 핵을 포기하는 결단이 쉽지 않으나 한국과의 관계가 평화적 공존으로 진전될 수 있다면 핵을 내려놓을 기회가 생길 수도 있다. 군사적 차원에서 한국은 북한에 대해 상호 적대관계의 강화보다는 협력관계의 발전을 통해 안보를 보장받는 정책을 적극적으로 추진할 필요가 있다. 구체적으로 북한의 비핵화에 상응하는 한반도 군비 통제 및 군축방안을 마련하여 남북 협상을 추진한다. 중장기적으로 군축은 안보 증진과 평화체제의 구축을 안정화할 수 있다. 북한 비핵화의 과정은 북한 핵에 대응한 한국의 군비증강을 억제·축소하며 평화체제의 구축과정을 촉진할 수 있다.

이러한 목표달성을 위한 안보정책의 기본방향은 첫째, 한반도 평화체제 구축을 촉진하기 위하여 북한과 한반도 안보에 대한 공통적인 시각을 갖도록 추구해야 할 것이다. 남북한 쌍방이 서로에 대한 안보위협 인식에서 벗어나지 못하는 한, 한반도에 평화체제는 구축되기 어렵다. 그러나 한국이 북한의 공동안보 인식을 고무하기 위해서는 북한의 핵무력에 위협 받지 않도록 충분한 억제력, 힘의 확보가 전제되어야 한다.

둘째, 한미동맹에 대한 발상의 전환이 요구된다. 한미동맹은 북한의 군사적 위협 억제를 주목적으로 출범했으며 그 임무는 여전히 핵심적이다. 그러나 한미동맹은 이미 포괄적 전략동맹으로 진화했다. 북한의 위협만이 안보동맹의 대상이 아니다. 특히 미·중 전략적 충돌이 심화하는 신냉전의 상황에서 한국은 자유민주주의와 자본주의 시장경제의 기본가치를 공유하는 동맹국으로서 지역의 안정과 평화에 이바지하는 적극적 역할을 수행해야 한다. 중국의 국제법과 규범을 위반하는 패권적 행위에 당당하게 지적할 수 있어야 하며, 한국의 안보이익에 반하는 행위에 강력하게 대응해야 한다. 한·중 경제적 상호관계의 규모가 크더라도 그것이 한국의 안보적 국익을 보장해주지 않는다. 따라서 유엔안보리 상임이사국 및 NPT 체제하의 책임 있는 핵보유국, 그리고 북한의 동맹국으로서 북한 비핵화와 관련해 책임 있는 행동을 요구해야 할 것이다. 이를 위해서는 강건한 한미동맹을 기반으로 해야 함을 잊지 말아야 한다.

특히 북한 비핵화와 한반도 평화체제의 구축을 병행 추진하는 과정에서 한국이 전시작전통제권의 전환 행사를 하는 능력을 확보하는 데 미국의 절대적인 협력이 요구된다. 이러한 한미협력이 이루어질 때, 장기적으로 북한 비핵화와 평화체제 구축 이후에도 미국이 한반도와 동북아지역 질서의 안정화를 지원하는 세력으로서 존속하는 정당성을 확보할 수 있다.

셋째, 한국의 평화와 안정, 번영을 가장 잘 보장해주는 국제환경은 주변 강대국들 사이의 세력균형에 있다. 마찬가지로 남한과 북한 간 평화체제를 구축하는 과정은 두 나라 간 이해관계의 합치로만은 해결할 수 없다. 한반도의 지정학적 조건을 고려할 때, 주변 강대국들의 한반도 평화체제 구축에 대한 실질적 지원 또는 적어도 묵시적 승인이 필요하다. 결국, 동아시아의 지역적 균형을 조절하는 강대국 간 이해관계의 각축을 한반도에 대한 안정과 평화에서 수렴시킬 수 있을 때, 한반도 평화체제가 등장할 수 있을 것이다. 중국의 패권추구전략과 이에 대한 미국의 대중국 포위전략이 전개되고 있는 현실 아래서는 동북아지역의 세력균형 형성이 어렵다. 한국의 안보정책은 최소한 묵시적으로라도 한미동맹에 대한 확고한 믿음을 미국에 주어야 할 것이다. 이러한 안보정책은 남북관계의 개선을 위한 대북정책의 핵심 토대이며, 비핵화 협상과 함께 평화체제 구축 협상을 본격적으로 출범시킬 수 있는 방법이다.

넷째, 한반도 평화체제 구축과정이 동북아지역 다자안보협력 체제의 형성을 촉진하는 수단이 되어야 할 것이다. 트럼프의 안보전략에서 중국은 수정주의 세력으로 자유주의 국제질서를 위협하는 세력이다. 이러한 대중 인식은 미국의 대외정책 결정과정에서 일종의 컨센서스를 이루고 있다. 미국은 인도·태평양 지역에서 미국과 일본, 인도, 호주의 4각 안보 협의체 '쿼드 Quad'와 여기에 한국, 뉴질랜드, 베트남을 포함하는 '쿼드 플러스Quad+'를 거론하며 NATO처럼 강력한 다자안보기구의 필요성을 강조하고 있다.[75] 중국을 견제하기 위한 목적이다. 한국은 중국과의 협력을 무시하지 않으면서도 동맹국 미국과의 협력을 더 중시할 필요가 있다. 미국의 전략에 대한 협력은, 북미 간 북한 비핵화 협상에 한국의 목소리를 더욱 강하게 투입하고 한국의 이니셔티브로 한반도 평화체제 구축과정을 출범시키는 데 도움이 될 수 있다. 또한, 미국의 지원은 중국과의 거래 관계에서 한국의 입지를 튼튼하게 할 수 있다.

다섯째, 북한 비핵화와 한반도 평화체제 구축 추진을 위한 구체적 방안으로써, 예를 들면 북한 핵에 대응한 미국의 대한국 확장억지력 제공과 관련해서 보다 높은 신뢰성Credibility을 갖도록 구체적이고 실효성 있는 방안의 제시와 실행을 요구해야 한다. 동시에 대북압박 차원에서 전술핵무기의

---

75 Stephen Biegun, "Deputy Secretary Biegun Remarks at the U.S.-India Strategic Partnership Forum," August 31, 2020; Mark T. Esper, "Secretary of Defense Engagement at RAND Corporation,"September 16, 2020.

재반입 수준의 대안을 한미 간에 본격적으로 논의해야 한다.[76] 이는 북한을 협상으로 견인하는 수단이자 북한의 사실상 군축협상 방식의 핵협상 추진을 방지할 수 있는 방법이다.[77]

결론적으로, 향후 한국의 대북정책은 '힘을 토대로 한 평화', 즉 평화와 안보의 영역이 상황의 변화를 신축적으로 반영하면서 균형 있게 추진되도록 재정립해야 할 것이다. 또한 북한의 핵무력에 대한 억지 능력을 충분히 갖추면서 동북아 국제질서의 변화에 부응하고 군사문제를 북한과 양자 간 직접 협상을 통해 해결한다는 강건하고 현실주의적인 대북정책을 추진해야 할 것이다. 평화체제의 구축을 협상하는 과정에서는 한국을 배제하려는 북한의 오랜 전략을 한미협력을 통해 초기에서부터 배제해야 한다.

---

76 한국군은 북한군의 침략에 대응하는 단계별 작전계획 OPLAN 5027이 있다. 이 계획은 한미연합작전을 포함하며 주기적으로 개정된다. 워싱턴포스트의 우드워드 부편집인은 최근 발간한 저서에서 매티스(James Mattis) 전 미 국방장관이 2017년 북미 공방의 위기 상황에서 "가능한 최악의 상황에서 80개의 (전술)핵무기의 사용을 포함할 수도 있(는)" 작계 5027을 검토·연구했다고 주장했다. Bob Woodward, *Rage*, pp. 74-75.

77 길정우, 『북한위협에 대한 한국 정부의 대응책: 중장기적 분단 해소 전략 차원의 접근』(서울: 통일연구원, 2016), p. 44.

VI

결론

남북대화가 시작된 1970년대 박정희 정부 때부터 역대 한국 정부의 대북정책은 남북관계 개선, 평화정착, 평화통일 기반조성 등이었다. 그 토대는 강력한 안보였다. 안보와 평화가 동시에 추구되었으며 이러한 정책 기조는 반세기가 지난 지금도 마찬가지다. 사회주의진영이 급격히 변하는 상황에서 북한은 핵무기프로그램을 가동하기 시작했으며, 이에 따라 1990년대 초 북핵문제가 불거졌다. 아직 북한의 핵능력이 낮은 수준에서 협상을 통한 해결을 추진했고 북미 간 합의도 이루어졌다. 그러나 북한 체제의 내구성과 북한 통치자의 핵개발 의지를 올바로 판단하지 못했다. 그 합의도 결국에는 휴지조각이 됐다. 한국 정부는 처음부터 핵협상에서 배제되었으나 역대 정부 모두 북핵 해결을 위한 실효성 있는 전략이나 해법을 미국을 통해서나마 투입하지 못했다. 북한의 한국 배제를 수용할 수밖에 없었으나 미국에 의존한 북핵 해결 추진은 한국 정부의 적극적 의지조차도 무디게 만들었다.

북한은 IAEA 체제에서 국제적으로 공인받지는 못하겠지만 '사실상 핵무기보유국'이다. 김정은의 핵인식의 본질은 "핵억제력이 나라의 자주권을 지키며 전쟁을 막고 평화를 수호"한다는 것이다.[78] 한국의 대북정책은 북한의 핵보유와 핵에 대한 인식을 현실주의적으로 이해한 토대 위에서 추진돼야 한다. 남북관계 개선이 중요하지만, 사실상 두 국가가 대립하는 상황에

---

78 조선로동당출판사, 『경애하는 김정은 동지의 명언 (1)』(평양: 조선로동당출판사, 2015), p. 49.

선 한국의 국가발전 기본 토대인 안보를 중시하지 않을 수 없다. 한국은 북한의 완전한 비핵화와 한반도 평화체제가 구축되기까지는 안보를 확실하게 보장하는 능력을 갖춰야 한다. 불안정한 평화상태의 지속은 앞으로도 때때로 한국에 위기 상황을 초래할 것이다.

따라서 북한의 핵 보유 현실을 외면한 협력 일변도의 대북정책으로는 북핵문제를 해결할 수 없다. 평화는 구호로써 얻을 수 없다. 평화는 합의서에 서명하고 평화를 선언함으로써 이루어지지 않는다. 더욱이 북한 같은 전체주의 독재정권의 선의로부터 평화를 얻을 수 없다. 남북대화의 역사가 생생하게 증명해 준다. 오히려 김정은의 평화에 대한 인식은 냉엄한 국제정치의 현실주의적 관점에 서 있다. 그는 정전협정 체결 이후 현재까지를 "결코 평화시기라고 할 수 없는 적들과의 치열한 대결의 연속"이라고 하며, 전쟁을 억제하기 위한 힘을 갖기 위해 핵무기를 개발했고, 핵무기를 보유했으므로 북한의 안전과 미래가 담보된다고 주장했다.[79] 북한이 핵무기 개발을 체제와 국가를 지키고, 전체주의 독재 권력을 보전하기 위한 수단으로 보고 있음을 말해준다.

이러한 1인 지배 절대 독재정권과 교류협력의 관계 증진을 통해 평화를 얻을 수 있다는 사고와 그에 토대한 정책은 국제정치의 역사와 현실과는 너무도 거리가 멀다. 어린이 포함 10만 명 이상이 수개월 연습하고 화장실도 제때 가지 못하는 북한의 비인도주의적 작품인 대집단체조 공연의 장에서 "오늘 한반도에서 전쟁의 공포와 무력충돌의 위험을 완전히 제거하기 위한 조치들을 합의"했다며 북한 동포들이 "얼마나 민족의 화해와 평화를 갈망하고 있는지 절실하게 확인"했다는 문재인 대통령의 발언은,[80] 정치적 이

---

79 김정은, "위대한 승리자들의 위훈은 영원불멸할 것이다," 〈조선중앙통신〉 2020.7.27.

80 문재인, "평양 5월 1일 경기장 문재인 대통령 연설," 2018.9.19.
https://www1.president.go.kr/articles/4334

상일 수는 있으나 안정된 평화가 없는 한반도의 현실과는 동떨어진 것이다. 평화는 항상 만들어야 하는 진행 중인 일이다. 평화는 쟁취해야 하며 모든 세대에 걸쳐 새로이 쟁취해야 한다.[81] 특히 한반도에서 공고한 평화를 만드는 일은 더욱 그렇다.

그러나 북한 핵무기에 대응하여 한국이 독자적 핵무장을 추진하는 것은 한미동맹과 중국, 일본, 러시아의 한반도 전략, 미·중 신냉전, 대외 경제 중심의 한국 경제 등을 고려할 때 현실적으로 어렵다. 또 국가이익 차원에서도 가장 나은 선택은 아니다. 따라서 강력한 힘이 전제된 평화 만들기의 정책이 최선의 현실적인 대안이다. 남북 간 화해 및 공고한 평화의 달성과 강력한 군사력을 통한 안보의 유지는 상충하는 것처럼 보이나 한국의 대북정책이 동시에 달성해야 할 목표다. 강건한 국방력은 전쟁을 위해 필요한 것이 아니라 평화를 만들기 위한 토대이다. 핵무기를 가진 북한이 만들 한반도의 위기 수준은 과거보다 더 위험할 수 있다. 또 앞으로도 한반도에서 대규모 군사적 충돌이 재발할 수 있다는 우려가 반복될 수도 있다. 그러나 그에 대응하는 현실적인 방법은 핵에 대한 충분한 억지 능력뿐 아니라 의지가 뒷받침되는 안보와 평화를 만들어가는 적극적이고 공격적인 외교가 되어야 한다.

현실주의 관점에서 김정은 정권이 자발적으로 핵을 완전히 포기할 유인 동기는 크지 않다. 북한이 핵무기라는 비대칭 전력으로 전개할 군사적 위협 및 압박과 위장 평화공세는 계속 반복될 것이다. 더욱이 최근 한반도를 둘러싼 국제정세는 복합적 위기의 국면을 맞고 있다. 미국과 중국의 전략적 충돌은 신냉전체제로 굳어져 상당 기간 지속할 가능성을 보여주고 있다. 이

---

81 Governor Wilson's Introduction in Michael R. Pompeo, "Communist China and the Free World's Future," The Richard Nixon Presidential Library and Museum, Yorba Linda, CA. July 23, 2020. https://www.state.gov/communist-china-and-the-free-worlds-future/

러한 국제질서는 미국과 일본을 한편으로 하고, 중국과 러시아를 다른 편으로 한 동북아 대립 구도를 더 강화하고 있으며, 남한과 북한은 각각 동맹국과의 연루 관계로부터 행동의 자유를 제약받는다. 한국은 정권 변화와는 무관하게 중장기 차원의 전략을 추진해야 하며, 그 구도 속에서 안보와 평화의 신축적인 융합을 통한 대북정책을 전개해야 한다. 그래야 남북관계의 성격이 근본적으로 전환된 평화공존의 상태를 구현할 수 있을 것이다.

북핵외교 30년의 성찰과 새로운 비핵화 전략 모색

전봉근

I

서론

지난 30년간 한반도에서 전쟁위기와 핵위기를 초래했던 북핵문제는 아직 진행형이다. 가장 최근 북핵위기는 2017년에 발생했다. 당시 우리는 한국전쟁 이후 최악으로 평가되는 극심한 전쟁위기와 북핵위기를 겪었다. 그런데 2018년 들어 돌연 반전이 발생했다. 문재인 한국 대통령, 김정은 북한 국무위원장, 트럼프 미국 대통령 등 3인의 정치지도자 사이에 일련의 남북 정상회담, 북미정상회담, 남북미정상회담이 연이어 열렸다. 이 정상회담에는 역사상 최초의 수식어가 따랐다. 이전 남북 정상회담은 한국 정부별로 일회성으로 끝났으나, 이번에 문재인 대통령과 김정은 국무위원장은 2회의 정상회담을 포함하여 3번이나 회동했다. 최초의 북미정상회담이 열렸고, 총 3차례의 회동이 있었다. 남북미 3자 정상회동도 최초이다. 일련의 정상회담을 거치면서, 한반도의 전쟁위기와 북핵위기는 한반도 비핵화와 평화체제에 대한 기대로 바뀌었다. 그렇다면 앞으로 한반도 비핵화와 평화정착 프로세스가 정착될 것인가?

일련의 역사적인 남북, 북미, 남북미정상회담이 온 국민과 전 세계의 관심 속에 열렸지만, 실질적인 비핵화와 평화정착의 진전에 대한 국민과 전문가들의 생각은 비관적이다. 지난 30년간 큰 기대를 모았던 북핵협상과 북핵합의가 어떻게 끝났는지 한두 번도 아니고 수차례나 반복적으로 경험했기 때문이다. 필자의 계산에 따르면, 지난 30년간 크고 작은 북핵위기가 7번 발생했고, 같은 횟수만큼의 크고 작은 북핵합의가 깨어졌다. 이런 북핵 역사를 볼 때, 2018년 새로이 시작된 남북 및 북미정상회담 프로세스가 실질적이고 비가역적인 비핵화와 평화체제 구축의 성과로 이어질 것이라고 누구도 장담하기 어렵다.

탈냉전기 초기 북한의 국내외 환경은 결코 핵개발에 유리하지 않았다. 90년대 들어 세계 유일 초강대국으로 부상한 미국은 핵비확산 국제레짐을 더욱 강화했고, NPT 상 핵보유국 이외의 핵개발국에게 핵포기를 강하게 압박했다. 결국 남아공·우크라이나·카자흐스탄·벨라루스 등은 실제 보유했던 핵무기를 포기했다. 당시 북한은 극심한 경제위기·체제위기에 시달렸고, 핵개발은 초보 단계에 머물렀다. 하지만 우리는 북한에게 비핵화를 강요하는 데 실패했다.

90년대와 비교하면 오늘날의 환경은 북한에게 크게 유리하게 변했다. 북한의 후원자인 중국이 세계적인 강대국으로 부상했기 때문이다. 미중 전략경쟁이 본격화 되면서 중국은 북한을 더욱 포기할 수 없게 되었다. 북한의 국가위기가 크게 완화되었고, 핵무장은 초기 개발단계를 지나 기정사실화 되었다. 심지어 북한은 핵무장을 헌법에 명기했고, 점차 자신의 정체성으로 승화되었다.

탈냉전기 초기 동안 우리에게 압도적으로 유리한 환경 속에서도 북한 비핵화에 실패했는데, 오늘 미중 전략경쟁과 북한 핵무장 시대에 과연 비핵화가 성과를 거둘 수 있을까? 엄연히 실재하는 이런 열악한 북핵정책 환경을 감안하고서, 비핵화 성과를 낼 수 있는 비핵화 전략은 과연 무엇인가?

우리는 지난 30년에 걸쳐 북핵위기와 북핵협상이 반복되는 것을 경험했다. 핵합의도 계속 만들어지고 깨어졌다. 매번 핵합의가 깨어질 때마다, 남북 및 북미 간 상호 불신은 더욱 깊어졌다. 북한은 핵합의가 깨어질 때마다 핵개발을 가속화했고, 핵역량을 증강시켰다. 이때 한반도 안보상황은 더욱 악화되었고, 대화를 통해 북핵문제를 해결할 가능성은 더욱 멀어졌다.

그렇다면 왜 북핵위기가 반복되는가? 왜 북핵위기가 발생한 후에야 핵협상이 본격화되고 핵합의가 만들어지는가? 북한은 비핵화 핵합의에 동의했음에도 불구하고, 왜 핵개발을 계속하고 핵합의를 반복적으로 위반하는가? 북핵위기 이후에 핵협상과 핵합의가 만들어지고 깨어지기가 반복되는 '북핵협상 악순환' 현상을 어떻게 이해해야 하나? 이런 '북핵협상 악순환' 현상을 차단하고, 비핵화와 평화정착을 실질적이고 비가역적으로 진전시키기 위한 방안은 과연 무엇인가?

이런 문제의식과 해답이 없다면 우리는 계속 북핵위협에 시달리고, 파행적인 '북핵협상 악순환' 구조에서 벗어나지 못할 가능성이 높다. 북한의 강력한 핵무장 의지, 그리고 기만적인 협상 전술과 핵합의 위반이 비핵화와 평화정착에 대한 최대 위협요인이자 장애요인이라는 점에는 이견이 없을 것이다. 그렇다고 북한 행동의 불법성과 기만성만을 탓하며 북한이 개과천선하거나 붕괴하기를 마냥 기다릴 수는 없다. 또한 반복적으로 실패한 비핵화 전략을 계속 반복할 수도 없다. 그러기에는 북핵 상황이 너무 위험하고 긴급하기 때문이다.

북한은 이미 핵개발 단계를 지나, 대량생산과 배치 단계에 들어선 것으로 보인다. 현재와 같은 북한은 핵무장 상태가 10년 이상 지속되면, 북한은 인도·파키스탄·이스라엘과 같이 국제사회에서 "사실상 핵보유국"으로 통할 가능성도 배제할 수 없다. 무엇보다 북한의 핵무장과 핵배치가 현실화되면, 우리는 '북핵과 동거'해야 할 상황에 내몰릴 것이다. 이때 우리 외교안보와 정치경제는 북한의 핵억제와 핵강압에 휘둘리게 된다. 한국의 재래식 무기역량이 북한에 비해 아무리 뛰어나다고 하더라고, 북한의 막무가내식 핵위협을 감당하기 어렵다. 북한의 핵위협을 효과적으로 억제시키려면 결국 한국도 핵무장하거나, 한미동맹과 미국의 핵우산에 더욱 의존할 수밖에 없다. 이는 한국으로서는 바람직하지 않은 옵션들이다.

이런 문제의식에 따라 이 글은 우선 지난 30년 북핵외교를 성찰하고, 보다 성과 있는 비핵화 외교를 위한 교훈을 찾고자 한다. 여기서 '북핵협상 악순환' 4단계 설명 틀을 활용하여, 왜 그런 악순환이 발생했는지 설명하고자 했다. 이 글은 북핵협상 악순환을 초래한 배경의 하나로 정권교체에 따른 우리 대북정책 기조의 무원칙적인 변동을 지적하고, 정부별 대북정책의 특징과 문제점을 제시했다. 나아가 이 글은 각종 북핵정책 옵션을 평가하고, 포괄적·단계적 비핵평화체제 전략에 따른 비핵화와 평화체제 구축 로드맵을 제시했다. 당면한 3차 북미정상회담의 예상 쟁점을 토론하고 기대 성과물도 제시했다.

마지막으로 이 글은 북한 비핵화를 위한 새로운 접근법의 필요성과 조기 핵합의 필요성을 강조했다. 북한 핵무장의 불법성과 비도덕성, 그리고 제재압박을 중심으로 하는 비핵화 전략은 반복적으로 실패했다. 결국 북한의 핵무장은 자신의 안보와 정치에 대한 위기의식에서 시작되었으므로, 비핵화의 실질적인 진전을 위해 안보와 정치의 위기를 어느 정도 해소하는 것이 불가피하다. 따라서 새로운 비핵화 접근법은 대북제재압박을 기반으로 하되, 이익 대 이익, 안보 대 안보의 교환 요소를 북핵합의의 핵심 요소로 포함해야 한다.

북한 비핵화의 진전을 위해 불가피하게 정치외교경제적 보상을 제공해야 하는데, 필자의 관찰에 따르면 "오늘의 비핵화 보상비용이 항상 내일의 보상비용보다 싸다". 이런 경향이 나타나는 것은 북핵능력에 대한 법칙성 추세 때문이다. 북한 핵능력은 대체로 8년마다 약 2배 증가한다. 북한의 핵분열물질 생산시설이 증가하고 기술이 축적된 결과이다. 이때 북한이 요구하는 비핵화 보상액은 증가하기 마련이다. 북한은 자신의 핵능력이 늘어난 만큼 이를 포기하는 데 대해 더 많은 비핵화 보상액을 요구하고, 또한 제재압박으로 인해 누적된 고통과 핵무장 투자로 인한 기회비용을 보상받으려고 한다. 따라서 가능한 한 조속히 북핵협상을 재개하고, 북핵합의를 만들도록 한다. 다만 이때 급조된 북핵합의는 또 깨어질 가능성이 높기 때문에 이를 방지하기 위해 최대한 이익 대 이익, 안보 대 안보 교환의 균형을 맞추어야 한다.

Ⅱ

북핵외교 30년의 평가

1. 북핵협상 경과와 평가

가. 북핵협상의 악순환 패턴과 특징

지난 30년간 북핵외교 과정을 돌이켜보면, 북한의 핵도발, 북핵위기 발생과 핵협상 개시, 핵합의 타결, 핵합의 붕괴 등이 거의 규칙적으로 반복되는 '악순환' 주기 현상이 발생했다. 물론 각 주기와 개별 단계의 기간과 강도는 당시의 상황에 따라 큰 차이가 있다. 그렇다면 이런 '북핵협상 악순환' 주기의 특징은 무엇이며, 왜 그런 현상이 발생하는가. 이런 북핵협상 구조와 패턴을 이해하게 되면, 향후 북핵협상의 전개과정을 예측하거나 대비하고, 나아가 이런 악순환을 차단하고 비핵화를 실제 진전시키는 데 도움이 될 것이다. 아래 표는 지난 30년간 발생한 북핵 관련 일련의 사건을 '북핵협상 악순환' 주기에 따라 도식화한 것이다.

〈표 1〉 북핵협상 악순환 주기

횟수	발단	북핵위기	북핵협상과 핵합의	핵합의 붕괴
1	• 북: 80년대 후반 영변 핵시설 건설 • 북미: 북경 비공식 접촉	• 북: IAEA 안전조치 협정 체결의무 지체 (1988.12.) • 남북고위급회담 중단 (1991)	• 북: 비핵화 공동선언 합의, IAEA 안전 조치 협정 체결 합의 • 미: 뉴욕 미북 고위 대화 개최, T/S훈련 중단	• 북: IAEA 사찰 비협조, 남북 상호사찰 불이행 IAEA 불일치 발견

횟수	발단	북핵위기	북핵협상과 핵합의	핵합의 붕괴
2	• 북: 미신고 시설 사찰 거부 • 한미: 특별사찰 요구	• 북: 준전시 선포, NPT 탈퇴(1993.3.) • 한미: T/S훈련 재개 발표(1992.10.)	• 북미 공동성명 (1993.6.) - 미, 대북 안전보장 대화지속 - 북, 사찰 수용	• 북: IAEA 사찰 거부
3	• 북: 사찰 거부 • 한미·IAEA: 안보리 회부	• 북: 폐연료봉 무단 인출(1994.5.), IAEA 탈퇴, 5MW 재가동 위협 • 미: 영변 폭격설	• 북미 제네바 기본 합의(1994.10.): - 북: 핵동결·폐기 약속 - 미: 중유·경수로 제공, 관계 정상화 약속	• 북: 사찰 거부 • 미: 경수로공사·중유제공 지체
4	• 북: 핵동결 해제 선언 (2002.12.) • 미: "악의 축" 발언 (2002.1.), 농축 의혹 제기 (2002.10.), 중유 공급중단	• 북: 5MW 재가동, IAEA 사찰관 축출 (2002.12.), NPT 탈퇴(2003.1.) • 미: 경수로 중단 (2003.12.), 제네바합의 파기선언	• 6자 공동성명 (2005.9.19.)	• 북: 선 경수로, 후 핵폐기 주장 • 미: BDA 금융제재
5	• 북: 6자회담 거부 • 미: 양자회담 거부	• 북: 미사일 발사 (2006.7.), 1차 핵실험(2006.10.) • 한미·안보리: 1718 제재결의	• 2.13., 10.3. 6자 합의(2007)	• 북: 신고, 검증방안 논란, 6자회담 거부 (2003)
6	• 북: 검증의정서와 6자회담 거부 • 미: 6자회담 거부	• 북: 은하2호 발사 (2009.4.), 2차 핵실험(2009.5.), 천안함 폭침(2010.3.), 연평도 포격(2010.11.) • 미: UNSC1874 (2009.6.) 경제제재	• 북: 2.29 북미 합의 (2012), 핵·미사일활동 중단, 우라늄활동 IAEA 감시 • 미: 24만 톤 영양식 제공	• 북: 은하3 로켓 시험발사(2002.4.) • 미: 2.29 합의 파기
7	• 북: 은하3호 발사 성공(2012.12.), 3차 핵실험(2013.2.), 흑연로 재가동 (2013.4.)	• 북: 4차(2016.1.), 5차(2016.9.) 핵실험, 6차 수폭실험(2017.9.) 광명성 4호 발사 (2016.2.), ICBM 시험발사 (2017.7, 11.) • 미: 안보리제재결의, 최대압박, 군사공격 위협	• 남북정상회담, 판문점선언(2018.4.) • 싱가포르 북미정상 회담, 공동성명 (2018.6.)	• 하노이 북미정상 회담 하노이 '노딜'(2019.2.), 북미 대화 중단
8	• 북: 단거리미사일 시험 (2019.5~), 북미대화 거부	• 북: 김정은의 연말시한 제시(2019.4.), 연말 크리스마스 선물 위협	• 북미정상 친서외교; 남북미 판문점 정상 회동(2019.6.); 3차 북미정상회담과 새로운 핵합의	• 북: 핵실험·중장거리 미사일 시험발사 재개, 핵합의 붕괴

'북핵협상 악순환' 현상은 아래와 같은 2개의 특징을 갖는다.

첫째, 고도의 북핵위기 국면이 핵협상과 핵합의를 촉진하는 경향이 있다. 북한은 한국과 미국, 그리고 국제사회의 비핵화 요구와 압박에 대해 강하게 반발하는 '벼랑 끝 외교' 전술을 구사했다. 구체적으로 국제원자력기구IAEA 사찰 거부, NPT 탈퇴, IAEA 사찰 거부 및 사찰관 축출, 사용 후 핵연료 무단 인출 및 재처리, 핵실험, 중장거리미사일 시험발사 등 강도 높은 도발로 북핵위기를 고조시켰다.

이런 위기 상황에서 미국은 대체로 사후적이며 대응적인 조치로써 북핵협상에 나서는 경향을 보였다. 그렇다고 북핵협상이 곧바로 열리지는 않았다. 북한의 도발에 대해 우선 미국은 안보리에 회부하여 제재 결의를 주도하고, 필요에 따라 전략폭격기·핵잠수함·항공모함·한미군사훈련 등을 동원한 무력시위에 나섰다.

이때 대체로 북한은 더욱 강한 언동으로 반발하면서, 마침내 북핵문제가 한반도 전쟁위기로 번지게 된다. 북핵문제 당사국들은 자신의 입장을 상대방에게 압박하고, 나아가 관철시키기 위해 이런 전쟁위험을 무릅쓰고까지 위기를 고조시킨다. 강경조치와 전쟁위기는 국내적으로 강한 지도자의 이미지를 과시하고 국내정치적 결속을 강화시키는 효과도 있다는 점에서 정치인들은 의도적으로 군사적 긴장을 고조시키기도 한다. 특히 북한은 90년대 들어 체제위기·정권위기·경제위기가 동시에 발생하여 복합적인 국가위기를 겪고 있어서 국내 정치적 효과를 노리고 전쟁위기를 조장할 동기가 크다고 하겠다.

그런데 막상 고도의 전쟁위기가 지속되면, 모든 당사국에게 엄청난 정치적·군사적·경제적 부담이 된다. 누구도 북핵문제를 둘러싸고 실제 전쟁에 돌입할 의지도 이유도 없기 때문에 전쟁위기가 장기화되어 국내적 불만이 커져 정치적 부담이 되는 것을 원치 않는다. 이때 미국과 한국은 당면한 전쟁위기와 핵위기를 완화시키기 위해 협상에 나서게 된다. 그렇게 강경하던 북한도 돌연 입장을 변경하여 대화에 나서게 되면, 새로운 북핵협상 주기가 시작된다. 예를 들면, 1993년 북한의 NPT 탈퇴 선언으로 북핵위기가 고조되면서, 첫 북미 핵협상이 시작되었다. 1994년 5월 북한이 임의로 핵연료봉을 인출하여 전쟁위기가 발생한 이후에야 제네바 합의가 타결되었다. 2006년 10월 1차 북핵실험도 2007년 2.13 6자합의를 촉진시켰다. 2018년 남북정상회담과 북미정상회담도 2017년 하반기에 극단적인 북핵위기와 전쟁위기를 겪은 후에야 개최되었다.

둘째, 북핵협상의 매우 특이한 현상으로 핵합의가 매번 붕괴한다는 점을 들 수 있다. 보통 국가 간 협상은 상호 협상과 합의의 필요성에 대한 공감대가 조성된 이후에 시작되고, 상호 협력적 분위기 속에서 충분한 검토를 거쳐 상호 공동이익에 합의하게 된다. 그런데 북핵협상은 내내 상호 불신과 적대감을 극복하지 못한 채 개시되고 마무리된다. 북핵합의는 정상적인 교섭과정이 아니라 '위기국면'에서 급조된다. 서로 상대방이 합의사항을 충실히 이행할 것이라는 믿음이 거의 없다.

이렇게 타결된 핵합의는 위기국면을 회피하기 위한 미봉책 또는 기만책이 될 가능성이 높다. 급조된 핵합의는 지킬 수 없는 약속, 핵심 쟁점의 합의 실패, 상호 자신에게 유리하게 해석될 수 있는 애매한 조문 등을 포함한다. 합의가 이행되지 못한 배경에는 당초 이행 의지 없이 상대방을 기만한 경우, 또는 국내적 설득에 실패한 경우도 있다. 이행과정에서 국내적 반발로 인해 집행이 지연되거나 요구사항이 추가되기도 했다.

예를 들면, 북한은 1991년 영변 재처리 시설을 건설하고 재처리 실험을 하면서도 이를 금지한 '한반도 비핵화 공동선언'에 서명했다. 미국은 1994년 대북 경수로 제공의 어려움을 알고서도 "북한의 조기붕괴로 인해 경수로 제공 약속을 이행할 필요성이 없을 것"이라는 판단하에 북미 제네바 합의에

서명했다. 1994년 '북미 기본합의문'도 대북 사찰 시기를 구체화하는 데 실패했다. 2002년 들어 사찰 문제가 재부상 했을 때, 사찰 시기와 방법에 대한 북미 간 해석이 너무 달랐다. 결국 사찰 개시 시점에 대한 각자의 주장은 제네바 북미합의가 깨어지는 원인의 하나가 되었다. 2005년과 2007년 6자합의에서도 '검증 문제'를 분명히 하지 않아, 2008년 후속 협상에서 북한이 검증합의서 채택을 거부하는 구실을 주었다.

국내적 설득에 실패하여 핵합의를 훼손한 사례도 있다. 제네바 합의에서 미 민주당 행정부는 경수로와 중유 50만 톤 제공을 약속하였으나, 막상 공화당 의회가 이에 필요한 자금지원을 거부하여 합의 이행이 계속 지연되었다. 9.19 6자합의가 채택된 이후, 북한은 '선 경수로 제공, 후 비핵화 이행'에 합의하였다고 발표했다. 그런데 미 정부는 이와 정반대로 '비핵화 완료 후 경수로 제공 검토' 입장을 발표했다. 이것도 미국과 북한이 각각 내부의 반발을 고려하여 합의문을 재해석한 사례로 볼 수 있다.

이런 북핵협상 악순환 패턴을 본다면, 2018년 남북 및 북미정상회담을 통해 타결한 북핵합의도 전철을 밟지 않는다고 장담하기 어렵다. 자칫 합의체제가 붕괴할 가능성은 항상 열려 있다. 이미 2019년 2월 하노이 북미정상회담의 '노딜' 사태에서 그런 조짐이 나타났다.

한편, 2018년 합의체제는 이전 합의보다 쉽게 깨어지지 않을 것이라는 분석도 있다. 판문점 남북합의와 싱가포르 북미합의는 남·북·미의 정치지도자들이 직접 개입하며 만든 합의문이기 때문에 이들의 정치적 지위와 체면을 감안하여 쉽게 버리지 못할 것이라는 입장이다. 사실 하노이 회담 '노딜' 사태에도 불구하고, 2019년 6월 남·북·미 정상들이 전격적으로 판문점 회동을 통해 협상국면의 와해를 저지한 것도 이런 정상 개입의 효과로 볼 수 있다.

정상 합의는 핵합의에 대한 국내정치적 합의 유지 문제를 걱정할 필요가 없다는 장점도 있다. 과거에 북핵합의가 붕괴한 배경에는 종종 국내적 반발 또는 관심 저하가 있었다. 하지만 남북 및 북미정상회담을 통해 만들어진 합의는 다른 어떤 유사한 합의보다 높은 지속성을 갖는다. 정치인들이 자신의 손으로 직접 만든 정치적 성과물을 최대한 지키려고 하기 때문이다. 자신의 정치적 이해관계뿐만 아니라 체면이 걸린 문제로 본다는 점도 합의의 지속성 유지에 도움이 된다.

나. 북핵협상의 악순환과 북핵외교 실패의 원인 분석

위에서 북핵협상의 독특한 패턴과 특징을 살펴보았다. 그렇다면 왜 북핵협상의 악순환 현상이 발생하는가? 북핵협상이 핵위기와 핵협상을 오가는 동안에 북한의 핵능력은 지속적으로 증가했는데, 한국과 미국은 왜 북한의 핵무장을 저지하는 데 실패했는가?

첫째, 미국과 한국은 북한 체제의 내구성, 핵개발 의지와 역량을 과소평가했다. 90년대 초반 미국은 핵비확산의 도덕성과 명분을 과신하고, 북한의 핵개발 의지와 능력, 그리고 협상능력을 과소평가했다. 또한 탈냉전기에 들어 구공산국가의 붕괴 필연성을 과신한 나머지, 북한의 체제 내구력을 과소평가하는 잘못을 저질렀다. 90년대 초 유행하였던 북한 '붕괴론'도 이러한 미국의 성급한 판단에 기여하였다. 사실 미국이 북한의 조기 붕괴를 과신한 나머지, 시간을 벌기 위해 제네바 합의와 경수로 제공에 동의했다는 주장도 있다.

한국과 미국에서는 북한발 정치위기와 경제위기의 소식이 들릴 때마다 북한 붕괴에 대한 기대가 급속히 확산되었다. 심지어 한국 정부가 북한과 대화 또는 경제협력 사업을 추진할 때마다 북한의 생명줄을 늘려주고 북한 비핵화 노력을 저해한다는 비판이 쏟아졌다. 예를 들면, 미국이 2002년 제네바 합의를 파기하고, 2005년 6자 공동성명을 상당기간 '방치'한 것도 북한의 핵개발 능력과 의지를 과소평가했기 때문으로 보인다. 오바마 행정부와 이명박·박근혜 정부가 채택했던 '전략적 인내' 정책의 배경에는 북한이 제재압박에 몰려서 붕괴되거나, 또는 자발적으로 핵을 포기할 것이라는 전략적 판단이 있었다. 그런데 북한은 붕괴되지도 핵을 포기하지도 않았다. 오히려 '전략적 인내' 정책은 북한이 핵개발을 위한 시간을 버는 데 이용되었다. 만약 북한의 핵능력과 의지를 정확하게 판단하였다면, 북핵문제를 그렇게 방치하지는 않았을 것이고, 2017년의 동시다발적인 핵실험과 중장거리미사일 시험발사도 미연에 방지할 수 있었을 것이다.

둘째, 북핵 해결을 위한 미국 측의 외교적 노력은 선제적이고 전략적인 구상에 따른 것이 아니라 북한의 외교공세와 북핵위기에 대한 반응적인Reactive 대응조치로 나타나는 경향이 있다. 미 정부는 북핵문제의 완전하고 신속한 해결을 위한 전략과 로드맵을 갖고 체계적으로 접근하지 못했다. 오히려 북한의 벼랑 끝 전술과 위기조장 전술에 말려들어 뒤늦게 위기해소 차원에서 최소한의 반응을 보였다. 그 결과 마지못해 타결한 핵합의는 결국 그 내재적 결함으로 인해 합의의 해체와 새로운 핵사태의 반복을 초래한다. 또한 과거 미국의 대북 협상팀은 대북 협상 자체와 합의 창출에 집착한 나머지, 합의의 실질적 이행 또는 이행 보장장치 마련에 소홀한 경향이 있었다. 2018년 싱가포르 북미정상회담이 채택한 합의문도 같은 맹점을 갖고 있다.

문제는 합의 내용을 좀 더 명확히 하고, 합의 이행보장 장치를 강화하려는 노력도 성과를 거두기 어렵다는 점이다. 이에 대한 북한의 거부감이 높아, 합의 자체가 불가능할 가능성이 높다. 사실 이런 점이 북핵협상과 합의의 내재적인 한계이며, 오늘까지 북핵사태가 계속 악화된 배경이기도 하다. 결과적으로 합의문 작성에는 성공하였으나 합의 이행체제를 확보하고 보장하는 데 실패하였다.

사실 북핵위기가 발생한 후에야 핵협상이 열리는 배경에는 북한에 대한 미국의 강한 불신과 북미대화에 대한 거부감이 있다. 초강대국이자 자유진영의 리더국인 미국은 '불량국가'이고 약소국인 북한과 협상테이블에서 동등하게 마주하는 것이 자신의 국제적 지위에 부합하지 않는다고 본다. 미 정부는 전통적으로 양자대화를 상대방에 대한 인정과 보상으로 간주하는 경향이 있는데, 이런 전통도 북한과 대화하는데 중대한 장애물이 되었다. 이때 북한은 '벼랑 끝 외교' 전술을 효과적으로 구사하면서 미국을 협상장으로 끌어들였다. 1993년부터 북미 핵협상이 빈번히 열렸지만, 아직도 미국이 북한과 대화에 대한 거부감을 완전히 극복했다고 보기 어렵다. 북한의 핵능력이 증강되면서 북미 핵협상의 필요성은 더욱 증가했다. 동시에 북한이 반복적으로 핵합의를 위반했기 때문에 미국 내에서 북미대화에 대한 불신과 거부감은 더욱 커졌다. 사실 2018년 초유의 북미정상회담이 개최된 것도 워싱턴 정치의 아웃사이더인 트럼프 대통령이 워싱턴에 만연한 북한에 대한 깊은 불신과 북미대화에 대한 거부감을 무시했기 때문에 가능했다.

셋째, 북미 간 근본적인 이해관계의 충돌과 적대감이 파행적인 협상의 주요 원인이 되었다. 북한은 미국의 궁극적인 대북정책 목표가 북한의 체제전환과 정권교체라는 의구심을 항상 갖고 있다. 한국의 대북정책 목표도 결국 체제변화와 흡수통일이라고 믿고 있다. 미국도 북한이 핵을 포기할 것이라고는 생각하지 않는다.

역설적이지만, 이런 적대감과 불신 속에서 북한과 미국은 각각 상대가 수용하기 어려운 과도하게 높은 협상 목표를 강요한다. 미국은 줄곧 북한의 완전한 비핵화 또는 핵무기와 핵프로그램의 '완전하고 검증가능하며 불가역적인 해체CVID: Complete, Verifiable, Irreversible Dismantlement'를 북핵외교의 목표로 추구하고, 북한이 수용할 것을 요구했다. 반면에 북한은 미국의 대북 적대시 정책 중단, 평화협정 체결, 경수로 지원, 경제제재 해제, 경제지원, 관계 정상화 등을 요구했다. 더욱이 미국과 북한은 서로 상대를 믿지 못하므로 상대에게 선 이행을 요구했다. 그러나 상호 신뢰 없이는 이런 요구를 결코 만족시킬 수 없다.

특히 탈냉전기 들어 복합적 국가위기를 겪고 있는 북한으로서는 핵옵션을 전면적으로 포기하기 어려울 것이다. 북한 지도부는 핵무장을 안전보장, 체제보장, 그리고 내부통제를 위한 핵심적인 수단으로 보기 때문이다. 동구국가의 체제전환, 그리고 이라크와 리비아의 지도자 처형도 북한에게 핵포기를 하면 안 된다는 반면교사의 교훈을 주었다.

넷째, 우리 북핵정책의 혼선을 들 수 있다. 한국과 미국에서 정권교체에 따라 대북 접근법이 포용론에서 붕괴론까지 극단적으로 바뀌면서 대북정책의 일관성을 상실했다. 또한 국내에서 다양한 접근법이 서로 경쟁하면서 적지 않은 정책혼선을 초래하고, 심지어 정책마비를 초래하기도 했다. 한미는 각각 국내적으로, 그리고 양국 간에 이러한 접근법의 혼선을 해소하는 데 실패함으로써, 대북관계에서 협상 추동력과 집행의 일관성을 상실하였다. 한국 내 남남갈등, 그리고 미국 내 클린턴 행정부와 공화당 의회 간 갈등, 부시 행정부 내 네오콘 강경파와 국무부 협상파 간 갈등 등이 이러한 정책혼선의 사례였다.

사반세기에 걸친 북한 비핵화 노력에도 불구하고 비핵화에 실패했다는 사실에서 우리의 정세판단과 협상전략에 심각한 오류가 있었다고 인정하지 않을 수 없다. 특히 2017년 들어 북한이 연이어 중장거리 탄도미사일을 시험발사하고 “수소폭탄” 실험을 실시하면서, 북한 핵무장은 기정사실화되었다. 이는 우리 북핵정책에 새로운 의문을 던진다.

2. 한국 북핵외교의 평가

북핵협상은 주로 북미 간에 열렸지만, 한국도 북핵문제의 핵심 당사자로서 북핵협상에 직간접적으로 참여했다. 북한은 전통적인 '통미봉남'의 남한 따돌리기 전략에 따라 북미협상을 요구했고, 때로는 관철시키는 데 성공했다. 하지만 미국은 핵심 동맹국이자, 북핵문제의 직접 당사자인 한국과 충분한 사전·사후협의 없이 일방적으로 북핵협상을 진전시키실 수는 없었다. 따라서 북핵협상 과정에서 한미 정부는 적지 않은 논란에도 불구하고 한미공조 및 남북관계와 북미관계의 조화 원칙을 최대한 지켰다. 한미 간 입장이 극단적으로 어긋난 사례도 없지 않았다. 부시 행정부가 2003년 제네바 북미 기본합의를 파기하려고 했을 때, 노무현 정부는 강하게 반대했지만 마지못해 수용할 수밖에 없었다. 하지만 대체로 한미 정부는 국내외 정치군사 환경의 변동과 자신의 이익에 따라 북핵협상의 주도권 또는 비토권을 행사하며 서로 입장을 조율했다.

지난 30년간 한국 정부의 북핵정책은 보수와 진보의 폭넓은 정책스펙트럼을 오갔다. 탈냉전기 대북정책을 개념적으로 분류하면 북한 붕괴론, 방치론, 외교론, 포용론 등 4개가 있다.

첫째, 붕괴론은 적극적으로 북한의 체제전환 또는 정권교체를 추구하는 것이다. 보수진영과 안보론자가 선호하는 이 접근법은 북한에 공산체제와 김 씨 정권이 있는 한 핵무기를 포기하지 않을 것이라는 판단에 기반하고 있다. 북핵 상황을 볼 때, 이런 판단이 틀렸다고 보기도 어렵다. 하지만 이 접근법은 전쟁 위험성이 높아 어떤 정부도 이를 본격적으로 추진하지는 않았다.

둘째, 제재압박을 효과적으로 적용하여 북한이 핵을 포기하도록 하는 '전략적 인내', '무시' 옵션이 있다. 이는 적극적인 붕괴론 또는 핵시설에 대한 군사조치 등에 북한의 강한 반발과 군사도발을 초래할 가능성이 높아, 그런 부작용을 완화시키면서도 북한을 고사시키고자 한다. 그런데 북한은 전략적 인내와 무시 옵션을 결코 그대로 받아들이지 않는 문제가 있다. 과거 '전략적 인내' 기간 동안에 심각한 전쟁위기는 없었지만, 북한의 핵능력이 가장 고도화되는 데 이용되었다는 점에서 바람직한 옵션이 아니다.

셋째, '외교적 해결'은 북핵문제도 대화와 주고받는 협상을 통해 해결할 수 있다는 입장이다. 기본적으로 북미 기본합의, 6자 공동성명 등은 이런 외교론의 성과이다. 그런데 이 접근법의 문제점은 핵합의에도 불구하고, 합의 당사자들이 합의사항을 충실히 이행하지 않는다는 점이다.

넷째, 포용론은 북한의 선의를 기대하거나, 민족우선주의 관점에서 북한에게 먼저 호의를 베푸는 접근법이다. 김대중 정부 때 포용적 대북정책을 추진했지만, 북한은 상호적 조치를 취하지 않았다는 점에서 비판받고 있다. 사실 한국 또는 미국에서 정권교체가 발생하면 대북정책도 변동할 가능성이 높다는 점을 감안할 때, 북한이 한국의 포용정책에 즉각 반응할 것으로 기대하기는 쉽지 않다.

한국 정부는 정권교체 때마다 위의 4개 대북 접근법을 오락가락하며, 대북정책의 일관성과 지속성을 상실했다. 더욱이 정부 안팎에서 다양한 접근법이 서로 경쟁하면서 적지 않은 정책혼선을 초래하였고, 심지어 정책마비를 초래하기도 했다. 미국에서도 공화당과 민주당이 번갈아 정권을 장악하면서, 북핵정책 기조가 계속 변동했다. 한미는 각각 국내적으로, 그리고 양국 간에 이러한 접근법의 혼선을 해소하는 데 실패했다. 그 결과, 북핵협상 추동력과 핵합의 집행의 지속성을 잃었다. 이런 북핵정책의 변동과 혼선은 위에서 설명한 '북핵협상 악순환' 현상을 초래한 주요 원인의 하나가 되었다. 아래 표는 노태우 정부부터 현 문재인 정부에 이르기까지 각 정부의 북핵정책의 특징과 문제점을 적시했다. 앞으로 북핵외교의 실질적인 성과를 거두기 위해서는 한미 정부 모두 대북정책의 일관성과 지속성을 확보해야 하는 숙제를 안고 있다.

〈표 2〉 정부별 북핵정책 특징과 문제점

정부	대북·북핵정책 특징	문제점
노태우 (88-92)	- 탈냉전기 북방정책 주도(한소·한중 수교, 1990~92) - 남북 기본합의문, 한반도 비핵화 공동선언 성과(1991)	- 소련해체(1991.12.), 독일통일(1990.3.) 등 탈냉전 환경의 급진전으로 4강 교차승인 추진 중단
김영삼 (93-97)	- 북한 NPT 탈퇴(1993.3.)로 1차 북핵위기, 전쟁위기 발생 - 미북 기본합의(1994)로 북핵 동결	- 정부 대북정책 기조와 정책조정의 혼조 - 공산권 해체, 김일성 사망(1994.7.), 고난의 행군(1995) 등 북한붕괴 기대로 소극적 대북정책
김대중 (98-03)	- 북핵에 안이한 판단: 제네바합의로 북핵 해결, 미북 간 문제, 협상카드론 - 포용정책 추진과 정상회담 성과	- 대북지원, 경협, 정상회담에도 불구, 비핵화 및 북한변화 진전 실패 - 제네바 합의를 비핵화 진전 활용에 실패
노무현 (03-07)	- 부시 행정부의 대북 강경책, 농축 의혹으로 제네바합의 파기 - 한국, 햇볕정책 계승, "북 핵개발 주장 일리 있다(2004)", 종전선언 추구, 2차 남북정상회담(2007.10.) - 북, 핵개발과 대화 병행, 6자회담 개시(2003), 9.19 6자성명(2005)	- 부시 행정부의 대북 강경책 추진 및 제네바 합의 파기 - 북한, 핵개발 가속화, NPT 완전 탈퇴 선언, 해커박사에게 플루토늄 공개(2004.1.), 1차 핵실험(2006.10.) - 6자회담과 9.19 합의에도 불구하고, 북핵위기(핵실험, 미사일실험, BDA) 재발 - 한미갈등, 남남갈등 악화로 대북정책 동력 약화
이명박 (08-12)	- '전략적 인내'의 제재압박으로 북핵 해결 추구 - 5자회담, 그랜드바겐 등 ad-hoc 북핵구상 제시	- 북한 저항성·핵능력 과소평가, '북중관계 긴밀화'로 제재압박 한계, 북핵악화 - 김정일 뇌졸중(2008.8.), 사망(2011.12.)으로 위기의식 고조, 핵개발 가속화, 핵보유국 헌법 명기(2012.5.)
박근혜 (13-17)	- 김정은 등장 이후 핵·미사일실험 반복으로 제재압박 중심 대북정책 추진 - "의미 있는 6자회담" 재개 위한 코리안 포뮬라, 5자회담 모색	- 통일준비를 북한은 '흡수통일'로 간주 - 북한붕괴에 대한 기대로 북핵외교, 남북대화 무용론 확산 - 창의적 비핵화 전략 모색 중이나, 북한의 강경한 핵개발 입장과 우리의 유인책. 압박책 한계로 효과 제한적
문재인 (17.5-)	- 전쟁방지·평화정착 최우선시 - 남북, 북미정상회담(2018) 개최	- 북미협상·남북대화 병행 - 김정은의 일방적 핵실험 중단 및 북미정상회담에도 불구, 핵물질·핵탄두 생산 지속으로 북핵능력 증가

3. 북미정상회담의 평가와 전망

가. 싱가포르 북미정상회담 개최 배경과 성과 평가

과거에도 미국에서 수차례 북한과 정상회담 시도가 있었다. 클린턴 대통령은 임기 말기에 방북을 추진했지만, 공화당과 부시 대통령 당선자의 반대로 무산되었다. 오바마 상원의원은 민주당 대통령 후보 경선에서 "이란, 쿠바, 북한의 지도자와 만나겠다."고 발언한 적이 있다. 당시 오바마 의원은 부시 행정부의 제재 일변도 대북정책에서 탈피하고, "정상회담의 거부로 상대국을 처벌한다."는 전통적인 미국외교 관념에서도 벗어나려고 했다. 그러나 공화당 경선후보뿐만 아니라 같은 당의 경선후보인 힐러리 클린턴 상원의원으로부터도 순진하고 무책임하다는 비판을 들었다. 이후 오바마 대통령은 쿠바와 이란의 정상과 소통하는데 성공했지만, 북한과 정상회담에는 실패했다.

오바마의 이런 구상은 그와 가장 반대편에 서 있는 트럼프 대통령에 의해 계승되었다. 트럼프 후보는 2016년 5월 17일 로이터통신과 인터뷰에서 "대통령이 되면, 북핵문제를 해결하기 위해 김정은과 직접 대화하겠다."고 밝혔다. 그러자 힐러리 클린턴 민주당 후보가 트럼프의 순진함과 외교적 무지를 비판했다. 클린턴 후보의 이런 반응은 민주당과 공화당을 망라하고 워싱턴에 만연한 북한에 대한 깊은 불신과 북미대화 무용론을 반영하고 있다. 그런데 워싱턴 아웃사이더인 트럼프는 달랐다. 6월 5일 애틀랜타 유세연설에서 반격에 나섰다. "대화하는 것이 무엇이 문제인가. 대화를 시작하는 것이 중요하다. 김정은이 미국에 온다면 협상테이블에서 햄버거를 먹을 것이다. 김정은과 직접 대화로 북핵문제를 해결할 가능성이 10%, 20% 있다. 그런 가능성이 있다면 대화해야 한다." 당시 이 "햄버거 미팅" 발언은 외교에 무지하고 충동적인 트럼프 후보의 발언으로 치부되어 별 관심을 끌지 못했지만, 트럼프는 자신의 소신을 실행에 옮겼다.

트럼프 대통령의 대화정책은 2017년 5월 출범한 문재인 정부의 대북 화해협력 정책과 궤를 같이 했다. 트럼프 대북정책의 특징은 첫째, 트럼프 행정부는 이전 정부의 대북 '전략적 인내' 정책을 실패로 규정했다. 둘째, 북핵문제 해결을 대통령 의제로 만들었다. 셋째, '최대 압박'으로 북한을 대화로 몰아붙였다. 넷째, 북한 체제 붕괴, 정권교체, 통일 가속화, 38선 이북 진출 등을 전적으로 거부했다.

그렇다면 김정은 국무위원장은 왜 북미정상회담을 추진키로 결정했을까. 2018년 들어 북한은 핵·미사일 도발을 중단하고, 급격히 대화국면으로 전환했다. 그 배경에 대해 '핵무장 완성의 자신감', 또는 '제재압박 효과' 때문이라는 2개의 해석이 있다. 북한은 스스로 전자임을 과시하나, 필자는 후자가 북한 정세에 더욱 부합한다고 본다. 김정은은 2018년 신년사에서 "국가 핵무력 완성"을 선언하고, "그 어떤 힘으로도 그 무엇으로도 되돌릴 수 없는 강력하고 믿음직한 전쟁 억제력"을 보유하게 되었기 때문에 "더 이상 미국이 전쟁을 걸어오지 못한다."고 단언했다. 그런데 실은 김정은이 기대하는 병진노선의 경제적·안보적 성과가 충분히 발생하지 않았다. 2017년 후반기 들어 북한의 안보와 경제가 급격히 악화되는 조짐을 보였다.

미국이 대북 예방전쟁과 경제봉쇄를 준비하면서, 북한의 중장기적 안보와 경제 전망은 더욱 어두워졌다. 그런 전망의 배경에는 아이러니하게도 2017년 북한의 대륙간탄도미사일ICBM 시험발사와 수소폭탄 실험 성공이 있다. ICBM 시험발사와 수소폭탄 실험의 성공은 북한 핵무장의 엄청난 진전이며, 김정은에게는 정치적 업적이었다.

동시에 ICBM과 수소폭탄 실험은 미국과 중국의 안보 국익을 직접 위협했다. 양대 핵강대국은 북핵문제를 더 이상 지역안보나 핵비확산 차원이 아니라, 자신의 국가안보 차원에서 대처하지 않으면 안 되었다. 미국과 중국이 대북압박과 제재를 강화하면서, 북한의 경화획득, 원유도입과 물자도입이 급감하고, 김정은의 국정운영과 경제발전이 크게 타격받았다. 또한 북한의 핵능력이 증가하자, 한미가 공세적으로 군사적 공격·방어·억지·보복 능력을 증가시키기 시작했다. 트럼프 행정부가 북한에 대한 예방공격을 강하게 위협함에 따라 북한의 안보가 핵무장에도 불구하고 되레 악화되는 현상이 발생했다. 결국 북한은 강화되는 제재압박과 병진노선의 한계에 직면하여, 제재압박의 완화, 경제난과 식량난 완화, 미북 평화협정 등을 목표로 대화공세에 나서는 것이 불가피했을 것이다.

마침내 미북 정상은 우여곡절을 거쳐 2018년 6월 싱가포르에서 정상회담을 가졌다. 싱가포르 북미정상회담의 최대 의의는 양국의 정상이 70년 만에 역사상 처음으로 회동했다는 데 있다. 이는 양국이 수립된 이후 첫 정상 회동이며, 최장 적대관계를 유지하고 있는 국가 간 정상회동이라는 특징도 있다.

당초 싱가포르 북미 공동성명이 '비핵화 합의'가 될 것이라는 기대가 많았지만, 결과는 그렇지 못했다. 대신에 양 정상은 새로운 북미관계 수립, 한반도 영구평화체제 구축, 한반도 완전한 비핵화 등 양국 간 3개의 포괄적인 전략목표를 제시하고 이를 달성하기 위한 노력을 약속하는 '정치합의'를 채택했다. 싱가포르 북미 공동성명이 갖는 의미는 아래와 같다.

첫째, 이번 공동성명을 통해, 북핵에 대한 접근법이 과거 일방적으로 핵폐기를 요구하는 국제법적, 핵비확산 규범적 접근법에서 주고받기 식의 정치적, 거래적 접근법으로 바뀌었다. 그동안 한미와 국제사회는 북한의 핵개발을 공공연한 국제법 위반과 세계평화 침해행위로 간주했다. 따라서 비핵국으로 원상회복을 일방적으로 요구했다. 그런데 이번 공동성명에서 트럼프 대통령은 북한에 안전보장을 제공하기로 약속하고, 김정은 위원장은 한반도의 완전한 비핵화에 대한 약속을 재확인했다. 여기서 '새로운 북미관계 수립'을 오히려 북핵문제보다 앞에 위치시켜, 양자 간 상호관련성을 묵시적으로 인정했다.

둘째, 북미협상에서 북핵의제의 상대적 중요성이 하락했다는 우려가 있다. 공동성명에 총 4개 조항이 있는데, 유해송환을 뺀다면 3개 핵심 조항이 있다. 그런데 북핵 조항은 (1조) 새로운 북미관계 수립, (2조) 한반도 평화체제 구축에 이어, (3조)에 위치했다. 북미회담에서 최우선 의제가 되어야 할 북핵문제가 세 번째로 밀려 상대적 중요성이 감소한 셈이다. 또한 북핵 조항을 북미관계 수립과 평화제제 구축 조항 이후에 위치한 것은 북미관계 수립과 평화체제 구축 이후에야 비핵화를 추진한다는 잘못된 메시지를 북한에 줄 우려가 있다.

셋째, 구체성이 부족하다. 북핵 조항의 내용을 보면, 강력한 비핵화 최종 상태와 목표를 표시하는 'CVID' 표현이 빠지는 대신, 4.27 판문점선언(2018)에서 표현된 '한반도의 완전한 비핵화'가 채택되었다. 그리고 당초 논의 과정에서 비핵화 시한, 신고 범위, 검증 방법, 초기 비핵화 실행조치 등이 공동성명에 명기 될 것으로 기대되었으나 모두 빠졌다. '비핵화' 개념의 정확한 정의에도 관심이 많았지만, 이도 생략되었다.

나. 하노이 북미정상회담

트럼프 미 대통령과 김정은 국무위원장은 2019년 2월 27, 28일 이틀간 베트남 하노이에서 2차 북미정상회담을 가졌으나, 합의를 채택하는 데 실패했다. 사실 이런 하노이 회담의 끝은 누구도 예상치 못했다. 특히 하노이 북미정상회담의 결과로 북미관계, 비핵화, 평화체제 등 3축이 나란히 진전되어, 이를 바탕으로 남북관계 개선과 경제협력을 촉진하려던 한국 정부에게는 적지 않은 충격이었다. 일부 전문가는 올 것이 왔을 뿐이라고 평가했다. 북한이 당초 비핵화할 의지가 없었던 데다, 미 정부도 충분한 사전준비

없이 트럼프 대통령의 이니셔티브에 따라 협상을 추진했기 때문이었다. 트럼프 대통령의 새로운 정치적 톱-다운 식 접근법이 모처럼 북미 간 대화 돌파구를 여는 데 기여했다. 하지만 일 인 리더십에 과도하게 의존하는 이런 접근법은 불안정하고, 예측 불가하다는 한계도 드러났다.

하노이 합의가 무산된 이후, 북미 양국은 각각 합의 무산의 배경에 대해 다소 날선 공방을 주고받았다. 하지만 북한은 과거와 달리 상대방에 대한 인신공격을 완전히 배제한 채 문제점에 대한 해명을 중심으로 반박했으며, 미국도 상대방에 대한 자극을 극도로 자제했다. 협상론에 따르면, 종래의 '적대적 협상' 스타일에서 벗어나, 한층 성숙한 '거래적 협상' 스타일을 보였다. 이는 향후 북미협상의 재개 가능성을 기대하게 했다.

그렇다면 양측이 합의를 이루지 못한 쟁점은 무엇인가. 미국은 협상 결렬 배경으로 북한이 "영변 핵시설 폐기"를 제안하며, 그 대가로 "기본적으로 전면적인 제재 해제"를 요구했기 때문이라고 설명했다. 여기서 두 개의 쟁점이 있다. 첫째, 미국은 영변 핵단지를 넘어서는 "추가적인 비핵화"를 요구했다. 이는 영변 밖의 농축시설을 암시했다. 또 폼페이 장관의 추가 설명에 따르면, 미국은 영변 외 미사일 시설, 핵탄두 무기체제의 해체, 핵목록 신고 등도 필요했다.

한편, 북한은 자신이 요구한 제재 해제는 전부가 아니라, 일부 해제이며 민생 관련 해제라고 반박했다. 구체적으로 유엔 제재 결의 11건 중 2016년부터 2017까지 채택된 5건을 해제하는데, 그중에서도 민수경제와 인민생활에 지장을 주는 항목들을 먼저 해제해 달라고 요구했다. 그리고 그 대가로 제시한 '영변 핵시설 폐기'의 중요성과 가치를 강조하며, 미국이 어떤 비용을 치러서라도 이 제안을 놓치지 말 것을 호소 겸 협박했다. 합의 무산 이후 급조된 기자회견(2019.3.1.)에서 리영호 외상은 북측의 비핵화 제안을 아래와 같이 설명했다.

첫째, 영변지구의 플루토늄과 우라늄을 포함한 모든 핵물질 생산시설을 미국 전문가들의 입회하에 양국 기술자들의 공동 작업으로 영구적으로 완전히 폐기한다. 이는 양국의 현 신뢰 수준의 단계에서 북한이 할 수 있는 가장 큰 보폭의 비핵화 조치이다. 둘째, 미국의 우려를 덜기 위해 핵실험과 장거리 로켓 시험발사를 영구적으로 중지한다는 확약을 문서로 제공할 용의가 있다. 셋째, 신뢰조성 단계를 거치면 앞으로 비핵화 과정은 더 빨리 전진할 수 있을 것이다.

이 논쟁에서 북미는 중대한 입장 차를 보였다. 우선 미국은 북한의 완전한 비핵화를 달성할 때까지 안보리 경제제재를 주요 압박수단으로 계속 활용하겠다는 입장이다. 실제 유엔안보리의 대북제재 결의는 2016년부터 그 성격이 바뀌는데, 이전에서 북한 핵·미사일 개발에 필요한 물자·기술을 주로 통제했다. 그럼에도 불구하고, 핵·미사일 개발과 도발이 반복되자, 유엔안보리는 김정은 통치자금과 경제 전체를 타깃으로 현금거래를 동반하는 일체 수출입을 통제하기 시작했다. 그런데 이 제재가 주효했다는 것이 일반적인 평가이다. 따라서 미국과 국제사회는 북한이 완전히 비핵화할 때까지 경제제재 체제를 유지해야 한다는 입장이다.

리용호 외상이 기자회견에서 시사했듯이, 북한은 영변 핵시설을 제재 해제의 상응 조치와 교환하는 데 이용하고, 기타 비핵화 조치**핵신고, 핵탄두, 미사일 폐기 등**는 미국으로부터 정치군사적 상응 조치를 얻는 데 이용한다는 입장이었다.

2차 하노이 북미정상회담이 성과 없이 끝나면서 북미대화에는 급제동이 걸렸고, 그 여파로 남북대화도 주춤해졌다. 1~2년 내 비핵화를 장담하던 북미 양측이 돌연 서로 급한 게 없다고 버티기를 예고했다. 사실 지난 북핵협상 30년 역사를 경험한 국민이라면 그냥 올 것이 왔다고 생각할 수도 있다. 그런데 북한의 핵무장이 이미 가시화된 상황에서 우리는 북핵협상의 지체를 그냥 지켜보기만 할 여유가 없다. 이런 상황이 장기화된다면, 결국 우리는 북핵과 동거하거나, 미국의 보호에 전적으로 의존하거나, 또는 자체 핵무장을 해야 하는 나쁜 옵션만 갖게 된다.

전문가들은 대체로 하노이 담판에서 김정은 국무위원장이 패배했다고 판정했다. 북한 실무협상팀의 처형설까지 떠돌았다. 숙고하던 김정은 국무위원장이 마침내 4월 12일 최고인민회의 시정연설에서 2019년 말까지 3차 북미정상회담 개최 의사와 조건을 밝혔다. 김 위원장은 "조미 사이에 뿌리 깊은 적대감이 존재하고 있는 조건"이므로 "쌍방이 일방적인 요구조건들을 내려놓고 각자의 이해관계에 부합되는 건설적인 해법을 찾아야" 한다고 주장했다. 여기서 김 위원장은 "미국이 올바른 자세를 가지고 우리와 공유할 수 있는 방법론을 찾는 조건"을 제기하여, 결국 미국의 양보를 요구하고 있다.

2019년 2월 말 하노이 북미정상회담이 합의 없이 끝난 후 북미관계와 북핵국면은 연일 아슬아슬한 긴장의 연속이었다. 미국의 반복되는 핵협상 재개 요구에도 불구하고 북한은 협상을 거부하며, 5월부터 시작하여 10여 차례 단거리 미사일과 대형 방사포의 시험발사로 군사도발을 반복했다. 마침내 10월 5일 스톡홀름에서 북미 실무 핵협상이 열렸지만, 북측은 하루 만에 미국의 입장 불변을 이유로 "협상 결렬"을 선언했다. 과거 북미관계를 돌이켜 보면, 이런 북한의 미사일 발사와 일방적인 협상 중단은 미국의 강경대응을 초래하고, 이에 북한이 다시 반발하면서 북핵위기가 재발되었을 것이다. 하지만 김정은 국무위원장과 도널드 트럼프 대통령 간 친서외교와 판문점 '번개회동'으로 북미대화의 끈이 이어지고 있다. 특히 트럼프 대통령이 반복적으로 북미관계에 개입하면서 그 파탄을 방지했다.

트럼프 대통령이 2020년 대통령 선거에 패배하면서, 북핵문제와 북미관계의 향방을 전적으로 김정은-트럼프 북미정상회담에 의존하던 시기는 끝났다. 2021년 1월 출범하는 바이든 행정부는 긴급한 코로나19 팬데믹, 경제위기, 인종문제, 기후변화 등 국내문제의 해결에 집중하느라, 당분간 북핵문제에 관심을 돌릴 여유가 없을 전망이다. 과거 북한은 미국의 행정부 교체기에 거의 관행적으로 각종 핵·미사일 도발을 시도했다. 따라서 바이든 행정부도 한반도 북핵위기와 전쟁위기의 재발을 방지하기 위해 조기에 북미접촉을 통한 예방외교에 나설 가능성도 있다.

Ⅲ

한반도 평화비핵체제 구축 전략

1. 한반도 평화비핵체제 로드맵 제시

박근혜 대통령의 탄핵으로 인해 2017년 5월 갑작스럽게 출범한 문재인 정부가 직면한 대외환경은 고도의 북핵위협과 전쟁위험이었다. 이런 상황에서 문재인 정부는 북핵위기와 전쟁위기의 재발을 방지하기 위한 '평화정착'을 당면한 대북정책 목표로 제시하고, 이를 추진하기 위한 전략으로써 '한반도 평화체제 구축'을 제안했었다.

사실 북핵위기와 전쟁위기의 상황에서 한국과 미국은 다양한 정책옵션을 갖는다. 위에서 토론했던 붕괴론, 전략적 인내, 외교론, 포용론 등의 접근법에 구체적인 정책옵션을 도출할 수 있다. 특히 2017년 북핵위기 국면에서 제기되었고 논쟁했던 정책옵션으로 공포의 균형, 강제적 비핵화, 북핵과 동거, 평화체제 구축 등이 있다.

'공포의 균형'은 북한의 핵무장과 핵위협과 현실로 드러난 상황에서 한미동맹을 강화하여 북핵을 억제하자는 입장이다. 하지만 이 정책옵션은 억제의 효과에도 불구하고, 군비경쟁, 선제공격, 우발전쟁 등 전쟁위험이 높은 문제점이 있다.

'강제적 비핵화' 정책옵션은 예방공격, 체제붕괴, 정권교체 등으로 북핵문제를 해결하는 방법이다. 이 정책옵션은 지난 수십 년간 강경파의 단골메뉴였다. 하지만 북한의 체제 내구성과 저항성을 감안할 때 실현성이 낮고, 전쟁 위험성이 높아 국가정책으로 선택된 적은 없다.

'북핵과 동거' 옵션은 북한의 핵무장 현실을 인정하고 적용하자는 입장인데, 한국과 미국 정부가 절대 거부할 것이므로 가능성이 낮다. 미국과 중국이 한국과 북한을 각각 분할 관리하는 방안도 이와 유사한데, 실현성은 매우 낮다.

마지막으로 진보진영과 남북대화론자가 선호하는 '한반도 평화체제' 옵션이 있다. 사실 이는 한국의 국익북한 비핵화, 남북관계 개선, 전쟁방지, 평화정착 등에 전적으로 부합하는 최선의 한반도 시나리오이자 정책옵션이다. 그런데 이를 달성하기 위해서는 북한의 핵포기, 평화협정 체결, 북미수교, 북일수교, 동북아 안보협력 등이 포괄적으로 달성되어야 한다는 문제가 있다. 그럼에도 불구하고, 필자는 이 옵션이 국익 부합, 전쟁위험성, 비핵화 가능성 등을 감안할 때 우리의 유일한 선택이 되어야 한다는 입장이다. 아래에서는 평화체제 구축과 비핵화를 선순환적으로 병행하고 진전시키는 '평화비핵체제' 구축 전략을 제시한다.

필자는 한반도 평화비핵체제 구축을 위해 '비핵화' 진전을 핵심축으로 하여, '핵동결'과 '핵폐기' 등 2단계에 걸친 단계적 접근을 제안한다. '북핵동결' 단계를 다시 세분화하여 현재 북한의 자발적인 핵실험 중단을 핵동결의 입구로 하고, 실제 핵물질 생산 중단과 핵물질 생산시설 폐쇄를 핵동결의 완성으로 간주한다.

구체적으로 '북핵동결'을 완료하는 비핵화 조치로 ▲핵분열물질 생산 중단'미래핵' 중단과 감시, ▲대륙간탄도미사일ICBM 불능화와 생산 중단, ▲핵·미사일 시험 동결 지속, ▲북미 수교회담 개시 등이 있다. 여기서 특히 'ICBM 폐기와 생산 중단'은 트럼프 대통령과 미국 내 안보전문가의 북한 ICBM에 대한 강한 거부감을 감안할 때, 북미관계에서 상징성이 매우 높은 비핵화 조치가 될 것이다.

필자는 한반도 평화비핵체제 구축의 성공을 위해서, 평화체제의 다양한 요소 중에서 독립변수와 종속변수를 구분하고, 특히 독립변수에 주목할 것을 강조하고자 한다. 그동안 국내에서 평화체제 구축 핵심전략으로 "평화협정 체결**독립변수**을 통한 비핵화 진전**종속변수**"을 추진하자는 주장이 많았다. 그런데 종전선언과 평화협정은 필연적으로 한미동맹, 주한미군, 유엔사 등 복잡한 군사문제와 얽혀 있어 남남갈등과 한미갈등을 초래할 가능성이 높다. 특히 국내외 안보진영의 강한 반발을 초래할 가능성이 높다. 사실 1차 북미정상회담을 계기로 문재인 정부가 평화체제 구축 조치 중에서도 가장 낮은 단계인 '종전선언'을 추진했지만, 국내외의 반발로 결국 성사시키지 못했다.

따라서 새로운 평화체제 구축 전략은 비핵화와 평화협정 체결을 종속변수로 두고, 이를 추동하는 독립변수로 북미관계 정상화, 남북관계 정상화, 북일관계 정상화, 경제에너지 지원, 동북아안보협력 등을 적극 활용해야 한다. 이는 평화협정을 매개로 하는 평화체제 구축이 난관에 봉착한 만큼, 이에 대한 간접적 접근법으로 양자관계 개선을 우선적으로 추진하자는 주장이다. 법적으로 본다면 평화체제 완성은 평화협정 체결로 달성된다. 하지만 이 방법이 어렵기 때문에 양자관계의 정상화를 통해 '사실상 평화체제'를 구축하는 방법이 현실적이다. 양자관계 개선으로 충분히 분위기가 좋아졌을 때 최종적으로 평화체제를 확인하는 조치로 평화협정을 체결해도 될 것이다.

최근 미중 세력경쟁 심화가 한반도 평화체제 구축에 미칠 부정적인 영향을 감안할 때, 동북아 안보협력의 진전도 한반도 평화체제 구축에 중요하다.

위에서 토론한 평화비핵체제 구상에 따라, 아래표에서는 2단계 비핵화 진전에 따른 ▲평화협정, ▲북미관계, ▲남북관계와 군비통제, ▲한미동맹, ▲동북아 안보협력, ▲경제에너지지원 등에서 필요한 단계적 병행 조치를 제시하였다. 한국 정부가 '평화비핵체제 로드맵' 초안을 만들면, 우선 미·중의 동의를 얻어야 한다. 그리고 로드맵에 기반하여, 북한과 단계적이고 호혜적인 북핵협상을 진행할 것을 제안한다.

하노이 북미정상회담에서 미국이 북한에게 '비핵화 로드맵'을 요구했고, 북한은 이에 응하지 않은 것으로 알려져 있다. 만약 미국이 북한의 비핵화 로드맵을 진정으로 원한다면, 미국도 북한에게 '상응 조치 로드맵'을 제공할 필요가 있다. 북한과 미국이 각각 자신의 할 수 있는 로드맵을 제시할 때, 비로소 의미 있는 비핵화 실무협상도 가능할 것으로 본다.

미국이 북한에게 제공할 '상응 조치 로드맵'을 만들 때, 여기서 제시된 '한반도 평화비핵체제 로드맵'은 좋은 참고가 될 것이다. 북미 간 깊은 불신을 감안할 때, 미국이 '상응 조치 로드맵'을 제공하더라도 북한이 이를 신뢰할 가능성은 낮다. 만약 미국이 '상응 조치 로드맵'을 만들고 한국, 중국, 일본, 러시아가 이에 동의하고 보증한다면, 그 로드맵의 신뢰성과 실현성이 크게 제고될 것이다. 이때 북한도 미국 단독 로드맵보다는 주변국이 보증한 로드맵을 신뢰할 가능성이 높다.

〈표 3〉 한반도 평화비핵체제 구축 로드맵

	I. 사전조치 (기실행)	II. 핵활동 전면중단 (3차 북미정상회담)	III. 핵시설 폐기	IV. 핵무기 폐기 (평화비핵체제 완성)
비핵화 조치	- 핵·미사일 시험 중단 - 군사도발 중단	- 미국 3개 요구 1) 모든 핵물질 생산시설(영변+알파) 폐기 2) 비핵화 정의 3) 비핵화 로드맵 - 핵무기 생산 중단, 핵무기 위험·위협 감소	- ICBM 폐기·검증 - 핵시설 폐기+검증	- FFVD 완성 (핵무기·물질·시설·지식·발사체) - 비핵국으로 NPT 복귀, 전면안전조치 - 평화적 핵 이용 허용

	I. 사전조치 (기실행)	II. 핵활동 전면중단 (3차 북미정상회담)	III. 핵시설 폐기	IV. 핵무기 폐기 (평화비핵체제 완성)
북미관계	- 북미정상회담 개최 - 한미연합훈련 중지	- 제재 일부 유예 - 상응 조치 로드맵 제시 - 북미수교 협상 개시 선언 - 상호 연락사무소 개설 - 인도지원 제공	- 제재 일부완화 - 북미수교 협상 - 북일수교 협상	- 북미수교 - 제재 해제 - 유엔사 조정, 주한미군 규모·임무 조정
CTR		- 대북 설명 (NTI, Stimson) - CTR 준비: 제재 면제/완화, 내부 역량 구비	- 핵폐기·핵안보 지원 확대 - 경수로 공급 협의	- 영변 핵시설 폐기 - 평양/개성 ISTC 설치 - 중장거리미사일 폐기
평화체제		- 평화선언/종전선언	- 평화협정 협상	- 평화협정 체결
남북관계/ 군비통제	- 남북정상회담 개최 - 남북 군사합의서 - 상호연락사무소	- 남북기본협정 체결 - 인도지원 확대 - 남북군사회담, 군비통제 - 남북경협 및 개발 지원 로드맵 제시	- 남북경협 재개 (금강산) - 남북 FTA 협상 개시	- 남북경제공동체 - 남북 FTA 가동
동북아 평화체제		- 6자 외무장관회담 개최 - 북일수교협상 개시 선언 - 동북아평화협력 플랫폼 가동 - 역내안보협력 로드맵 제시	- 북일수교협상 - 동북아 다자안보 회의 가동 - 동북아 비핵지대 검토	- 동북아지역안보 협력체 가동 - 북일수교 - 동북아 비핵지대 협의
경제· 에너지 지원		- 인도지원 제공 - 남북러, 남북중 물류·에너지 협의 - 대북 경협 로드맵 제시 - 중국 BRI, 북한 연결	- 북한, AIIB, ADB, 세계은행 가입 추진 - 동북아 에너지·수송망 연결 - 경수로 공급협상	- 북한, 국제금융기구 가입, 개발지원 제공 - 북미원자력협력, 경수로 제공

2. 차기 북핵협상의 예상 쟁점과 대응책

향후 북핵협상에서 하노이 회담의 '노딜' 사태를 반복하지 않으려면 북미 모두의 새로운 계산법과 충분한 실무협상 시간이 필요하다. 그렇다면 향후 10월 초 스톡홀름 실무협상의 결렬에도 불구하고, 향후 재개될 북핵협상에서의 예상 쟁점은 무엇이며, 어떻게 해결해야 하나.

첫째, 하노이 정상회담에서 미국이 북한에게 초기 비핵화 조치**영변 플러스 알파**, 비핵화 정의**최종상태**, 비핵화 로드맵 등 3개 사항을 요구했는데, 이 요구는 아직 유효하다. 다만 북한이 협상테이블에 나오고, 또한 3개 요구사항을 수용토록 견인하기 위해서는 앞에서 토론했듯이 미국도 '상응 조치 로드맵'을 제시할 필요가 있다. 이 상응 조치 구상의 용도는 북한이 거부하지 못할 정도의 강력한 유인책을 단계적으로 명료히 제시함으로써 북한의 계산법을 바꾸려는 데 있다. 북한의 선택을 압박하기 위해, 북한이 핵합의를 거부할 때 치르게 될 불이익도 명료하게 제시되어야 한다.

구체적으로, 상응 조치 구상은 비핵화 조치에 상응하여, 초기 정치외교 경제적 상응 조치, 상응 조치 완성의 최종단계**정의**, 단계적 상응 조치 로드맵 등을 포함한다. 현 단계에서 미국과 북한의 로드맵이 구체적이고 완벽한 필요는 없다. 양국의 상호 깊은 불신을 감안할 때 그런 로드맵을 만드는 것은 사실 불가능하다. 다만 싱가포르 공동성명에서 합의한 목표와 핵심적인 중단 단계를 포함한 '개념적 로드맵'이면 충분하다고 본다.

둘째, 차기 북미정상회담에서 가장 주목받을 성과물은 북한의 '초기 비핵화 조치'가 될 것이다. 따라서 초기 비핵화 조치가 사전 실무회담에서도 주 의제가 될 전망이다. 이에 대한 합의를 위해서는 지난번 하노이 정상회담에서 북한의 '영변 핵시설 포기' 입장과 미국의 '영변 플러스 외부 핵시설 포기' 주장 사이에서 접점을 찾아야 한다.

필자는 북한의 '핵분열물질 생산 중단'을 차기 북미정상회담의 최소 목표이자 핵심 목표로 제기한다. 그리고 핵무기 생산 중단, 미국의 주 관심 사항인 ICBM 불능화와 폐기, 중장거리미사일 이동발사차량 폐쇄 등도 가능하면 포함토록 한다. 사실 김정은 위원장은 이미 시정연설2019.4.12.에서 "핵무기 생산 중단"을 선언했다. 경우에 따라서는 핵물질 생산활동 동결과 생산시설 폐쇄는 북한이 이미 자발적으로 선언한 것을 재확인하는 작업이 될 수도 있다.

셋째, 비핵화 조치를 확인하는 검증문제가 있다. 과연 어떤 검증방안을 북한에 적용할 것인가. 우리는 북핵 검증을 말할 때, 핵확산금지조약NPT 회원국에 대한 IAEA의 전면안전조치용 핵사찰을 연상시키는 경향이 있다. IAEA의 전면적이고 침투적인 사찰 방식을 북한에 적용하는 것이 가장 이상적이지만, 북한은 일관되게 이를 거부해왔고, 국제사회도 이를 강요할 방법을 찾지 못한 게 현실이다.

따라서 필자는 핵검증에 대한 북한의 강한 거부감과 북미 간 깊은 불신관계를 감안하여, 비핵화 진전 및 북미대화 진전에 맞추어 검증을 단계적으로 강화시켜 나갈 것을 제안한다. 초기 비핵화 단계에서는 합의된 비핵화 조치의 신고 범위에 한정하여 관찰·봉인·차단·원격감시 등 초보적이거나 간접적인 검증방법을 적용하는 것이 현실적이다. 비핵화와 북미관계의 진전에 따라 검증 방식도 점차 강화되고, 미래 어느 시점에 북한이 NPT에 가입하게 되면 전면적인 사찰을 적용하게 된다.

넷째, 비핵화에 대한 보상으로써 어떤 상응 조치를 주로 제공하느냐가 큰 쟁점이 될 것이다. 하노이 북미정상회담에서 북한은 일부 비핵화 조치의 대가로 민수경제 부분에 대한 안보리제재결의의 일괄적 철회를 강력히 요구했지만, 미국은 이를 거절했다. 당시 미국은 북한의 제재 해제 요구가 과하며, 경제제재는 가장 효과적인 대북 레버리지이므로 완전한 비핵화까지 지속해야 한다는 입장이었다. 북한은 제재 해제 요구가 거절 당하자, 리영호 북한외상이 야간 긴급기자회견에서 말했듯이 앞으로 구차하게 제재 해제 요구를 하지 않을 것이며, 대신 안전보장을 상응 조치로 요구할 것이라고 주장하기 시작했다.

그런데 필자는 비핵화에 대한 보상으로 적정 수준의 안전보장과 경제지원을 병행하는 것이 불가피하다고 본다. 그 이유로 첫째, 북한이 안전보장의 구체적인 내용으로 요구하는 북미관계 정상화, 대북 안전보장에 대한 미의회의 보증, 주한미군 철수와 일체 연합훈련 중단, 한국군의 군비증강 중단 등을 요구하고 있지만, 이들은 현재로서 실현 불가능하거나 한미가 수용하기 어렵다. 둘째, 북한은 김정은 위원장이 경제발전에 집중하고 있고, 또한 핵무기와 중국의 보호 때문에 안전보장이 담보되었다고 보기 때문에 제재 해제와 경제협력을 계속 요구할 것으로 보인다. 셋째, 북한이 비록 안전보장 요구에 집중한다고 했지만, 북한은 미국의 어떤 안전보장 약속도 믿지 않는 경향이 있다. 따라서 비핵화의 상응 조치로 안전보장과 경제지원을 혼합하여 제공하는 것이 불가피하다. 특히 북미수교가 매우 강력한 정치안보적 상응 조치가 될 것이므로, 초기 '핵물질 생산 동결'의 대가로 '북미수교 개시'를 제안한다.

Ⅳ

결론과 고려사항

2018년 들어 문재인 대통령, 트럼프 대통령, 김정은 국무위원장 등 3인의 우연한 조합이 만들어지면서 한반도 비핵화와 평화정착을 위한 새로운 역사적 기회의 창문이 열렸다. 남북 판문점선언과 북미 싱가포르공동성명에서 남·북·미 정치지도자가 처음으로 "완전한 비핵화를 통한 핵 없는 한반도"를 만든다는 목표에 합의했었다. 이렇게 정치지도자가 직접 비핵화 목표를 확인한 것은 고무적이다. 하지만 누구도 실제 비핵화가 일사천리로 진행될 것으로 기대하기는 어렵다. 지난 30년 지속된 북핵협상 역사를 돌이켜 볼 때, 오히려 그 반대의 상황이 벌어질 가능성이 더 높다.

우선 북한은 사실상 핵무장을 하고 핵억제력을 확보했는데 그렇게 어렵게 획득한 핵능력을 쉽게 포기할지 의문이다. 필자의 분석에 따르면, 위 표에서 보듯이 북한은 이미 7번이나 핵합의를 깨고 핵위기를 재발시켰다. 이런 북핵협상의 악순환 구조와 패턴을 본다면, 이번 핵협상 국면이 8번째 악순환 주기가 될 가능성이 크다.

이런 악조건에도 불구하고, 북한 핵무장으로 인한 전쟁위기 증가, 동북아 핵확산 가능성, NPT 체제 붕괴 위험 등을 감안할 때 북한 비핵화의 중요성과 긴박성은 더욱 증가했다. 따라서 3차 북미정상회담의 조기 개최와 북핵활동의 완전한 동결이 긴요하다. 매우 불확실하고 유동적인 지역 정세와 국내 정세를 볼 때 '기회의 창'이 언제 닫힐지 모르기 때문에 더욱 그렇다.

새로운 비핵화 전략은 기존 법적·규범적 접근보다는 "안보 대 안보",

"이익 대 이익", "위협감축 대 위협감축상호위협 감축"의 교환과 균형을 모색하는 조치가 불가피하다. 북핵문제는 북한의 생존, 남북세력 경쟁, 이념충돌 등 세력 정치와 이념적 요소가 핵심이다. 그동안 우리는 설득, 경제지원, 신뢰구축, 북핵의 불법성, 비도덕성 비난 등을 통해 북핵문제를 해결하려는 과오를 저질렀다. 사실 북한은 매우 강한 핵무장 동기를 갖고 있어 일반적인 비핵화 해법이 여간 통하지 않는다. 우크라이나, 남아공, 아르헨티나, 브라질 등 다른 성공적인 비핵화 국가는 모두 탈냉전기 들어 정치개방과 경제개혁, 그리고 핵무장 포기를 동시에 추진한 사례이다. 반면에 북한은 탈냉전기 시대 들어 오히려 구 사회주의체제와 세습정권을 고수함에 따라, 세계추세와 격차가 더욱 벌어지고 체제위기가 더욱 증폭된 사례이다.

우리는 북한에게 '결정적 양보'를 요구하고, 강력한 제재 압박을 통해 이것이 가능하다고 믿으려는 유혹에 곧잘 빠진다. 그런데 지난 북핵협상 30년 역사를 돌이켜 보면, 북한이 소위 '굴복'에 해당되는 '결정적인 양보'를 한 적이 없다. 만약 그런 행태를 보였다면 이는 '시간벌기'를 위한 기만적 협상 전술에 불과했다. 과거 비핵화 노력이 모두 실패했는데, 필자는 그 이유가 우리의 제재 압박이 적었기 때문이 아니라, 북한 핵무장의 동기, 즉 핵무장이 필요한 안보적·정치적 동기를 해소하는 데 실패했기 때문이라고 본다. 북한은 항상 이익과 세력 관계에 부합하는 만큼 합의하고 이행했다는 점을 잊지 말아야 한다. 2018년부터 모처럼 한반도 비핵화와 평화정착을 위한 빅딜을 추구할 수 있는 정치적 여건이 조성되었다는 점에 주목하여, 비핵화의 실질적 진전을 위한 정치적 해법을 아래에 제시한다.

첫째, 한미 정부가 각각 천명한 '3NO'와 '4NO' 선언을 반복적으로 재확인하고, 대북정책 원칙으로 정착시킨다. 여기서 '3NO'는 북한 붕괴, 흡수통일, 인위적 통일을 반대하는 것이며, '4NO'는 정권교체, 체제 붕괴, 통일 가속화, 미군의 이북 진출 등을 반대하는 것이다. 문재인 정부는 공약했던 '통일국민협약'에 이 원칙을 포함토록 하고, 미국은 의회결의에 이를 포함하고 지지토록 한다.

둘째, 남북 간 '남북기본협정'을 체결하여, 1991년 남북기본합의의 내용을 업데이트하고, 판문점선언과 평양선언을 법제화한다. 남북기본협정은 상당 기간 한반도 현상유지와 평화정착을 최우선적으로 추진하여, 동서독 기본조약처럼 남북관계를 안정화시키는 효과가 있다.

셋째, 조속히 북미 수교협상을 개시한다. 이것은 싱가포르 북미공동성명 1조의 "새로운 북미관계" 수립 약속을 실현하는 것이다. 북미 수교협상은 북한이 요구하는 미국의 적대시 정책 포기와 불가침을 확약하는 효과가 있다. 또한 북일 수교협상을 시작하여, 납치자 문제를 해결하고 한반도 냉전구조 해체에 일본의 참여와 긍정적인 역할을 촉진한다.

넷째, 역내 강대국 세력 경쟁을 완화시키기 위해 동북아 공동안보체제를 구축하기 위한 다자안보대화를 추진하고, 한반도와 동북아 비핵지대도 모색한다. 한반도와 동북아 정세가 상호작용하는 만큼 동북아 안보대화를 조기에 가동토록 한다.

북한의 생존전략과 한반도 평화 구상

황지환

I

들어가며

2020년대는 글로벌 및 한반도 정세의 불확실성이 그 어느 때보다 고조되고 위기 요인과 도전 요인이 교차할 것으로 예상된다. 더구나 코로나19의 확산 이후 미중 간 패권경쟁은 지속적으로 강화되고 있으며 그 결과 글로벌 및 동아시아 질서의 불안정성은 더욱 심화되고 있다. 이러한 질서의 재편 및 그로 인한 2차, 3차의 파급효과가 연쇄적으로 작용하면서 한반도 역시 북한 비핵화 협상의 난관을 비롯한 다양한 불안정성 요인으로부터 자유롭지 못한 상황이다.

2019년 2월 하노이 북미정상회담의 실패 이후 북미 간의 상황인식 및 비핵화 전략을 고려할 때 단기간 내에 북한 비핵화 협상의 성과를 내기는 쉽지 않은 상황이다. 북한은 북미정상회담에서 핵심적인 대북 경제제재 해제를 위해 노력했으나 트럼프 행정부의 반대로 이루지 못했다.[1] 이후 북한은 2019년 말 조선로동당 중앙위원회 제7기 제5차 전원회의에서 미국에 대해 정면돌파전을 선언하였으나,[2] 북한 입장에서도 체제보장과 대외 안전보장을 위해서는 한반도의 안정이 반드시 필요한 상황이기도 하다. 북한 역시 아직 비핵화 협상과 평화 모멘텀 자체를 깨고 싶지 않다는 점에서는 미국과 어느 정도 공통분모를 가지고 있으며, 2018년 이전의 대외정책으로

---

1 John Bolton, *The Room Where It Happened: A White House Memoir* (New York: Simon and Schuster, 2020).

2 "조선로동당 중앙위원회 제7기 제5차 전원회의에 관한 보도," 〈조선중앙통신〉 2020.1.1.

되돌아가지는 않을 수 있다.[3] 이에 따라 2019년 북미 간 하노이 정상회담과 스톡홀름 실무회담이 실패한 이후 북한의 국내외 여건과 대미·대남협상 전략 분석이 필요하다. 이를 통해 북한의 전략과 정책이 한국의 대외정책에 어떤 영향을 미칠지 고민하는 것이 필요하다.

---

3 황지환, “북핵문제와 북한의 대외전략,” 제주평화연구원 특별기획호 정세전망 1호 (2020).

Ⅱ

미중 갈등과 북한의 생존전략

1. 미중 갈등의 안보환경과 북한

가. 미중의 이데올로기적 충돌

2020년 이후 미중관계는 코로나19, 홍콩보안법, 이념적 대결 등 상황 악화로 더욱 첨예한 갈등상황으로 전개되고 있어 북한에게는 새로운 도전과 기회의 환경을 제공하고 있다. 코로나19의 글로벌 확산 이후 바이러스의 발원지 및 피해에 대한 미중 간의 갈등이 감정싸움으로까지 확대된 점은 잘 알려져 있다. 코로나19가 확산되기 이전인 2020년 1월 미중 양국은 1단계 무역 합의에 이르면서 미중 간 갈등이 완화될 것이라는 기대가 커져가고 있었다. 하지만, 미국은 중국이 코로나19 발생 초기 정보를 은폐하여 세계적 확산과 피해에 대한 책임이 있음을 비난해 왔다. 또한 2020년 7월 1일 중국이 홍콩에 대한 국가보안법을 시행하자 미국은 중국이 일국양제의 약속을 위반하며 자유민주주의에 대한 위협을 가하고 있다고 비판해 왔다.

코로나19와 홍콩 국가보안법에 대해 북한은 은근히 중국을 지지하고 왔다. 홍콩 국가보안법과 관련해 북한은 중국의 입장을 공개적으로 지지하면서 북중관계의 끈을 강화해 왔다. 코로나19에 대해서도 북한은 거의 매일 미국의 점점 악화되는 코로나19 확산 상황을 보도해 왔다. 이와 동시에 북한은 확진자 제로라는 '코로나 청정국'을 주장하며, 코로나19 이후 미중관계의 변화를 예의주시하고 있다.

다른 한편, 미중갈등이 최근 이념적 갈등의 모습을 띠며 신냉전의 형성 조짐을 보이자 북한은 1990년대 초반 미소 간 냉전의 종식 이후 새로운 환경에 직면하게 되었다. 2020년 들어 미중 간의 갈등은 기존의 무역 갈등, 영향력 경쟁에 더해 자유민주주의와 공산주의의 이념적 대결 및 문명적 갈등으로 심화되고 있기 때문이다. 트럼프 행정부의 폼페이오 미 국무장관은 닉슨 대통령 도서관에서 행한 연설에서 중국을 미국에 대한 현존하는 위협으로 규정하고 중국의 위협은 공산당의 이념에서 온다고 주장했다.[4] 미국은 선의로 중국의 개방을 도왔으나, 중국은 오히려 미국을 이용하며 위협하게 되었다는 것이다. 폼페이오는 중국이 공산주의 이념에 따라 세계 패권을 장악하기를 추구한다고 비판했다. 이러한 중국을 상대하는 방법은 레이건 대통령이 소련에 대해 취했던 "신뢰하고 검증하라Trust and Verify"가 아니라 "불신하고 검증하라Distrust and Verify"의 접근법이라고 주장했다. 중국 공산당이 이제 서구의 사고와 민주주의 가치를 파괴하려는 의도를 가지고 있기 때문에 매우 위협적임을 인식하는 것이다.

이는 이제 미중 간의 갈등이 무역 분쟁, 군사력 갈등 등을 넘어, 1990년대 초반 사무엘 헌팅턴이 "문명충돌론"에서 언급한 서구와 비서구의 문명충돌의 프레임으로까지 확대될 가능성을 시사하는 것이다.[5] 폼페이오 국무장관도 미중 간 충돌에 대해 이데올로기적 속성이 깊이 연관된 것으로 인식했는데, 단순히 시진핑 주석의 개인 차원의 문제가 아니라 중국 공산당의 독트린과 이데올로기의 본질적인 것이기 때문에 장기적인 대응이 필요하다고 주장하는 것이었다.[6] 트럼프 행정부는 또한 2020년 5월 의회에 제출한 중국

---

4 Michael R. Pompeo, "Communist China and the Free World's Future," Speech at the Richard Nixon Presidential Library and Museum, Yorba Linda, California, July 23, 2020.

5 Samuel P. Huntington, "The Clash of Civilizations?," *Foreign Affairs*, Vol. 72, No. 3, 1993.

6 "This is deeply embedded in an ideology. This is bigger than any one person. The

관련 전략보고서**United States Strategic Approach to the People's Republic of China**에서도 중국이 국가이익과 이데올로기를 위해 국제질서의 변경을 추구하고 있다고 비판하고 이를 견제하기 위해 중국을 압박할 것이라고 언급했다.[7] 미국 국무부는 소위 '경제번영네트워크**Economic Prosperity Network**'를 설립하여 탈 중국 공급망을 건설한다는 구상도 제시했다.[8]

미국 내 여러 여론조사에서도 중국에 대한 미국인들의 비호감이 66% 수준까지 상승했다는 보고가 있었으며, 중국이 미국을 위협으로 인식하는 미국인들도 90%에 달한다는 조사 결과도 있었다.[9] 이는 미국 내 민주당-공화당 갈등 및 보수-진보 간 이념적 차이와 상관없이 미국인들의 대중 위협 인식 및 비호감도가 크게 상승한 것을 반영한 것이다. 이는 2016년 주한미군 싸드**THAAD** 배치 및 중국의 대 한국 경제제재 이후 한국인들의 대중 호감도가 60~70% 수준에서 20~30% 수준으로 하락한 것과 비슷한 모습이다. 이러한 미중 간 신냉전의 형성은 1990년대 초반 냉전의 종식 이후 미국의 단극체제하에서 어려움을 겪었던 북한에게 새로운 환경을 제공하는 변화가 될 수도 있다.

---

threat from the Chinese Communist Party emanates from the nature of the Chinese Communist Party doctrine and ideology, We're gonna have to be at this for a while." Michael R. Pompeo, "Interview with Maria Bartiromo of Fox News Sunday Morning Futures," Washington D.C., May 31, 2020.

7 White House, *United States Strategic Approach to the People's Republic of China,* May 20, 2020.

8 Humeyra Pamuk, Andrea Shalal, "Trump administration pushing to rip global supply chains from China: officials," *Reuters*, May 4, 2020.

9 Kat Devlin, Laura Silver and Christine Huang, "U.S. Views of China Increasingly Negative Amid Coronavirus Outbreak: Republicans more negative than Democrats toward China, though unfavorable ratings have climbed among both parties," Pew Research Center, APRIL 21, 2020.
https://www.pewresearch.org/global/2020/04/21/u-s-views-of-china-increasingly-negative-amid-coronavirus-outbreak/

나. 미중갈등과 북중관계

북한은 2020년 들어 미중갈등의 심화로 인해 대중 외교전략에 새로운 기회를 맞고 있다. 김정은 체제는 미중관계가 악화되자 북중관계 개선에 특별한 노력을 기울여 왔다. 북한은 2019년 6월의 시진핑 주석 방북 1주년 기념을 공개적으로 축하하면서 북중관계의 견고함을 과시하였다. 로동신문은 논설을 통해 시진핑 방북이 "전통적인 조중 친선 관계를 새 시대 요구에 맞게 승화 발전하고 두 나라 최고영도자 사이에 맺어진 친분관계의 공고성, 조중관계의 특수성을 다시금 과시한 역사적 사변이 됐다"고 평가했다.[10] 또한 김정은 위원장과 시진핑 주석의 '두터운 동지적 신뢰와 각별한 친분관계'는 양국 관계의 굳건한 초석이라고 설명하며 북중 양국이 2020년에도 친서 교환을 통해 전략적인 소통을 해 왔다고 강조했다.

김정은 위원장은 시진핑 주석에게 보낸 구두친서에서 "습근평 총서기 동지에게 따뜻한 인사를 보내시고 총서기 동지가 중국당과 인민을 령도하여 전대미문의 전염병과의 전쟁에서 확고히 승기를 잡고 전반적 국면을 전략적으로, 전술적으로 관리해 나가고 있는 데 대하여 높이 평가하시면서 축하하시였다"고 언급하였다.[11] 이에 시진핑 주석은 답신에서 "두 당, 두 나라 사이의 중요합의를 철저히 리행하고 전략적 의사소통을 강화하며 교류와 협조를 심화시킴으로써 새시대 중조관계의 끊임없는 전진과 발전을 추동하고 지역의 평화와 발전, 번영에 적극 기여할 용의가 있다고 언급하고 조선로동당 위원장 동지께서 조선당과 인민을 령도하여 사회주의 건설에서

---

10 "사회주의 한 길에서 더욱 굳게 다져지는 조중친선," 〈로동신문〉 2020.6.20.

11 "조선로동당 위원장, 조선민주주의인민공화국 국무위원회 위원장 김정은 동지께서 중국공산당 중앙위원회 총서기, 중화인민공화국 주석 습근평 동지에게 구두친서를 보내시였다," 〈로동신문〉 2020.5.8.

새로운 성과를 이룩할 것을 축원하였다"고 언급하였다.[12]

또한, 북한은 홍콩 국가보안법과 관련해서도 중국의 정책에 신속하게 지지표명함으로써 중국에 대한 우호적 입장을 보여주기도 했다. 북한 외무성 대변인은 "홍콩문제는 철저히 중국내정에 속하는 문제로서 그 어떤 나라나 세력도 그에 대해 이러쿵저러쿵할 권리가 없으며 우리는 홍콩의 안정과 사회경제발전에 저해를 주는 외부의 간섭행위를 견결히 반대배격한다"고 비판하고, "홍콩은 중화인민공화국의 주권이 행사되고 헌법이 적용되는 불가분리의 령토"라고 언급하며, "우리는 중국당과 정부가 나라의 주권과 안전, 령토완정을 수호하고 〈한 나라, 두 제도〉정책에 기초한 홍콩의 안정과 번영을 이룩하기 위하여 취하는 조치들을 전적으로 지지한다"고 강조하였다.[13] 또한 조선로동당 중앙위원회 국제부 대변인은 미 국무장관 폼페이오의 중국비판 연설에 대해 담화를 발표하여, "폼페이오가 홍콩과 대만문제, 인권문제, 무역분쟁 문제와 관련하여 중국에 대해 이러저러한 잡소리를 늘어놓은 것이 처음이 아니지만 간과할 수 없는 것은 사회주의를 령도하는 중국공산당의 령도를 악랄하게 걸고 든 것이다"라며, 미국을 비판하고 중국의 입장을 적극 지지하였다.[14] 또한 "폼페오가 공산당이 령도하는 사회주의를 서방식 리상과 민주주의, 가치관을 파괴하는 독재로 매도하면서 중국공산당의 통치가 없는 미국과 서방의 세계를 만들겠다고 지껄인 것은 순차가 다르지만 조선로동당이 령도하는 우리의 사회주의도 감히 어째보겠다는 개나발이다"라고 비판하며 미국의 대 중국 인식이 북한에 미치는 영향

---

12 "조선로동당 위원장, 조선민주주의인민공화국 국무위원회 위원장 김정은 동지께 중국공산당 중앙위원회 총서기, 중화인민공화국 주석 습근평 동지가 구두친서를 보내여왔다," 〈로동신문〉 2020.5.10.

13 "조선민주주의인민공화국 외무성 대변인 대답," 〈로동신문〉 2020.5.30.

14 "조선로동당 중앙위원회 국제부 대변인 담화," 〈로동신문〉 2020.6.4.

을 견제하였다. 미중관계가 악화되고 이데올로기적인 충돌이 시작되면 북한의 대중외교는 훨씬 더 수월한 측면이 있어서 북한이 움직일 수 있는 공간은 훨씬 더 넓어진 것으로 해석된다.

물론 2020년 이후 미중갈등의 악화에 따라 북중관계가 수혜를 입을 가능성이 커졌지만, 이러한 상황이 지난 20-30년 동안 축적된 북중관계의 구조적 문제를 완전히 해소하기는 어렵다는 시각도 있다. 북한은 2006년 이후 진행된 수차례의 핵실험으로 인해 한국이나 미국뿐만 아니라 중국으로부터도 경제제재를 받고 있는 상황으로 과거 어느 때보다도 국제적으로 고립되어 있는 것이 사실이다. 또한 중국은 이제 국제사회의 강대국으로서의 책임성을 가지기 때문에 북한의 불량정권 행동을 그대로 수용할 수는 없는 상황이어서 만약 북한이 향후 핵실험 및 장거리 탄도미사일 실험을 재개한다면 북중관계에 큰 부담으로 다가올 것이 분명하다. 따라서 중국은 더 이상 북한을 냉전시대의 혈맹으로 인식하지 않으며, 북한 역시 중국을 과거와 같이 신뢰하지는 않고 있다. 북한에게 중국은 전략적 자산strategic asset이면서 동시에 전략적 부담strategic burden이기도 하다. 코로나19 확산 이후 북한의 대중의존도는 더욱 높아지고 있다고 평가되는데, 결국 북한은 중국에 상당히 의존하면서 경제적, 전략적으로 중국에 의해 관리되고 있는 상태로 판단된다.[15] 결국 향후 김정은 체제의 대중 전략은 미중갈등의 과정 속에서 미국에 대한 지렛대로 중국을 활용하려는 모습으로 나타날 것이다. 중국 역시 북한 문제를 미중관계의 관점에서 전략적으로 활용하려고 할 것인데, 북한은 이를 잘 인지하면서 미중관계의 변화를 자신에게 유리한 방향으로 만들려는 노력을 할 것으로 예상된다. 이를 통해 미국과 중국의 갈등의 와중에

---

15 Jihwan Hwang, “How North and South Korea’s Systems Are Leading to Different Coronavirus Outcomes,” *The National Interest*, March 31, 2020.

중국으로부터 대북 지원을 얻어내면서도 대북 영향력을 낮추려는 노력을 할 것이다. 이는 북한이 과거 중소분쟁 시기 중국과 소련 사이에서 움직였던 것과 비슷한 전략일 수 있다.

2. 북한의 대미 전략

이러한 미중갈등의 심화에 북미 간 비핵화 협상마저 난관에 부딪히자 북한은 2020년 들어 미국에 대해 장기적인 생존전략을 준비해 왔다. 북한의 대미 생존전략은 2019년 12월 28일부터 31일까지 진행된 조선로동당 중앙위원회 제7기 제5차 전원회의의 결정내용에서 잘 드러난다. 이 회의에서 북한은 2019년 이후 직면한 안보상황의 엄중성과 북미관계에 대한 위기의식을 보여주며 자력갱생을 강조했다.[16] 이후 북한의 대미 생존전략의 핵심적인 방향은 "미국과의 장기적인 대립을 정면돌파하기 위해 자력갱생"하는 것으로 요약될 수 있다.

가. 대북제재와 정면돌파전

조선중앙통신의 전원회의 보도 전면에는 "우리의 전진을 저애하는 모든 난관을 정면돌파전으로 뚫고 나가자"를 투쟁구호로 선언하고 있다. 대미관계와 핵문제가 주요한 이슈였던 전원회의에서 "정면돌파전"을 강조한 것은 2019년 이후의 위기 상황을 말 그대로 정면으로 돌파하겠다는 의지의 표현으로 해석될 수 있다. 가령, 전원회의는 "정면돌파전"의 필요성을 다음과 같이 설명하고 있다.

---

16 이하 전원회의 관련 자세한 분석은 다음을 참조. 황지환, "북핵문제와 북한의 대외전략," 제주평화연구원 특별기획호 정세전망 1호 (2020).

> “당중앙위원회 제7기 제5차 전원회의의 기본사상, 기본정신은 정세가 좋아지기를 앉아서 기다릴 것이 아니라 정면돌파전을 벌려야 한다는 것입니다. 다시 말하여 미국과 적대세력들이 우리가 편하게 살도록 가만두리라는 꿈은 꾸지도 말아야 하며 사회주의 건설의 전진도상에 가로놓인 난관을 오직 자력갱생의 힘으로 정면돌파해야 한다는 것입니다… 적대세력들의 제재 압박을 무력화시키고 사회주의 건설의 새로운 활로를 열기 위한 정면돌파전을 강행해야 합니다. 정면돌파전은 우리 혁명의 당면임무로 보나 전망적인 요구로 보나 반드시 수행해야 할 시대적 과제입니다.”[17]

전원회의 결정서의 넷째 항목에서도 “강력한 정치외교적, 군사적 공세로 정면돌파전의 승리를 담보할 것이다”라고 연급하며 정치외교적, 군사적 차원에서도 정면돌파전을 추진할 것임을 명확히 했다. 이는 북한의 향후 대외전략과 군사전략이 상당히 공세적인 모습이 될 수도 있음을 예고한 것이다.

다른 한편, 북한은 미국과의 장기적 대립을 준비하며 북미대결에서 제재를 극복하기 위해 ‘자력갱생’을 강조해 왔다. 이는 미국과의 단기적인 위기 고조보다는 장기적인 대립을 준비하며 자력갱생을 통해 제재를 돌파하겠다는 의지로 이해된다. 2019년 2월과 6월 베트남 하노이와 판문점에서 트럼프 대통령을 만나 국제사회의 대북 경제제재 해제를 위해 노력했으나 여의치 않자 이제 제재를 우회하고 극복하기 위한 노력을 하는 것으로 보인다.

> “세기를 이어온 조미대결은 오늘에 와서 자력갱생과 제재와의 대결로 압축되어 명백한 대결 그림을 그리고 있습니다. 핵문제가 아니더라도 미국은 우리에게 또 다른 그 무엇을 표적으로 정하고 접어들 것이고 미국의 군사정치적 위협은 끝이 나지 않을 것입니다. 미국과의 장기적 대립을 예고하는 조성된 현 정세는 우리가 앞으로도 적대 세력들의 제재 속에서 살아가야 한다는 것을 기정사실화하고 각 방면에서 내부적 힘을 보다 강화할 것을 절박하게 요구하고 있습니다.”[18]

---

17 “조선로동당 중앙위원회 제7기 제5차 전원회의에 관한 보도,” 〈조선중앙통신〉 2020.1.1.

18 “조선로동당 중앙위원회 제7기 제5차 전원회의에 관한 보도,” 〈조선중앙통신〉 2020.1.1.

미국과 정상회담까지 진행하며 영변 핵시설 포기를 제안했음에도 경제제재가 쉽게 해제되지 않았음을 직시하고 미국과의 장기적인 대립을 준비하는 모습이다. 미국의 대북 적대시 정책이 단기간 내에 철폐되지 않을 것이라고 인식하는 한 북한이 선택할 수 있는 생존전략은 자력갱생뿐이다.

> "조선로동당 위원장 동지께서는 조성된 정세는 우리가 이미 천명한 바와 같이 적대세력들이 우리의 자주권과 안전을 감히 범접할 수 없도록 우리의 힘을 필요한 만큼 키워 우리자신을 지키는 길만이 우리가 힘겨워도 중단 없이 그리고 주저 없이 걸어야 할 길이라는 것을 실증하여 주고 있다고 하시면서 우리 당의 대미정책적 립장을 천명하시였다."[19]

미국의 제재 해제에 매달리는 순간 북한의 자주권과 안보를 훼손시킬 수 있다는 위기의식이 자력갱생을 통한 정면돌파전을 선택하게 만든 북한의 인식이다.

나. 핵협상과 북한의 전략

북한은 핵협상 관련 미국의 결단과 정책 전환을 요구해 왔다. 북한은 2018년 이후 진행한 미국과의 핵협상에 대해 매우 부정적으로 인식하고 있다. 미국이 협상은 하지만, 북한을 압박하여 내심 내부로부터의 붕괴를 꾀하고 있다는 의심이다.

> "조선로동당 위원장 동지께서는 조성된 현 정세의 추이를 분석하시면서 미국의 본심은 대화와 협상의 간판을 걸어놓고 흡진갑진하면서 저들의 정치외교적 리속을 차리는 동시에 제재를 계속 유지하여 우리의 힘을 점차 소모약화시키자는 것이라고 락인하시였다… 조선로동당 위원장 동지께서는 미국이 우리 국가의 근본리익과 배치되는 요구

---

19 "조선로동당 중앙위원회 제7기 제5차 전원회의에 관한 보도," 〈조선중앙통신〉 2020.1.1.

를 내대고 강도적인 태도를 취하고 있는 것으로 하여 조미 간의 교착상태는 불가피하게 장기성을 띠게 되어 있다고 하시면서 근간에 미국이 또다시 대화재개 문제를 여기저기 들고 다니면서 지속적인 대화타령을 횡설수설하고 있는데 이것은 애당초 대조선적대시 정책을 철회하고 관계를 개선하며 문제를 풀 용의가 있어서가 아니라 사면초가의 처지에서 우리가 정한 년말 시한부를 무난히 넘겨 치명적인 타격을 피할 수 있는 시간벌이를 해보자는 것일 뿐이라고, 대화타령을 하면서도 우리 공화국을 완전히 질식시키고 압살하기 위한 도발적인 정치군사적, 경제적 흉계를 더욱 로골화하고 있는 것이 날강도 미국의 이중적 행태라고 못박으시였다."[20]

이에 따라 북한은 미국과의 핵협상 교착이 장기화될 수밖에 없음을 인식하고 미국이 원하는 방식의 협상에 임할 생각은 없음을 명확히 했다. 또한, 미국이 핵협상 전략을 바꾸지 않을 경우 북한이 아닌 미국이 큰 어려움을 겪을 것이라는 자신감을 보여주었다.[21] 북미 간의 핵협상이 난관에 부딪힌 상황에서 국제사회가 가장 커다란 관심을 가진 부분은 북한이 핵과 미사일 시험 중단 약속을 폐기하고 향후 군사적 행동을 보일 것인지의 여부였다. 이에 김정은 위원장은 '충격적인 실제행동'을 경고하면서 국제사회를 놀라게 하기도 했다.

"조선로동당 위원장 동지께서는 우리는 결코 파렴치한 미국이 조미대화를 불순한 목적 실현에 악용하는 것을 절대로 허용하지 않을 것이며 이제껏 우리 인민이 당한 고통과 억제된 발전의 대가를 깨끗이 다 받아내기 위한 충격적인 실제행동에로 넘어갈 것이라고 하시면서 다음과 같이 계속하시였다. 우리에게 있어서 경제건설에 유리한 대외적 환경이 절실히 필요한 것은 사실이지만 결코 화려한 변신을 바라며 지금껏 목숨처럼 지켜온 존엄을 팔 수는 없습니다."[22]

---

20 "조선로동당 중앙위원회 제7기 제5차 전원회의에 관한 보도," 〈조선중앙통신〉 2020.1.1.

21 "조선로동당 중앙위원회 김여정 제1 부부장 담화," 〈조선중앙통신〉 2020.7.10.

22 "조선로동당 중앙위원회 제7기 제5차 전원회의에 관한 보도," 〈조선중앙통신〉 2020.1.1.

이에 따라 김정은 위원장은 정면돌파전을 위한 정치외교적, 군사적 담보를 위한 다양한 방안을 제시했음을 강조했는데, 이는 대북 경제제재를 돌파하고 미국과의 장기적인 대립을 준비하기 위해 대중, 대러외교 강화 등 북한의 대외환경을 변화시키기 위한 노력을 할 것임을 예고했다.

> "조선로동당 위원장 동지께서는 전대미문의 혹독한 도전과 난관을 뚫고 나가는 정면돌파전에서 반드시 승리하자면 강력한 정치외교적, 군사적 담보가 있어야 한다고 하시면서 조성된 형세에 대처하여 외교전선을 더욱 강화하기 위한 방략들을 제시하시였다. 조선로동당 위원장 동지께서는 조선반도에 조성된 준엄한 정세와 복잡다단한 현 국제관계 구도를 전면적으로 깊이 분석하신 데 기초하여 우리 국가의 자주권과 안전을 믿음직하게 보장하기 위한 공세적인 조치들을 취할 데 대한 강령적인 과업들을 제시하시였다."[23]

다른 한편, 김정은 위원장은 미국이 약속**싱가포르 회담**과 달리 한미연합 군사훈련을 중단하지 않았음을 비판하며 핵실험과 ICBM 실험 중단을 재고할 것임을 암시하였다. 2018년의 6월의 싱가포르 북미공동성명 4개 항에는 한미 연합훈련 중단 내용이 포함되어 있지 않다. 트럼프 대통령은 당시 기자회견에서 한미 연합훈련 중단 및 축소를 언급하기는 했지만, 당시 자신의 생각을 언급한 것이지 김정은 위원장과의 합의를 의미한 것은 아니었다. 하지만, 북한은 싱가포르 북미정상회담 이후 지속적으로 훈련 중단이 북미 간의 약속이었다고 주장해 왔다. 볼턴 국가안보보좌관은 싱가포르 회담에서 트럼프가 김정은의 요구에 동의했다고 그의 회고록에서 언급하고 있다.[24]

---

23 "조선로동당 중앙위원회 제7기 제5차 전원회의에 관한 보도," <조선중앙통신> 2020.1.1.

24 John Bolton, *The Room Where It Happened: A White House Memoir,* p. 102-103. "Trump answered exactly as I feared, reiterating to Kim his constant refrain that the exercises were provocative and a waste of time and money. He said he would override his generals, who could never make a deal, and decide that there would be no exercises as long as the two sides were negotiating in good faith. He said brightly that Kim had

이를 근거로 김정은은 핵/미사일 시험 중단 약속을 재고할 수 있음을 경고한 것으로 해석된다.

"조선로동당 위원장 동지께서는 우리가 조미 사이의 신뢰구축을 위하여 핵시험과 대륙 간 탄도로케트 시험발사를 중지하고 핵시험장을 폐기하는 선제적인 중대 조치들을 취한 지난 2년 사이에만도 미국은 이에 응당한 조치로 화답하기는커녕 대통령이 직접 중지를 공약한 크고 작은 합동군사연습들을 수십 차례나 벌려놓고 첨단전쟁장비들을 남조선에 반입하여 우리를 군사적으로 위협하였으며 십여 차례의 단독제재조치들을 취하는 것으로써 우리 제도를 압살하려는 야망에는 변함이 없다는 것을 다시금 세계 앞에 증명해 보이였다고 말씀하시였다. 이러한 조건에서 지켜주는 대방도 없는 공약에 우리가 더 이상 일방적으로 매여 있을 근거가 없어졌으며 이것은 세계적인 핵군축과 전파방지를 위한 우리의 노력에도 찬물을 끼얹고 있다는 데 대하여 언급하시였다."[25]

이에 따라 김정은 위원장은 전략무기 개발사업의 지속적 추진과 새로운 전략무기 공개를 예고했다. 북한의 새로운 전략무기가 무엇인지에 대해서는 분명하지 않지만, 2017년의 6차 핵실험이나 화성 15형 로켓발사보다 기술적으로 더 진전된 무기, 혹은 새로운 잠수함발사 탄도미사일SLBM를 공개할 가능성도 예상된다.

"조선로동당 위원장 동지께서는 전략무기개발사업도 더 활기차게 밀고 나가야 한다고 하시며 미국의 강도적인 행위들로 하여 우리의 외부환경이 병진의 길을 걸을 때에나 경제건설에 총력을 집중하기 위한 투쟁을 벌리고 있는 지금이나 전혀 달라진 것이 없고 여전히 적대적 행위와 핵위협공갈이 증대되고 있는 현실에서 우리는 가시적 경제성과와 복락만을 보고 미래의 안전을 포기할 수 없다고 단언하시면서 이제 세상은

---

saved the United States a lot of money. Kim was smiling broadly, laughing from time to time, joined by Kim Yong Chol."

25 "조선로동당 중앙위원회 제7기 제5차 전원회의에 관한 보도," <조선중앙통신> 2020.1.1.

곧 멀지 않아 조선민주주의인민공화국이 보유하게 될 새로운 전략무기를 목격하게 될 것이라고 확언하시였다."[26]

물론 북한의 새로운 전략무기 공개가 7차 핵실험이나 또 다른 ICBM급 탄도미사일 발사로 이루어진다면 국제사회의 추가적인 대북제재가 취해질 가능성이 높다. 이 경우 북미관계는 북한이 언급한 미국과의 장기적인 대립보다는 단기적인 위기 고조의 가능성이 높다. 2019년 북미협상의 결렬 이후 김정은 위원장이 핵실험이나 장거리 탄도미사일 발사 실험을 재개할 것인지에 대해 분명하게 이야기하지는 않았지만, 북한이 미국과의 핵협상에 적극적으로 임할 가능성은 더 낮아졌다고 평가된다. 북한은 미국의 대북 전략과 핵협상에 대해 매우 부정적인 인식을 보이며 독자적인 생존전략을 추진하고 있기 때문이다.

"조선로동당 위원장 동지께서는 미국의 본심을 파헤쳐본 지금에 와서까지 미국에 제재 해제 따위에 목이 매여 그 어떤 기대 같은 것을 가지고 주저할 필요가 하나도 없으며 미국이 대조선 적대시 정책을 끝까지 추구한다면 조선반도비핵화는 영원히 없을 것이라는 것, 미국의 대조선 적대시가 철회되고 조선반도에 항구적이며 공고한 평화체제가 구축될 때까지 국가안전을 위한 필수적이고 선결적인 전략무기개발을 중단 없이 계속 줄기차게 진행해 나갈 것임을 단호히 선언하시였다. 조선로동당 위원장 동지께서는 미국의 핵위협을 제압하고 우리의 장기적인 안전을 담보할 수 있는 강력한 핵억제력의 경상적 동원태세를 항시적으로 믿음직하게 유지할 것이며 우리의 억제력강화의 폭과 심도는 미국의 금후 대 조선립장에 따라 상향조정될 것이라는 데 대하여 언급하시였다."[27]

---

26 "조선로동당 중앙위원회 제7기 제5차 전원회의에 관한 보도," 〈조선중앙통신〉 2020.1.1.

27 "조선로동당 중앙위원회 제7기 제5차 전원회의에 관한 보도," 〈조선중앙통신〉 2020.1.1.

북한의 대미전략은 김여정 조선로동당 중앙위 제1부부장의 담화에서도 잘 나타난다.[28] 김여정 부부장은 7월 10일 발표한 담화에서 "명백한 것은 조미수뇌회담이 누구의 말대로 꼭 필요하다면 미국 측에나 필요한 것이지 우리에게는 전혀 비실리적이며 무익하다는 사실을 놓고 그러한 사건을 점쳐보아야 할 것"이라며 볼턴 전 국가안보보좌관이 예측한 북미정상회담 가능성을 일축하였다. 또한, "나는 조미 사이의 심격한 대립과 풀지 못할 의견차이가 존재하는 상태에서 미국의 결정적인 립장변화가 없는 한 올해 중 그리고 나아가 앞으로도 조미수뇌회담이 불필요하며 최소한 우리에게는 무익하다고 생각한다. 더우기 올해 중 조미수뇌회담은 그 가능성 여부를 떠나 미국이 아무리 원한다고 해도 우리가 받아들여 주면 안 된다고 생각한다"고 비판하며 미국의 정책전환을 촉구하였다. 이에 따라 김여정은 북미협상 조건도 이전의 하노이 회담 때와는 달리 "《비핵화조치 대 제재 해제》라는 지난 기간 조미협상의 기본주제가 이제는 《적대시철회 대 조미협상 재개》의 틀로 고쳐져야 한다"고 주장하였다. "제재를 가해온다고 우리가 못사는 것도 아닌데 무엇 때문에 미국에 끌려다니겠는가"라는 김여정의 언급은 북한이 대북경제제제에도 불구하고 장기적으로 정면돌파전을 추진하겠다는 2019년 연말의 전원회의 결정이 지속되고 있음을 잘 보여준다.

---

28 "조선로동당 중앙위원회 김여정 제1 부부장 담화," <로동신문> 2020.7.10.

Ⅲ

코로나19와 북한의 생존전략

1. 코로나19와 북한

북한은 2000년 7월 2일 조선로동당 중앙위원회 제7기 제14차 정치국 확대회의를 진행했다. 이 회의의 안건은 "당과 국가의 당면사업과 중요정책적 문제들을 토의결정"하는 것이었는데, 그 '당면사업'과 '중요정책적 문제들'이 바로 코로나19에 대한 대응이었다.[29] 로동신문은 이 회의의 주요내용을 보도하면서 첫째 의정인 "악성 전염병을 막기 위한 6개월간의 사업정형을 총화하고 국가비상방역사업을 강화하여 지금의 방역형세를 더욱 공고화하기 위한 문제를 토의"하는데 거의 대부분의 기사 분량을 할애하였다. 둘째 의정으로는 "평양종합병원 건설을 다그치고 의료봉사를 위한 인적 및 물질기술적 보장대책을 강구할 데 대한 문제"가 토의되었는데, 이 역시 코로나19와 관련된 것으로 보인다. 코로나19에 대한 북한의 상황 인식이 얼마나 심각한지 잘 알 수 있는 대목이다.[30]

하지만, 북한은 2020년 8월까지 공식적으로 코로나19 확진자가 단 한 명도 발생하지 않은 '코로나 청정국'이다. 북한과 국경을 마주하는 중국과 러시아의 초기 창궐사태를 고려할 때 북한에 확진자가 단 한 명도 없다는

---

29 "조선로동당 중앙위원회 제7기 제14차 정치국 확대회의 진행," 〈로동신문〉 2020.7.30.

30 코로나19에 대한 북한의 인식에 대한 자세한 설명은 다음을 참조. 황지환, "코로나19와 북한 거버넌스," 서울대 국제문제연구소 이슈 브리핑 115. 2020.7.30.

사실을 믿기는 어렵다. 하지만, 북한 미디어에서는 코로나19 확진 사례가 언급된 적이 없으며, 공식적으로도 확진자가 발표된 적이 없다. 탈북자의 입북 과정에서 코로나19가 의심되고 개성이 봉쇄되기도 했으나, 결국 감염되지 않은 것으로 알려졌다.[31] 또한 평안남도, 황해북도, 라선시에서 외국인들에 대한 격리조치가 이루어졌으며 이들에 대한 격리 해제 이후에도 30일간의 의학적 감시기일을 두고 관찰함으로써 방역을 강화해 왔음을 밝힌 적이 있다.[32] 코로나19 확진자 발생 유무에 대한 논란에도 불구하고 북한은 비교적 성공적인 방역활동을 해 온 것으로 보인다. 7월 초의 정치국 확대회의에서도 김정은 위원장은 "우리가 세계적인 보건 위기 속에서도 악성 비루스의 경내침입을 철저히 방어하고 안정된 방역형세를 유지하고 있는 것은 당중앙의 선견지명적인 령도력과 당중앙의 명령지시에 하나와 같이 움직이는 전체 인민의 고도의 자각적 일치성이 쟁취한 자랑스러운 성과라고" 치하하였다. 김정은 위원장의 언급은 북한 내에서 설사 코로나19가 발생했더라도 확산되지는 않았으며 심각한 수준이 아니라는 점을 말해준다.

중국과 한국에서 코로나19가 확산하던 2020년 초반 북한에는 진단키트가 존재하는지조차 불분명할 정도로 대응 인프라가 취약한 상황이었다. 남북관계 경색으로 북한은 한국의 진단키트 원조 제의에는 응답도 하지 않았지만, 국제사회에는 비교적 초기부터 지원을 요청했다. 북한 보건성이 감염병 예방과 관련된 개인보호장비 조달 지원을 요청하여 유니세프UNICEF, 국제적십자연맹IFRC, 세계보건기구WHO, 국경없는의사회MSF 등의 국제기구와 비정부기구들이 북한에 관련 물품을 지원한 것으로 알려져 있다. 또한

---

31 "조선로동당 중앙위원회 정치국 비상확대회의 긴급소집 국가비상방역체계를 최대비상체제로 이행할 데 대한 결정 채택," <로동신문> 2020.7.26.

32 "국가적인 비상방역조치 계속 강화, 집행대책 강구," <로동신문> 2020.4.19.

중국과 러시아 역시 북한에 진단시약과 키트를 제공하기도 했다.[33] 이에 따라 북한 내에서도 코로나19의 진단이 이루어졌을 것으로 추정되는데, 이후에도 확산은 물론이고 확진자도 발생하지 않았다고 보도한 점은 북한 내 방역활동이 비교적 성공적이었음을 암시한다. 북한의 보건 인프라를 고려할 때 북한 내부에서 코로나19가 확산되었다면 북한 스스로는 도저히 통제할 수 없는 위기 상황이 되었을 것이다. 그랬다면 중국, 러시아를 비롯한 국제사회에 긴급 지원을 요청했을 것이기 때문이다.

2. 코로나19와 북한의 국내적 대응 전략

북한이 다른 나라에 비해 코로나19 방역에 성공했다고 해도 영향이 없는 것은 아닐 것이다. 코로나19는 북한 체제의 대내외적 대응전략 관련 다양한 측면을 노출시켰다. 이는 반세계화 전략, 국가중심적 통제전략, 주민동원 전략 등으로 나타나고 있다.

가. 반세계화 방역 전략

우선 북한은 감염병 대응에서 반세계화 전략을 보여주었다. 북한이 코로나19 초기에 대응했던 방식은 중국 및 러시아와의 국경을 완전히 봉쇄하는 것이었다. 코로나19에 대해 북한은 폐쇄된 사회를 유지하며 세계화 흐름에 저항했던 것과 동일한 방식으로 대응해 왔다.[34] 코로나19의 전 세계적 확산은 세계화의 전형적인 현상이 되었는데, 아이러니컬하게도 세계화에 폐쇄적인 전략을 보였던 북한은 코로나19에 대해서도 반세계화 전략을 통

---

33 "러 외무차관 '북한에 코로나19 진단키트 2차분 보낼 준비돼'," 〈연합뉴스〉 2020.7.2.

34 Jihwan Hwang, "How North and South Korea's Systems Are Leading to Different Coronavirus Outcomes," *The National Interest*, March 31, 2020.

해 방역에 비교적 성공한 것이다. 하지만, 핵문제로 인해 국제사회의 경제제재를 받고 있는 상황에서 무역의 90% 이상과 에너지 자원의 대부분을 의존하고 있는 중국과의 국경을 봉쇄한다는 것은 쉬운 결정이 아니었을 것이다. 북한은 폐쇄국가로서 더 폐쇄하는 방법을 선택했는데, 이는 의료체계가 취약한 북한에게 감염병의 확산이 보건의료의 관점에서나 정치체제의 관점에서나 얼마나 커다란 위협으로 다가왔는지 알 수 있는 대목이다. 세계화의 물결이 북한 체제에 위협이었던 것처럼, 코로나19의 세계화 역시 북한 체제에 커다란 위협으로 인식되었을 것이다. 코로나19의 세계적 확산에 거의 모든 국가들이 각자도생의 접근법을 선택했던 모습을 보면 북한의 상황에서 반세계화 대응전략은 비교적 효과적인 대응이었던 것으로 평가된다.

나. 국가중심적 통제 전략

북한은 코로나19 확진자가 전혀 발생하지 않았다고 주장하지만, 방역활동은 중국이나 다른 권위주의 체제에서만큼이나 국가중심적인 통제 방식으로 강력하게 시행되었다. 2020년 2월 말 개최된 정치국 확대회의에서 김정은 위원장은 "국가방역체계 안에서 그 어떤 특수도 허용하지 말아야 한다고 하시면서 비상방역사업과 관련한 중앙 지휘부의 지휘와 통제에 나라의 모든 부문, 모든 단위들이 무조건 절대복종하고 철저히 집행하는 엄격한 규률을 확립하며 이에 대한 당적 장악보고와 법적감시를 보다 강화할 데 대하여" 강조하였다.[35] 이 회의에서는 특히 코로나19 대응과 더불어 부정부패에 대한 강력한 처벌과 대응이 논의된 점이 두드러진다. 정치국 확대회의는 "당중앙의 사상과 령도풍모, 사업방법을 제일선에서 따라 배우고 구현해야 할 당중앙위원회 간부들과 당간부양성기관의 일군들 속에서 발로된

---

35 "조선로동당 중앙위원회 정치국 확대회의 진행," <로동신문> 2020.2.29.

비당적 행위와 특세, 특권, 관료주의, 부정부패 행위들이 집중 비판되고 그 엄중성과 후과가 신랄히 분석되였다"고 언급하면서 "리만건, 박태덕 당중앙위원회 부위원장들을 현직에서 해임"하였음을 알렸다. 감염병 확산 상황과 부정부패 문제가 직접적으로 연결된 것인지는 불분명하지만, 감염병 확산 위기 속에서 부패가 횡행할 경우 북한 체제에 큰 위협이 된다는 점을 잘 인식하고 있는 모습이다.

김정은 위원장은 7월의 정치국 확대회의에서도 "비상방역사업이 장기성을 띠게 되면서 일군들 속에서 점차 만연되고 있는 방심과 방관, 만성화된 현상들과 비상방역규률 위반현상들에 대하여 엄하게 비판하시고 서뿌른 방역 조치의 완화는 상상할 수도, 만회할 수도 없는 치명적인 위기를 초래하게 된다고 거듭 경고하시면서 모든 부문, 모든 단위에서 오늘의 방역형세가 좋다고 자만도취되여 긴장성을 늦추지 말고 전염병 류입 위험성이 완전히 소실될 때까지 비상방역사업을 더욱 강화해 나가야 한다"고 다그치기도 했다.[36]

다. 주민동원 방역 전략

북한 내에 코로나19가 확산되지 않았음에도 불구하고 북한은 지나칠 정도로 강력한 대중동원을 통해 감염병 예방 및 방역활동에 정책과 자원을 집중해 왔다. 북한 미디어는 연일 전 세계적 코로나19 감염자와 확산상황을 전하면서 감염병의 위험성을 인식시켜 왔다. 특히 북한 미디어는 미국과 한국의 감염자 수 추이와 확산상황을 거의 매일 주민들에게 전했는데, 이를 통해 체제의 우수성과 정당성을 선전하려는 듯한 모습을 보였다. 코로나19가 확산하던 초기에는 북한주민들이 보는 로동신문의 기사 절반 정도가 코

---

36 "조선로동당 중앙위원회 제7기 제14차 정치국 확대회의 진행," <로동신문> 2020.7.3.

로나19 관련 기사로 채워질 정도였다. 북한 미디어의 속성을 고려할 때 국외의 소식을 이처럼 집중적으로 주민에게 알리는 경우는 매우 이례적이라고 할 수 있다. 이는 코로나19의 위험성에 대한 인식을 높여 북한 주민들이 미리 대비하도록 하는 데 일정부분 기여한 것으로 판단된다.

다른 한편, 로동신문 등 북한 미디어는 북한 내부의 적극적인 방역작업에 대한 기사를 반복적으로 내보내면서 주민들의 경각심을 지속적으로 불러일으켜 왔다. 정치국 확대회의를 통해 국가중심적인 방역통제체제를 마련함과 동시에 주민들을 동원하여 강력한 방역활동을 전개해 나갔다. 3월 15일자 로동신문은 "항시적인 긴장성을 유지하며 방역사업 계속 강화"라는 제목하에 "각지에서 세계적으로 급속히 전파되고 있는 신형코로나비루스 감염증을 철저히 막기 위한 방역사업이 전국가적, 전인민적인 사업으로 계속 드세차게 벌어지고 있다"고 소개했다.[37] 4월 5일자 로동신문은 "더욱 활발히 벌어지는 위생선전과 방역사업"의 제목하에 "비상설 중앙인민보건지도위원회의 통일적인 지휘 밑에 국경과 해상, 공중을 비롯한 비루스가 류입될 수 있는 모든 통로를 완전히 차단봉쇄하기 위한 사업, 해안연선과 국경지역들에서 수질검사와 방역대책을 더욱 강화하는 사업, 수입물자들에 대한 소독을 규정대로 엄격히 하기 위한 사업, 일단 정황이 발생하면 신속대응할 수 있는 준비를 철저히 갖추기 위한 사업 등이 전국가적으로 빈틈없이 진행되고 있다"고 소개했다.[38] 또한, 4월 3일자 조선중앙방송은 "국가비상방역 사업총화회의 진행"이라는 기사를 통해 "국가안전보위전, 인민보위전에서 발휘되는 긍정적 소행 자료가 평가되고 방역사업을 만성적으로 대하는 일부 부정적 현상이 강하게 총화됐었다"고 비판하며, "세계적으로 바

37 "항시적인 긴장성을 유지하며 방역사업 계속 강화," <로동신문> 2020.3.15.

38 "더욱 활발히 벌어지는 위생선전과 방역사업," <로동신문> 2020.4.5.

이러스 전염병이 완전히 없어질 때까지 국가 비상 방역체계를 유지하며 전 사회적·전 인민적 행동일치로 전염병 방역사업을 강화할 데 대해 특별히 강조됐다"고 언급하였다.[39]

흥미로운 사실은 로동신문 3월 18일자에서 "평양종합병원건설 착공식에서 하신 김정은 동지의 연설"이라는 제하에 기사를 통해 북한은 평양종합병원을 착공하여 당 창건 75주년에 공기를 맞추기 위해 200일 내로 완공하기로 하였다는 점을 알린 것이다.[40] 김정은 위원장은 "원래 계획에는 없었지만 착공의 첫 삽을 뜨는 동무들을 전투적으로 고무격려해 주기 위해 이 자리에 참가하였습니다"라고 밝혔는데, 이는 감염병의 위기 속에 평양에마저 현대적인 종합병원이 없는 것을 의식한 것이다. 이후 북한은 원산 갈마지구 리조트 등 이미 완성되었어야 할 기존의 대규모 건설사업보다도 평양종합병원 건설에 자원과 인력을 더 집중하고 있다. 감염병 대응을 위한 평양종합병원 건설에 주민동원을 극대화한 것이었다.

3. 코로나19의 정치경제적 영향

북한에 코로나19 확진자는 없었다고 하지만, 코로나19는 여러 측면에서 북한 사회에 영향을 미치며 체제의 안정성을 테스트했다. 정치적으로 코로나19는 북한 체제의 통치 거버넌스에 상당한 영향을 미치고 있다. 김정은 체제는 감염병의 위기가 확산되는 속에서 체제 안정을 위한 여러 가지 물리적, 제도적 조치를 취해 왔다. 지난해 12월 '정면돌파전'을 대내외적으로 선언하며 자력갱생을 강조한 북한이기에 이처럼 감염병의 확산의 위기

---

39 "국가비상방역사업총화회의 진행," <로동신문> 2020.4.3.

40 "당 창건 75돌을 맞으며 평양종합병원을 훌륭히 건설하자 평양종합병원 건설 착공식에서 하신 김정은 동지의 연설," <로동신문> 2020.3.18.

속에서 국내정치적 거버넌스 시스템 관리에 큰 신경을 쓰지 않을 수 없었다. 북한은 코로나19로 인한 체제 불안정 가능성을 방지하기 위해 국가중심적 통제전략을 통해 주민동원에 집중해 왔다. 감염병 위기라는 엄중한 시기에 부정부패와 관료주의적 문제가 발생하지 않도록 하려는 노력도 보여주었다.

코로나19는 이미 경제적으로도 북한 사회에 큰 영향을 미치고 있다. 위성사진을 보면 북한의 주요 항만 시설은 코로나19 발발 이후 상당 기간 멈춰있는 상태였으며, 국경을 폐쇄하면서 대부분의 수출입이 대부분 중단되었었다고 알려져 있다.[41] 중국과 러시아로부터의 생필품 수입뿐만 아니라 석유 등 에너지 자원 수입도 막혀버린 상황이 되어 북한 사회의 혼란이 일정 기간 불가피할 것으로 보인다. 이는 북한 지도부에게도 커다란 타격이 되지만, 북한의 시장에 대한 충격도 상당할 것이다. 지난 6월 남북관계의 위기 상황에서 한국 정부가 대북특사 제안을 하자 김여정 조선로동당 중앙위 제1부부장은 "우리가 전례 없는 국가비상방역조치를 시행하고 공화국 경내에 대한 그 어떤 출입도 허용하지 않는 상태임을 뻔히 알면서도 혹시나 하는 미련으로 되거나 말거나 공염불하면서 특사를 보내겠다는 남측의 불경스러운 태도를 엄중시하지 않을 수 없다"고 언급함으로써 국경봉쇄가 여전히 지속되고 있음을 암시하기도 했다.[42] 북한 경제는 국제사회의 대북 경제제재에 이어 코로나19로 인한 셀프제재라는 더 큰 어려움을 겪고 있는 것이다. 중국 및 러시아도 감염병의 확산세로 인해 대북 지원에 신경 쓸 여력이 없는 상황이어서 코로나 상황이 지속되면 북한 경제의 어려움은 더욱 가중될 수밖에 없을 것이다.

---

41 Dan De Luce, "After a COVID-19 lull, North Korea gets back to sanctions-busting as China turns a blind eye," *NBC News*, July 25, 2020.

42 "남조선당국이 특사파견을 간청," <로동신문> 2020.6.17.

코로나19의 위기를 극복하기 위해 북한 리더십은 정치경제적 통제력을 최대화하며 대응해 왔다. 북한 내에 코로나19가 확산되지 않았다고 하더라도 감염병 대처 상황은 김정은 체제의 위기관리 능력과 거버넌스 시스템을 대내외에 보여주는 기회가 되고 있다. 북한은 비교적 신속하게 대응하며 움직였는데, 이 과정에서 제도적으로 법규범을 수정보완하고 국가위기관리 규정들을 재정비하려는 노력을 취하면서 물리적인 통제력을 활용하여 체제를 안정시켜 왔다. 코로나19의 위기 속에서 김정은의 리더십이 어떻게 구현되고 북한의 법과 제도가 얼마나 효율적으로 성과를 이루어내는지는 북한 체제의 내구력 분석에 상당한 함의를 던져줄 것이다.

Ⅳ

북한의 체제보장과 한반도 평화구상

1. 김정은 체제의 병진노선과 평화구상

한반도 평화에 대한 북한의 관점은 그동안 선군평화론의 관점에서 이해되어 왔다.[43] 선군평화론은 김정일 위원장 시기의 담론으로서 미국의 위협으로부터 선군정치와 북한의 핵무기가 한반도 평화를 지켜주고 있다는 주장이었다.[44] 한반도 평화는 선군정치를 통해 북한이 강성대국을 이루어 대미억지력을 가짐으로써 가능해졌다는 것이다. 이는 평화를 담보할 수 있는 것은 오직 전쟁을 막을 수 있는 힘이라는 인식이다.[45] 이러한 평화개념은 세력균형balance of power을 통해 전쟁이 방지되고 평화가 가능하다는 현실주의 국제정치이론의 인식과 유사하다고 할 수 있다.[46] 따라서 김정일 시대 평화체제 구상은 미국의 군사적 위협에 대항하는 북한의 핵무기를 활용하여 안전을 담보하는 것으로 요약된다. 결국 핵무기와 대륙간탄도미사일ICBM 개발과 보유는 선군평화론의 필요조건이 된다.

김정은 시대의 병진노선은 이러한 선군평화론을 한 축으로 발전한 것이

---

43 황지환, "한반도평화체제 구상의 이상과 현실," 『평화연구』 제 17권 1호 (2009); 조성렬, 『한반도 평화체제』 (서울: 푸른나무, 2007), pp. 32-39.

44 엄국현, 윤금철, 『조선반도 평화보장문제』 (평양: 평양출판사, 2006); 전덕성, 『선군정치에 대한 리해』 (평양: 평양출판사, 2004); 강성길, 『선군시대 조국을 가다』 (평양: 평양출판사, 2002).

45 조성렬, 『한반도 평화체제』, p. 39.

46 우승지, "김정일 시대 북한의 국제관계론 이해를 위한 시론," 『국제정치논총』 제47집 4호 (2007).

다. 잘 알려졌다시피, 북한은 2013년 3월 조선로동당 중앙위 전원회의에서 김정은 시대의 새로운 국가전략인 '핵무력경제 병진노선'을 발표하였다. 이는 "경제건설과 핵무력건설을 병진"시키는 전략이었다. 북한은 '핵무력경제 병진노선'이 김일성과 김정일이 추진했던 "독창적인 경제국방 병진노선의 빛나는 계승"이라며, "방위력을 철벽으로 다지면서 경제건설에 더 큰 힘을 넣어 사회주의 강성국가를 건설하기 위한 가장 혁명적이며 인민적인 노선"이라고 설명했다.[47] 김일성, 김정일 시대의 경제국방 병진노선은 실질적으로 국방력 강화를 위한 국가전략이었기 때문에, 김정은의 '핵무력경제 병진노선'도 핵무기 개발을 위한 전략이라고 해석되었다.[48]

하지만, 북한은 '병진노선'을 선포한지 5년 후인 2018년 4월 사회주의 경제발전을 중심으로 하는 '새로운 전략적 노선'을 발표했다. 이는 2017년 말까지 진행된 핵무기 및 장거리 미사일 프로그램에 대한 자신감에서 비롯된 것으로 해석된다.[49] 북한은 2017년 11월 29일, '화성 15형' 로켓을 발사한 직후 대미 핵억지력 완성을 선언하였다. 북한은 정부성명을 발표하며 '화성 15형' 로켓이 "초대형 중량급 핵탄두 장착이 가능한 대륙 간 탄도로케트로서… 우리가 목표한 로케트 무기체계 개발의 완결단계에 도달한 가장 위력한 대륙 간 탄도로케트"이며, "국가 핵무력 완성의 력사적 대업, 로케트강국 위업이 실현되였다"고 주장하였다.[50] 북한의 핵 및 장거리 미사일 능력에 대해서는 여러 가지 의문점이 존재하지만, 상당한 수준으로 발전하

---

47 〈조선중앙통신〉 2013.3.31.

48 황지환, "김정은 시대 북한의 대외전략: 지속과 변화의 '병진노선'," 『한국과 국제정치』 제30권 1호 (2014).

49 황지환, "북한은 핵실험 이후 더 공격적인가?: 현상타파 대외전략과 현상유지 대외정책의 결합," 『한국정치학회보』 제52집 1호 (2018).

50 "국가핵무력 완성의 력사적 대업 실현, 새형의 대륙 간 탄도로케트 시험발사 대성공," 〈조선중앙통신〉 2017.11.29.

여 미국 본토에 대한 위협이 되고 있다는 평가가 주류이다. 이러한 핵억지력에 대한 자신감을 바탕으로 북한은 2018년 4월 20일 조선로동당 중앙위 전원회의에서 핵능력을 바탕으로 경제발전을 꾀한다는 '새로운 전략적 노선'을 선언하였다. 이는 2013년 3월 선언된 '핵무력 경제병진' 노선의 일부 수정을 의미하는 것이었다. 이날 회의에서는 '경제건설과 핵무력건설 병진로선의 위대한 승리를 선포함에 대하여'라는 결정서와 동시에 '혁명발전의 새로운 높은 단계의 요구에 맞게 사회주의경제건설에 총력을 집중할 데 대하여'라는 결정서가 채택되었다. 김정은은 "당중앙위원회 2013년 3월 전원회의가 제시하였던 경제건설과 핵무력건설을 병진시킬 데 대한 우리 당의 전략적 로선이 밝힌 력사적 과업들이 빛나게 관철되였다는 것을" 선언하고, "우리 공화국이 세계적인 정치사상강국, 군사강국의 지위에 확고히 올라선 현 단계에서 전당, 전국이 사회주의 경제건설에 총력을 집중하는 것, 이것이 우리 당의 전략적 로선"이라고 천명하였다.[51]

결정서
《경제건설과 핵무력건설 병진로선의 위대한 승리를 선포함에 대하여》

첫째, 당의 병진로선을 관철하기 위한 투쟁과정에 림계전 핵시험과 지하 핵시험, 핵무기의 소형화, 경량화, 초대형 핵무기와 운반수단 개발을 위한 사업을 순차적으로 진행하여 핵무기 병기화를 믿음직하게 실현하였다는 것을 엄숙히 천명한다.

둘째, 주체107(2018)년 4월 21일부터 핵시험과 대륙 간 탄도로케트 시험발사를 중지할 것이다. 핵시험 중지를 투명성 있게 담보하기 위하여 공화국 북부 핵시험장을 폐기할 것이다.

51 "조선로동당 중앙위원회 제7기 제3차 전원회의 진행," <로동신문> 2018.4.21.

셋째, 핵시험 중지는 세계적인 핵군축을 위한 중요한 과정이며 우리 공화국은 핵시험의 전면중지를 위한 국제적인 지향과 노력에 합세할 것이다.

넷째, 우리 국가에 대한 핵위협이나 핵도발이 없는 한 핵무기를 절대로 사용하지 않을 것이며 그 어떤 경우에도 핵무기와 핵기술을 이전하지 않을 것이다.

다섯째, 나라의 인적, 물적자원을 총동원하여 강력한 사회주의경제를 일떠세우고 인민생활을 획기적으로 높이기 위한 투쟁에 모든 힘을 집중할 것이다.

여섯째, 사회주의 경제건설을 위한 유리한 국제적 환경을 마련하며 조선반도와 세계의 평화와 안정을 수호하기 위하여 주변국들과 국제사회와의 긴밀한 련계와 대화를 적극화해 나갈 것이다.

결정서
《혁명발전의 새로운 높은 단계의 요구에 맞게 사회주의 경제건설에 총력을 집중할 데 대하여》

첫째, 당과 국가의 전반 사업을 사회주의 경제건설에 지향시키고 모든 힘을 총집중할 것이다.

둘째, 사회주의 경제건설에 총력을 집중하기 위한 투쟁에서 당 및 근로단체조직들과 정권기관, 법기관, 무력기관들의 역할을 높일 것이다.

셋째, 각급 당조직들과 정치기관들은 당중앙위원회 제7기 제3차 전원회의 결정집행 정형을 정상적으로 장악총화하면서 철저히 관철하도록 할 것이다.

넷째, 최고인민회의 상임위원회와 내각은 당중앙위원회 전원회의 결정서에 제시된 과업을 관철하기 위한 법적, 행정적, 실무적 조치들을 취할 것이다.

2018년 4월 20일의 결정서는 2013년 3월 발표한 '핵경제 병진노선'에서 한 단계 더 나아간 것으로 평가된다. 미국에 대한 핵억지력이 완성되었음을 선언함으로써 병진노선의 한 축을 완성하고, 이제 경제건설을 본격적으로 추진하고자 선언한 것이었다. 이러한 관점에서 김정은 시대의 병진평화는 핵무기를 활용한 경제발전 추구를 의미하는 것이라고 평가될 수 있다.[52] 이전의 선군정치가 핵무기 개발과 국방공업 발전을 통해 대미억지력을 강조함으로써 국내적인 경제발전과 안정에 부담을 주었던 점과 비교하면 병진노선은 핵능력과 경제발전을 동시에 강조한 것으로 평가될 수 있다. 따라서 '새로운 전략적 노선'은 국내문제와 경제발전에 더 큰 초점을 둔 것으로 평가할 수 있다.

하지만, 병진노선에 입각한 북한의 평화개념은 여전히 핵무기와 경제발전을 동시에 고려하는 것이다. 김정은 위원장이 2018년의 남북정상회담과 북미정상회담에서 비핵화를 약속하였지만, 여전히 북한은 핵무기에 입각한 평화개념을 유지해 왔다. 북한이 4월 20일의 결정서에서는 비핵화를 언급하지 않았지만, 남북정상회담이나 북미정상회담에서 이를 언급하고 있는 것은 병진평화의 관점에서 비핵화와 평화체제의 교환게임을 하고 있다는 것을 의미한다. 판문점선언과 북미공동성명에서 언급한 '완전한 비핵화'를 위해서는 '완전한 체제보장'과 '완전한 평화체제'를 요구할 것이며, 이를 위한 국가전략상의 준비를 4월 20일 결정서를 통해 마련해 놓은 것이라고 할 수 있다. 완전한 체제보장은 단순히 평화협정이나 북미수교로 이루어질 수 있는 것이 아니다. 비핵화와 평화협정의 논의 과정에서 북한이 한국, 미국 중국을 상대로 협상할 때 필요한 것은 완전한 체제보장을 위한 안보구조 변화일 것이며, 이러한 과정이 진행될 때 경제건설을 위한 노력과 연결시키려 할 것이다. 다만, 경제발전을 동시에 고려하는 병진평화 개념은 미국과 협상 가능성을 높이는 것일 수는 있다.

결국 북한은 비핵화 절차의 최종단계에 대한 대가로 체제 보장과 평화

---

52 병진노선에 입각한 김정은의 한반도 평화구상에 대한 자세한 설명은 다음을 참조. 황지환, "한반도 평화체제 논의의 귀환: 미국우선평화 대 병진평화," 『한국과 국제정치』 제35권 1호 (2019).

체제를 확보하기를 원하기 때문에 한 번에 큰 조치보다는 단계적 접근을 선호한다. 북한의 안보문제는 미국의 대북 적대시 정책 포기에 초점을 두고 있기 때문에 북한은 궁극적으로 한반도 안보 환경에 대한 근본적인 변화를 시도 할 것으로 예상되며, 북한의 안보문제는 한국전쟁 종전선언이나 남북미 평화협정 체결로 끝나지 않을 것이다. 북한은 한반도 주변의 안보 환경이 근본적으로 변화할 때에만 비핵화 절차의 마지막 단계를 구현할 것으로 예상되며, 이것이 북한이 생각하는 평화체제로 해석된다.[53] 북한의 의도는 아마도 베트남이 20세기에 미국과 전쟁을 했음에도 최근 미국과 안보협력을 모색하고 있는 상황과 비슷한 한반도 안보환경을 상정하는 것으로 추정할 수 있다. 결국 김정은이 비핵화 의지를 가지고 있더라도 북한의 대외 안보 환경이 근본적으로 바뀔 때까지 핵무기를 완전히 포기하는 것은 쉽지 않을 것임을 의미하는 것이다.

2. 한반도 평화구상의 한계와 방향성

김정은 위원장은 2019년 신년사에서 "북남 사이의 군사적 적대관계를 근원적으로 청산하고 조선반도를 항구적이며 공고한 평화지대로 만들려는 것은 우리의 확고부동한 의지입니다"라고 한반도 평화체제 구축을 강조하였다.[54] 그는 또한 "6.12 조미공동성명에서 천명한 대로 새 세기의 요구

---

53 하노이 북미정상회담에서도 체제보장과 평화체제 정의와 내용에 대해서 김정은은 구체적으로 언급하지 않았다고 한다. "He complained, as he had in Singapore, that North Korea had no legal guarantees to safeguard its security, and Trump asked what kind of guarantees the North wanted. There were no diplomatic relations, seventy years of hostility and eight months of personal relations, Kim answered, obviously unwilling to respond with specifics," John Bolton, *The Room Where It Happened: A White House Memoir*, p. 297.

54 김정은, "신년사," 〈로동신문〉 2019.1.1.

에 맞는 두 나라 사이의 새로운 관계를 수립하고 조선반도에 항구적이며 공고한 평화체제를 구축하고 완전한 비핵화에로 나가려는 것은 우리 당과 공화국정부의 불변한 립장이며 나의 확고한 의지"라고 밝혔다. "다만, 미국이 세계 앞에서 한 자기의 약속을 지키지 않고 우리 인민의 인내심을 오판하면서 일방적으로 그 무엇을 강요하려 들고 의연히 공화국에 대한 제재와 압박에로 나간다면 우리로서도 어쩔 수 없이 부득불 나라의 자주권과 국가의 최고리익을 수호하고 조선반도의 평화와 안정을 이룩하기 위한 새로운 길을 모색하지 않을 수 없게 될 수도 있습니다"라고 경계하기도 했다. 김정은은 또한 "우리의 주동적이며 선제적인 노력에 미국이 신뢰성 있는 조치를 취하며 상응한 실천적 행동으로 화답해 나선다면 두 나라 관계는 보다 더 확실하고 획기적인 조치들을 취해 나가는 과정을 통하여 훌륭하고도 빠른 속도로 전진하게 될 것"이라고 언급하며 비핵화와 평화체제 사이에 '행동 대 행동' 원칙을 강조했다. 구체적으로 김정은은 "북과 남이 평화번영의 길로 나가기로 확약한 이상 조선반도 정세긴장의 근원으로 되고 있는 외세와의 합동군사연습을 더 이상 허용하지 말아야 하며 외부로부터의 전략자산을 비롯한 전쟁장비 반입도 완전히 중지되여야 한다는 것이 우리의 주장"이라며, "정전협정당사자들과의 긴밀한 련계 밑에 조선반도의 현 정전체제를 평화체제로 전환하기 위한 다자협상도 적극 추진하여 항구적인 평화보장토대를 실질적으로 마련해야"한다고 요구하였다. 결국 북미 사이에는 비핵화와 평화체제 사이의 딜레마가 여전히 뿌리 깊게 자리 잡고 있는 것이다.

따라서, 한반도 평화체제 논의가 구체화되기 위해서는 비핵화와 평화체제 사이의 관계를 명확히 설정하고 어떤 과정을 만들어 나갈 것인지 분명히 하는 것이 중요하다. 특히 비핵화와 평화체제 사이의 딜레마를 해소할 수 있는 세부적인 교환관계를 설정하려는 노력이 필요하다. 완전한 비핵화와 평화체제 이전 단계로써 북한은 경제제재 해제와 종전선언을 요구할 것이며, 미국은 북한의 핵시설 신고 및 검증, 폐기 등을 요구할 것이다. 결국 현재 북미협상의 핵심은 비핵화와 평화체제의 교환관계에 있다. 미국 입장에서 협상의 핵심은 북한의 비핵화이지만, 북한 입장에서 핵심은 평화체제이며, 평화체제 주장 중 핵심은 북한의 체제보장이기 때문이다. 하지만, 비핵화와 평화체제 사이의 선후관계, 단계적 내용, 이행보장방안 등에 대해 딜레마가 존재함으로 인해 해결이 어려운 상황이다. 비핵화와 평화체제 사이의 딜레마를 해소하기 위해서는 북한의 체제 안전보장에 대한 방안을 마련하는 것이 현실적으로 필요하다. 북한의 인식은 미국이 현재 비핵화에만 신경을 쓰고 있으며 북한의 체제 안전보장과 한반도 평화체제 문제에는 상대적으로 신경을 쓰고 있지 않다는 인식이 강하기 때문이다.

다른 한편, 한반도 평화에 대한 북한과 미국의 접근이 조화되는 것이 필요하다. 현재의 한반도 평화체제 논의는 여전히 비핵화와 체제보장 사이에는 해결하기 어려운 구조가 존재하기 때문이다. 북한은 체제보장과 평화체제가 우선적으로 이루어져야 완전한 비핵화가 이행될 수 있다고 생각하고 있는 반면 미국은 북한의 완전한 비핵화가 이루어져야 체제보장과 한반도 평화가 달성된다고 생각하고 있다. 2018년 남북정상회담과 북미정상회담에 나타난 것처럼 비핵화와 한반도 평화체제는 서로 연결되어 있기 때문에 어느 한쪽의 진전이 더딜 경우에는 다른 한쪽도 어려움을 겪을 가능성이 높은데, 북한의 인식은 체제보장에 대한 논의가 부족하다는 것이다. 따라서 비핵화와 체제보장 사이의 딜레마를 해소하는 것이 북미협상의 핵심적인 부분인데, 비핵화 내용이 불완전하면 미국을 설득시킬 수 없듯, 체제보장 내용이 불완전하면 북한을 설득이 어려울 것이며, 이는 2019년 2월의 하노이 2차 북미정상회담에서 그대로 나타났다.

다만, 과거에는 미국과 북한 사이에 한반도 평화 구상에 대해 '민주평화 대 선군평화'의 갈등이 강했다면, 트럼프 행정부에서는 '미국우선평화 대

병진평화'의 구도에 있었다고 해석된다.[55] 트럼프 행정부는 자국의 이익에 도움이 된다면 북한에 대해 기존의 가치와 관계를 넘어서는 새로운 정책을 취할 가능성이 있기 때문이다. 북한 역시 병진평화의 관점에서 체제보장과 경제발전이 조화되는 지점에서 미국과 타협할 가능성도 있다. 북한과 미국의 이익이 서로 조화될 가능성이 단기간 내에 높지는 않겠지만, 이러한 상황은 한국에게 큰 도전 요인으로 작용할 수 있다. 한국은 한반도 평화체제의 당사국으로서 한국의 안보와 국가이익에 도움이 될 수 있는 방향성을 모색해야 할 것이다. 한국의 관점에서는 김정은의 새로운 전략적 노선이 병진평화를 넘어 경제평화의 접근법에서 다루어지는 것이 바람직할 것이다. 향후 진행되는 협상에서 어떤 평화개념을 만들고 합의하느냐에 따라서 한반도의 새로운 질서가 결정될 것이다.[56]

---

55 황지환, "한반도 평화체제 논의의 귀환: 미국우선평화 대 병진평화," 『한국과 국제정치』 제35권 1호 (2019).

56 Jihwan Hwang, "Will Trump and Kim Make History?," *The National Interest*, October 14, 2018.

V

맺음말

2019년 하노이 북미정상회담 이후 북한 문제에 대해서는 비교적 비관적인 예측을 할 수밖에 없는 것이 사실이다. 김정은 체제의 최근 정책 결정과 대외적 행동이 극단적으로 공격적인 내용을 담고 있지는 않지만, 2018~19년과 비교하면 상당히 공세적인 측면이 있는 점은 분명하다. 특히 최근 김정은 위원장의 2018~19년 신년사 내용과 비교하면 2019년 말의 전원회의 결정 내용과 그 이후 상황은 향후 북한 정세 전망을 낙관적으로 예상하기는 어렵게 한다. 2018년 신년사는 2017년의 핵위기 이후 북한의 대외정책이 관여정책으로 변화하는 시기에 발표된 것으로 2017년의 위기를 마무리하고 정책 변화를 꾀하려는 북한의 의지가 반영되어 있었다. 2019년의 신년사는 1차 싱가포르 북미정상회담과 2차 하노이 정상회담의 중간시기로 북미관계와 핵협상에 대한 일정한 기대와 우려가 교차되던 시기였다. 하지만, 2019년 12월 조선로동당 전원회의 결정이후 2020년의 일련의 담화 및 정책은 핵위기가 고조되던 2017년의 신년사 내용을 더 닮아 있다고 해석된다. 북한의 최근 인식이 2017년 6차 핵실험과 ICBM급 화성 15형 로켓 발사를 준비하던 시기의 신년사 인식과 비슷하다면 2020년 이후 북한 문제는 이전에 비해 낙관적으로 보기는 어렵다.

하지만, "미국과의 장기적인 대립을 정면돌파하기 위해 자력갱생"을 계획하는 북한의 인식이 우려했던 것만큼 최악의 시나리오는 아니다.[57] 이는 단기적인 차원에서 군사적 충돌을 통해 위기를 고조시키는 전략으로 보기는 어렵기 때문이다. 향후 북미관계 및 남북한 관계의 갈등은 불가피해 보이지만, 북한의 시계time horizon가 단기적인 것이 아님을 전원회의 결정과 최근의 담화문들이 잘 보여주었다. 이는 김정은 위원장이 지속적으로 경제건설 총력을 국가전략의 최우선에 두고 있다는 점에서도 잘 나타난다. 일부에서는 북한이 향후 2017년의 대외정책으로 회귀할 것으로 예상하기도 하는데 이는 무리한 해석이다. 북한은 2017년 11월 29일 화성 15형 로켓발사에 성공하고 대미 핵억지력 완성을 선언한 뒤 열린 2018년 4월 20일 조선로동당 중앙위원회 제7기 제3차 전원회의에서 사회주의 경제발전 중심의 '당의 새로운 전략적 로선'을 제시했다. 당시 핵무력 병진노선의 한 축인 '국가핵무력 완성'을 선언했으며, 다른 한 축인 사회주의 경제발전에 집중할 것을 언급한 것이다. 이는 "미국의 강도적인 행위들로 하여 우리의 외부환경이 병진의 길을 걸을 때에나 경제건설에 총력을 집중하기 위한 투쟁을 벌리고 있는 지금이나 전혀 달라진 것이 없다"는 2019년의 전원회의 보도에서도 잘 나타나고 있다. 따라서 2020년 이후 북한의 생존전략은 '핵경제 병진노선'의 회귀가 아닌 핵능력을 유지한 상태에서 자력갱생을 통해 국제사회의 제재를 극복하는 '정면돌파전'이라고 해석될 수 있다.

물론 북한은 김여정 제1부부장의 언급대로 미국의 완전한 셈법 변화 없이는 비핵화 협상을 재개하지 않을 가능성이 높으며, 전원회의 보도처럼 '충격적 실제행동'을 보여줄 수도 있다. 하지만, 북한 역시 협상의 틀을 깨기에는 부담이 크며 현재의 경제 상황 역시 안정성을 필요로 하고 있다. 향후 북한의 비핵화 전략 변화가 발생할지 여부는 불투명하지만, 코로나19 상황

---

57 황지환, "북핵문제와 북한의 대외전략," 제주평화연구원 특별기획호 정세전망 1호 (2020).

이 북한에 미칠 영향의 정도와 결과를 고려할 때 김정은 체제의 전략은 당분간 국내 안정에 더 집중할 가능성이 크다. 대북경제제재에 더해 코로나19로 인한 셀프제재로 경제적으로나 사회적으로 큰 타격을 입은 상황에서는 국내문제에 더 집중할 수밖에 없기 때문이다.

한반도 비핵 평화체제 구축과 한미동맹

한용섭

I

서론

2020년에 한미동맹은 67주년을 맞았다. 남북 분단으로 인해 한국의 안보 국방정책은 미국과 한미동맹을 결성하고 지속적으로 강화시킴으로써 북한의 재침략 위협을 억제하는 데에 중점을 두어왔으며, 이 전략은 성공적인 것으로 판명났다.

냉전 시대 한미동맹의 특징은 강대국과 약소국 간의 비대칭 동맹에 근거하여 미국이 한국에 대해 안보를 제공하고 한국은 미국에게 자율성을 양보하는 형태를 보여왔다. 냉전이 미국과 자유세계의 승리로 끝나고, 소련을 비롯한 공산권이 해체 내지 붕괴됨에 따라, 경제성장과 민주화를 동시에 달성한 한국은 북한과의 체제 경쟁에서 승리했으며, 한미동맹은 한국의 승리를 돕는 데 결정적 기여를 하였다.

탈냉전이 시작되자, 한미 양국이 공동의 위협으로 간주해왔던 북한은 체제붕괴의 위기를 벗어나고자 남북한 관계 개선을 위해 남북고위급회담에 나오면서도, 정권안보를 위해 비밀리에 핵무기 개발을 시작하였다. 북한의 핵무기 개발을 막기 위해서 한미 양국은 정책 공조를 해왔으나, 그 과정에서 미국은 북한의 '선 비핵화, 후 남북관계 개선'을 주문하였고, 한국은 김대중 정부 이후 햇볕정책에 근거하여 "북한 비핵화와 남북관계 개선의 병행 추진" 정책을 추진하여 왔다.

이에 따라 한미 간의 북한 핵위협에 대한 인식 차이가 드러났고, 한미동맹은 도전에 직면하게 되었다. 한국의 국력과 국민적 자주의식이 성장한 결과, 한국은 한미동맹 속에서 한국의 자율성과 대등성이 보장되는 한미관계를 요구하게 되었다. 한편 미국은 탈냉전 후에 세계적 군사태세와 동맹의 재조정을 시도하였고 이에 따라 한미동맹에 대한 변화 수요가 발생하였다. 그 결과 탈냉전기에 한미동맹이 변모하게 된다.

2006년부터 북한이 핵보유국임을 자처하고 나서자, 한미동맹은 또 한 번 변화를 겪게 된다. 왜냐하면 북한이 사실상 핵보유국이 됨에 따라 한미동맹에서 미국이 담당해야 할 책임이 더 커질 수밖에 없었고, 한국은 한미동맹관계에서 자율성 추구에 큰 제약사항이 생겼으며, 남북관계 개선 노력에도 더 큰 장애물이 발생했다. 한편, 북핵에 대한 대처방법을 둘러싸고, 한국의 국내에서는 진보세력과 보수세력이 양분되어 안보이슈에 대한 양극화 현상이 심화되었고, 북한 문제를 두고 국론의 분열이 심화되어 북한에게 역이용 당하는 사례가 증가했다.

실제로 북핵에 대한 안보국방차원의 대응에 있어서, 한국은 미국의 확장억제력 제공에 의존하는 길 외에 다른 방법이 없다. 북한이 핵에 관한 한 미국과만 대화하려고 하므로, 한국이 독자적으로 북한을 비핵화시킬 수 있는 효과적인 방법과 수단이 없다. 이 두 가지 점에서 한국은 한미동맹의 결속력을 더욱 강화시키는 방법 외에 다른 방법이 없다. 한편 미국도 한미동맹을 유지함으로써 북한의 핵뿐만 아니라 동북아의 급변하는 지정학적 문제에 대응하려고 한다. 그래서 북한의 비핵화를 위해서나 북한의 핵위협을 성공적으로 억제하기 위해서 한미동맹은 더욱 필요하게 되었다.

반면에 북한은 미국의 적대시 정책, 미국의 한미동맹에 의한 한반도 개입 내지 한반도에 대한 영향력 행사 자체를 위협으로 간주하고 있다. 북한이 핵개발을 한 이유를 "미국의 대조선 적대시 정책" 때문이라고 1990년대 중반부터 반복적으로 주장해 왔기 때문에 보통 사람들이나 내재적으로 북한을 이해해야 한다고 주장하는 이들은 북한의 주장을 액면 그대로 받아들이는 경향이 크다. 한편 북한은 한국을 얕잡아보는 수단의 하나로 한국의 대미 의존성, 굴종성을 비난하면서, 전략적으로는 우위에 있다고 뻐기고 있다. 북한의 이러한 남한 비하 내지 비판적 선전행위가 실질적으로 북한의 국익에 보탬이 되지 않는다는 것을 알면서도, 북한은 한국을 하수 취급하고 있다. 이런 상황에서 한반도의 비핵화와 평화를 추진하려는 한국 정부는 사실상 전략적 딜레마에 부딪치고 있다.

한편 중국의 부상과 G2국가로서의 등장 이후 미국과 중국은 세계 도처에서 패권경쟁을 하고 있고, 미국은 한국에게 한미동맹에 근거하여 중국을 위협으로 간주할 것을 요구하고 있다. 한국은 '안보는 미국, 경제는 중국'이란 프레임을 가지고 한미동맹을 유지하면서도 중국을 위협으로 간주하지 않으면서 한중관계를 다방면으로 발전시키기를 희망하고 있다. 이에 대해 중국은 한국에게 "한미동맹은 냉전시대의 산물이므로, 한미동맹을 유지하는 것은 냉전적 사고방식"이라고 비판하면서, 미국의 "중국위협론"에 동조하거나 미국의 MD 배치에 찬성하지 말도록 요구하고 있다.

미국은 한미동맹을 한반도 외의 동북아시아 지역으로 연장하기를 바라고, 중국은 동북아와 한반도에서 미국의 영향력 축소를 요구하고 있는 가운데 한국이 미국과는 독자적으로 행동하기를 촉구하고 있다. 어떻게 해야 한국이 한미동맹의 장점을 살리면서, 미중 간 갈등의 한복판으로 쓸려 들어가지 않고 때로는 미중 간의 갈등을 해소하는 데 건설적인 역할을 하면서, 때로는 한미동맹에 대한 중국의 견제를 벗어날 수 있을까? 또한 북한의 비핵화를 유도하기 위해 한미동맹의 장점을 활용하는 방법이 없을까? 이런 고민을 하게 만들고 있다.

이 글에서는 첫째, 탈냉전기 공산권의 몰락과 더불어 붕괴위험에 직면했던 북한을 평화공존의 파트너로 받아들이면서, 한국은 한미동맹과 남북한관계의 병행 발전을 위해 노력했는데, 이 시기에 한국이 당면했던 한미 간의 균열상황, 그리고 한미동맹의 구조적 문제점을 살펴보려고 한다. 둘째, 21세기에 북한은 핵무력을 더욱 강화시키고 6차례의 핵실험과 수백 차례의 미사일 시험으로 한반도와 동북아의 정세를 긴장시키면서, 전쟁 직전까지 몰고 갔으나, 2018년부터 국면을 전환하여 남북, 북미정상외교 등으로 긴장을 진정시키면서 변화를 시도하고 있는데, 북핵 시대의 한미관계와 남북관계를 동시에 발전시킬 수 있을 것인가? 이 과정에서 한국이 가진 전략적 딜레마는 무엇인가? 그리고 이를 극복할 수 있는 길이 있는가? 그리고 문재인 정부의 한반도 비핵평화 정책과 북미정상회담의 중간평가를 해 보면서, 북한의 비핵화와 한반도 평화의 촉진을 위해 한미동맹이 맡아야 할 일은 무엇인가? 이 글에서는 이러한 문제들을 분석해 보기로 한다.

Ⅱ

탈냉전기 한국의 한미동맹과 남북한 관계의 발전 병행 추진과정에서 나타난 한미동맹의 균열상

1990년 탈냉전을 맞아 미국이 세계 각국과 맺은 몇 개의 동맹이 해체되거나 약화되었던 데 반해 한미동맹은 미일동맹이나 북대서양조약동맹처럼 견고해졌으며, 동맹 내에서의 한국의 책임과 역할이 점점 더 증가하게 되었다. 예를 들면 미국과 필리핀 간의 양자동맹은 1991년 필리핀 주재 미군의 철수와 더불어 군사동맹관계가 약화되었고, 미국과 태국과의 동맹도 변화하게 되었다.

한편 1980년대까지는 한미동맹이 강대국과 약소국 간의 비대칭 동맹, 미국 일변도의 일방적 동맹, 불평등 동맹 등으로 불렸으나, 1990년 탈냉전 이후 한국이 그동안 성장한 국력에 걸맞게 미국으로부터 대등한 대우를 요구함에 따라, 한미 양국은 협의를 거쳐서 성숙한 동맹 혹은 수평적 동맹으로 변화하게 되었다. 미국은 소련의 위협이 소멸됨에 따라 만성적인 재정적자를 해소하기 위해 국방비를 삭감하여 경제발전으로 전환시켰으며, 한미동맹 관계에도 변화를 도모하였다.

1980년대 말 시작된 탈냉전에 직면하여 미국은 안보전략과 해외 주둔군 정책을 변화시키기 시작했다. 미·소 군축협상의 진전에 따른 세계적 긴장완화 분위기와 탈냉전 분위기, 유럽에서 재래식 군비통제의 성공, 독일통일 이후 주독일 미군의 규모 축소 등에 부응하여 유럽 주둔 미군의 규모를 1/3로 줄이면서 한반도에서도 주한미군의 규모를 감축하는 정책을 추구했다. 미국 국내에서 제기된 해외 주둔군 규모 축소 요구는 1980년대 쌍둥이 적자의 해소와 세계적 평화 도래에 따른 평화배당금 분배 요구에 따른 것이기도 하다.

이러한 배경에서 미 의회는 미국의 해외개입 전략을 대폭 수정할 뿐 아니라 유럽 주둔 미군 병력의 감축과 함께 아시아에 주둔하는 미군 병력의 규모를 재평가할 것을 미 국방부에 주문했으며, 특히 한국과 일본의 경제성장과 국민의식 성장에 따른 주한·주일 미군의 역할, 임무, 책임을 재고하도록 지시하였다. 이러한 미 의회 움직임은 구체적으로 1989년 8월 '넌·워너 법'의 통과로 나타났으며, 미 국방부는 1990년 4월에 '21세기를 향한 아시아 태평양 전략구상**A Strategic Framework for the Asia-Pacific Rim: Looking Toward the 21st Century**'이라는 이름의 보고서를 작성하여 의회에 보고하였다.[1]

동 전략구상은 주한미군의 3단계 감축을 담고 있었다. 즉 1990년부터 1991년까지 1단계로 7,000명을 철수하기로 결정하였으며 이는 실현되었다. 그리고 1993년부터 1995년까지 총 6,500명을 추가 철수하며, 1995년부터 2000년까지는 그때의 전략 상황을 고려하여 추가 감축을 추진하는 것이었다. 흥미를 끄는 대목은 주한미군의 병력 감축의 단계와 휴전협정 관리체제의 변화, 한미연합지휘체제의 변화가 연동되었다는 것이다.

1993년부터 시작될 예정이던 2단계 추가 감축계획은 1992년 10월 제24차 한미 안보협의회의에서 북한이 핵문제에 대한 투명성을 보장하지 않는 것을 감안하여 팀스피리트 연습 재개 문제와 '넌·워너 법'에 의한 주한미군 2단계 철수계획의 진행 여부를 북한의 핵사찰 수용 여부와 연계함으로써 무기한 연기되었다. 그 후 북미 간 핵협상을 원만히 진행하기 위해 한미

---

1 The U.S. Department of Defense, *A Strategic Framework for the Asia-Pacific Rim: Looking for the 21st Century*, September 1990.

양국은 1994년과 1995년의 팀스피리트 연습을 취소하기로 결정했고, 북미 양측은 1994년 10월 제네바 합의로 북한 핵문제를 해결할 틀을 만들었다. 1993년에 등장한 클린턴 행정부는 공화당의 정책을 계승하지 않고, 1995년 2월 27일 동아시아에 주둔하고 있는 미군의 규모를 10만 명으로 묶어둔다는 것을 골자로 하는 '신 동아시아·태평양 전략'을 발표했다.[2] 이로써 미국은 아태지역에 대한 지속적인 개입을 당연시하며, 신속하고 신축적인 범세계적 위기 대응능력을 보장하고, 역내 패권국가의 등장을 저지함으로써 안정에 기여하며, 미국 내에 전력을 유지하기보다 동아시아에서 전력을 유지함으로써 부대 유지비용을 절감하는 한편, 전진 배치 전력을 이용하여 실제적이고 가시적인 미국의 이익을 대변하고, 영향력 강화의 수단으로 활용한다는 계산을 가지고 있었다고 볼 수 있다.

한편 한국에서는 1988년 서울올림픽의 성공적인 개최와 세계적 차원의 탈냉전을 고려하여 소련, 중국과 국교를 정상화하기 위한 북방정책, 북한의 전략적 고립을 고려한 남북한 관계의 개선 등을 추진했다. 동시에 주한미군의 3단계 감축안을 보면서 그동안 성장한 민족의식과 경제력을 바탕으로 작전통제권의 환수를 추진했다. 한미 간의 협상의 결과 용산에 있는 골프장의 교외 이전, 평시작전통제권 환수 등을 성사시킴으로써 한미관계를 성숙한 동반자관계로 전환하는 데 성공했다. 북방정책의 성공과 남북한 관계 개선, 한미군사관계의 재조정 등은 한국이 미국의 허락을 받아서 한 게 아니라, 탈냉전 추세에 부응하여 한국이 미국과 상호 협의하면서 자주적이며 적극적으로 안보국방정책을 추진한 결과라고 할 수 있다. 평시 작전통제권은 한국의 합참의장이 행사하고, 전시 작전통제권은 한미연합사령관이 보유

---

2 The U.S. Department of Defense, *United States Security Strategy for the East Asia-Pacific Region*, February 1995.

한다는 것이었다. 그러나 평시작전통제권 중에서 전시와 관련이 있는 사항은 연합사령관이 그대로 행사한다는 합의를 하는데, 이것을 연합권한위임사항CODA: Combined Delegated Authority이라고 부른다. 그 위임사항의 내용은 연합사령관이 한미연합군을 위한 전시연합작전계획의 수립 및 발전, 한미연합 군사훈련의 준비 및 시행, 한미연합군에게 조기경보 제공을 위한 연합 군사정보의 관리, 위기관리 및 정전협정 유지내용 등의 권한을 한미연합사령관이 보유한다는 것이었다.

1980년대 말부터 현재까지 한국에서 자주국방은 어떤 변화과정을 겪었는가? 1980년대에 한미동맹 체제는 북한을 적으로 규정하고, 침략을 억제하며 침략을 받을 경우 완전 격퇴하는 데 중점을 두었으나, 1990년대에는 한미 양국이 정책을 조정하면서 북한과의 대화를 통해 핵무기 개발 위협 등 군사적 위협 요소를 제거하는 데 중점을 두게 되었다. 이로써 기존의 안보국방정책에 변화를 겪었다.

한미안보동맹관계에서도 변화를 겪었는데, 주한미군의 역할, 규모, 임무가 변경되었다. 미국은 '동아태 전략구상'을 시행했고, 한국은 '한국 방위의 한국화'를 시도하게 되었다. 즉 한국 방위에서 한국이 주도적 역할Leading Role을 미국은 지원적 역할Supporting Role을 한다는 합의가 그것이었다. 그보다 앞선 1987년에 한국은 미국의 대외군사판매 차관 대상에서 제외되었으며, 1989년부터는 한국 정부가 주한미군의 발생 경비에 대한 방위비 분담을 하게 되었다. 더욱이 1994년 북미 제네바 핵합의 결과 한국은 북한이 영변 핵시설을 동결하는 조건으로 경수로 건설을 지원하는 경비의 70%를 부담하게 되었다. 미국의 클린턴 행정부는 이것을 '평화비용부담'이라고 불렀다. 따라서 한미동맹관계는 한국이 미국으로부터 일방적인 수혜를 받던 관계에서 한국이 '줄 것은 주고, 받을 것은 받는 상호 호혜적·동반자적 관계'로 전환하였다고 볼 수 있다.

냉전기의 한국의 한미동맹전략은 성공적이었다고 할 수 있다. 한국 정부는 미국이 한반도 안보보장자로서 북한의 온갖 도발과 위협으로부터 한반도의 평화와 안정을 지켜주었기 때문에 국방력 건설에 투자를 덜 하면서도 경제성장에 더 투자할 수 있게 되어서 경제성장에 도움이 되었다. 연이어서 동맹국인 미국의 자유민주주의를 벤치마킹함으로써 민주주의의 발전도 도모하여 제2차 세계대전 이후 독립한 국가 중에서 산업화와 민주화를 모두 달성한 국가가 될 수 있었다. 한미 양국의 정부가 공히 한미동맹전략은 성공적이라고 평가하고 있으며, 미국은 한미동맹을 가장 우수한 동맹모델 중 하나로 예를 들고 있을 정도이다.

북한도 한미동맹에 대한 부러움을 표시한 적이 한두 번이 아니다. 북한이 그토록 한미동맹의 폐기와 주한미군의 철수를 부르짖고 있는 이유는 북한에게는 한미동맹이 위협임과 동시에 부러움의 대상이기 때문이다. 북한의 원동연**전 조평통위원장**은 1997년 "중국 북경 남북한 학술회의"에서 필자에게 "한선생, 한미동맹 자랑하지 마시오. 북한이 1990년대에 못 살게 된 것은 북한의 동맹국인 소련이 망했기 때문이오. 반면에 남한이 잘 사는 것은 남한의 친구이며 세계 유일의 초강대국인 미국이 무너지지 않고 계속 번영하고 있기 때문이 아니오? 그러니 남조선은 미국이라는 친구를 잘 만나서 친구 덕분에 잘 살고 있는 것이지 남한이 잘 나서 그런 게 아니니 자랑하지 마시오."[3]라고 북한이 사실 한미동맹을 부러워하고 있음을 필자에게 말한 적이 있다. 중국도 한미동맹을 부러워하면서도 시기하고 있다. 한미동맹에 근거하여 주한미군이 바로 중국의 옆구리에 주둔하고 있으며, 한미동맹은 북중동맹보다 훨씬 더 막강할 뿐만 아니라 중국이 한국을 무시하지 못하는 이유가 한미동맹의 미국 때문인 것은 널리 알려진 사실이다.

---

3 필자와 원동연 간의 인터뷰, "북경 남북통일학술회의"(1997년 8월 15일)에서.

탈냉전기 초반에는 한미 양국이 북한의 핵개발을 최대 위협으로 간주하고, 북한 비핵화를 위해 한미 양국이 정책 공조를 견고하게 유지함에 따라 한미 간에 위협인식과 북한을 비핵화시키기 위한 대북정책에서 큰 차이가 노정되지 않았다. 그리고 제1차 핵위기를 맞아 김영삼 정부와 클린턴 행정부 사이에 입장 차이가 크지 않았다.

그러나 한국의 김대중 정부가 햇볕정책에 근거하여 대북한 포용정책을 추진하면서 한미 간에 북핵위협에 대한 인식에 격차가 벌어지기 시작했으며, 노무현 정부에 이르러 그 인식차이는 최고조에 달했다. 따라서 2000년대에는 한미동맹 관계에 두 가지 도전과 시련이 불어 닥쳤다고 할 수 있다. 첫째, 김대중 대통령은 북한을 위협Threat이라기보다 협력의 당사자A Partner for Cooperation이자 같은 민족으로 보고 대북 포용정책을 구사한 반면에 미국은 여전히 북한을 위협으로 간주하고 북한 비핵화를 위해서는 제재 및 압박을 구사해야 한다고 주장했다. 둘째 한국 사회의 민주화 결과, 한국의 국내에서 한미동맹관계를 보호자-피보호자, 지배자-피지배자의 관계로 보는 인식이 증가하여, 한미관계의 불평등성을 시정하자는 요구가 점증하여, 한미동맹은 재조정을 겪지 않으면 안 되었다.

1. 한미 간의 안보 위협 인식에 대한 균열

동맹은 "2개 이상의 국가들이 공통의 위협에 대해서 공동으로 대처하자고 하는 공식적 합의"라고 정의되듯이, 한미동맹은 북한을 공통의 위협으로 인식한 바탕 위에서 시작되었고 발전되어 왔다. 21세기 들어와 중국의 부상과 함께 중국이 G2 국가로 등장하였고, 날이 갈수록 미중 간의 세력경쟁이 가열되어 마침내 패권경쟁으로 변화를 겪고 있다. 따라서 미국은 중국을 미국의 경쟁자 내지 수정주의 세력으로 분류하여 미국의 위협으로 간주하고 있는 한편, 한미동맹의 연장선상에서 미국은 한국도 중국을 위협으로 간주하기를 주문하고 있다.

왈트Stephen M. Walt가 "동맹국들 간에 위협에 대한 인식 차이가 커질수록 동맹은 균열이 커지고 결국 동맹의 와해를 겪게 된다"[4]는 주장을 하고 있듯이 한미 간의 위협에 대한 인식 차이가 벌어질수록 한미동맹은 균열의 위험이 커졌다고 볼 수 있다.

김대중 정부 때부터 "북한이 핵개발을 하는 이유는 미국과 한국의 보수정권이 북한을 적대시하고 북한에 대해 대화보다는 압박과 제재를 가했기 때문이다. 특히 보수정권은 미국의 대북정책인 '선 비핵화–후 남북관계 개선'을 추종했기 때문에 남북관계의 진전도 북한 비핵화의 진전도 없었다"[5]고 전제하고, 진보정권은 "비핵화와 남북관계 개선을 병행 추진할 것이며, 북한에게 경제적 혜택을 아무런 조건 없이 먼저 제공함으로써 화해와 협력의 필요성을 느끼게 만들어서, 결국은 핵무기 개발을 스스로 그만두게 만들 수 있다"[6]고 전제하고 대북한 햇볕정책을 시작했다. 북한의 비핵화 문제는 미국이 북한과의 대화를 통해 해결하게 하고, 한국은 남북관계 개선과 냉전 구조 해체를 추진한다는 한미 간에 임무와 역할을 분담한다는 형식을 취했다.

2002년 말 제네바핵합의 체제가 와해되고, 제2차 북핵위기가 발생하기 시작할 때에 등장한 노무현 정부는 햇볕정책을 계승한다고 발표하고, 남북한 관계 개선을 지속해 나가기로 결정했다. 하지만 제2차 북핵위기를 해소하기 위해 북미회담은 절대로 안 된다는 미국의 부시 행정부의 주장을 감안하여, 북핵문제를 해결하기 위해 미국, 중국, 남북한, 일본, 러시아가 참가하는

---

4 Stephen M. Walt, "Why Alliance Endure or Collapse," *Survival*, Vol.39, No.1. (Spring 1997), pp. 156-179.

5 임동원, 『피스메이커』(서울: 중앙북스, 2008), pp. 690-696.

6 임동원, 『피스메이커』, pp. 742-733.

6자회담의 개최를 수용하게 되었다. 6자회담에서 2005년 9.19 공동성명, 2007년 2.13 합의 및 10.3 합의가 합의되었으나, 북한의 핵능력은 날로 증가하여 2006년 10.9 제1차 핵실험, 2009년 5.25 제2차 핵실험을 하였고, 6자회담은 결렬되어서 2010년대에는 북한이 사실상의 핵보유국으로 등장하게 되었다.

한편, 한국의 국내에서는 햇볕정책의 지속적 추진을 주장하는 진보세력과 그와 반대되는 입장인 보수세력으로 양분되었다.

김대중 정부의 대북한 햇볕정책을 지지하는 진보세력은 북한을 위협이 아닌 협력의 대상자로 보는 시각을 견지했다. 진보세력은 "북한의 군사위협이 변하지 않고 오히려 심각해졌다"고 주장하는 미국 정부와 한국의 보수세력을 불신했다. 게다가 미사일 방어체제MD: Missile Defense 구축을 시도하고 일방적 대한반도 안보전략을 추진하는 미국이 6.15 공동선언에 입각해 교류협력의 활성화를 추구하는 한국에게 방해가 된다고 생각했다. 한국 내 NGO들은 미국의 대북한 강경정책과 MD 추진에 강력한 반대의사를 나타냈다. 또한 미국이 한국에게 대북 강경정책을 강요한다고 생각했으며 북한에게 공격을 위협함으로써 핵무기를 내려놓게 만들고자 하는 군사옵션의 사용은 반대하였다.

미국 정부와 한국 내 보수세력은 북한의 핵문제는 실존하고, 북한의 대량 살상무기 문제 해결을 위해서는 외교적 수단과 군사적 수단 모두를 고려해야 한다고 주장하였다. 만약 북한이 핵무기 개발계획을 폐기하지 않는다면 북한 체제 붕괴를 비롯한 모든 수단을 다 고려해야 한다고 보았다. 이명박 정부의 "비핵·개방·3000"이나 박근혜 정부의 "통일대박" 같은 정책은 북한의 비핵화가 선결되어야 한다는 정책을 나타낸 것이었다. 이로써 남한 내에서는 "북한을 어떻게 보고 어떤 대응수단을 사용해야 하는가?"라는 문제에 대해서 남남갈등이 심화되었다.

결국 진보정권은 북한 핵문제에 독자적 목소리를 내었는데, 이것은 미국의 정책을 무조건 추종할 경우 한반도에서 전쟁이 발생할 가능성이 높다고 판단한 데 따르는 것으로 미국과 연루Entrapped됨으로써 생길 폐해를 벗어나고자 하는 의도였다. 그리고 6자회담에서 미국과 북한 사이를 중재하고자 노력하였다.

다음으로 한미 간의 입장 차이는 동북아의 안보정세 전망과 중국을 어떻게 인식하고 중국에 어떻게 대응해야 하는가에서 나타났다. 21세기 초반에 미국은 중국의 반테러 연합전선에 대한 기여는 인정하지만, 중국이 민주화되어 "국제사회에서 책임 있는 이해상관자A Resiponsible Stakeholder로 되지 않는 한 미국에 대한 군사적 경쟁자가 될 가능성에 더 초점을 맞추었다. 부시 행정부에서는 세계전략의 일환으로 동북아에서 미국 중심의 미사일 방어체제 구축을 추진하였으며, 대만의 자주적 방위능력 건설에 지원을 약속하였다.

중국을 경쟁자로 간주하는 것은 오바마 행정부의 '아시아로의 회귀Pivot to Asia'와 '아-태 재균형Rebalancing to Asia-Pacific'전략으로 나타났다. 마침내, 트럼프 행정부에서는 중국과 러시아를 '수정주의 세력'이라고 명명하고, 중국을 미국의 패권에 도전하는 위협 국가로 명시하게 되었다.[7]

반면에 한국은 동북아에서 중국의 부상과 지역적 역할에 대해 미국보다는 더 긍정적으로 평가하는 경향을 보였다. 동북아에서 중국의 경제적 지위를 인정하며, 한중 간의 경제협력관계를 중시하고 있다. 2010년대 중반에 한중 간의 교역량은 미국과 일본을 합한 교역량보다 2배 이상이 되었다.[8]

---

7 The U.S. White House, *National Security Strategy of the United States of America*, December 2017. p.25.

8 이희옥 외, 『한중관계의 새로운 모색』(서울: 다산출판사, 2017), pp. 46-50. 이 책에서 2016년 기준으로 한중 양국의 무역총액은 2525억 달러로서 중국이 한국의 최대 무역 대상국이 되었다고 지적하고 있다.

그래서 한국의 국내에서는 '안보는 미국, 경제는 중국'이란 인식이 증대하였다. 한국의 한 국내 여론조사에서 "미국을 중국보다 위협으로 간주"하는 응답이 더 많이 나타나기도 했다.

또한 한국은 한국의 대북정책에 대한 중국의 지지를 높게 평가하고, 한반도의 안정과 북한에 대한 영향력 행사 면에서 중국의 역할에 큰 기대를 걸었다. 미국의 미사일 방어체제 구축에 대해서 미국의 편을 들기보다는 중국과 북한의 미국 MD에 대한 우려에 더 큰 관심을 보였다. 노무현 정부에서는 미국의 '중국위협론'에 대한 동조를 하지 않았기 때문에, 한미 공동으로 하는 '지역안보위협평가서'의 작성을 미루었다. 또한 동북아 국가 간에 기존의 안보질서에 대한 현상유지보다는 경의선 및 동해선 연결을 통해 북한과 러시아로 이어지는 동북아 경제협력의 활성화를 통해 동북아 중심 국가로 도약하는 것을 구상하였다.

즉 군사 면에서는 한미동맹과 북한 핵문제에 대한 한미일 간 공조를 유지하지만, 경제적·문화적 측면에서는 동북아 국가 간의 협력을 증대함으로써 동북아 평화와 번영의 시대를 추구하고자 한 것이다. 또한 중국을 위협으로 보지 않는다는 면에서 한미 양국은 시각차가 큰 것으로 나타났다.

따라서 한미 간에 무엇을 동맹의 목적인 위협으로 간주할 것인가에 대한 시각차가 커져서 한미동맹의 균열이 생기기 시작하였다. 그러나 북핵문제가 더욱 심각해져 가자 2008년부터 한미 간에 북한핵에 대한 시각 차이가 좁혀지는 듯했으나, 2017년 등장한 문재인 정부 시기부터 북한핵에 대한 시각 차이와 접근방식에 대한 입장 차이가 나타나기 시작함으로써 또다시 한미관계에서 균열현상이 더 확대되는 것을 볼 수 있다.[9]

---

9 Gi-Wook Shin, *One Alliance, Two Lenses: US-Korea Relations in a New Era* (Stanford: Stanford University Press, 2010).

2. 한미동맹관계에서 점증하는 한국의 자율성 요구

1990년대 후반부터 한국의 국내로부터 한미동맹관계에 대한 변화 요구가 일어났다. 한국의 국력성장과 시민사회의 성장으로 인해 국민의 자주 의식이 증가하였다. 그 결과 한국의 국내에서 그동안 한미 간 비대칭동맹관계하에서 미국으로부터 안보제공을 받는 조건으로 미국에게 양보하였던 자율성Autonomy 내지 자주성Independence[10]을 인정받고 회복하자는 국민적인 요구가 날로 증가하였다.

노무현 정부와 시민단체에서는 모로우James D. Morrow의 안보-자율성 교환모델Security and Autonomy Tradeoff Model을 인용하여, 1953년 한미상호방위조약의 체결 때로부터 1990년대 말까지 한국은 북한과의 군사력 균형에서 불리한 점을 극복하기 위해 미국으로부터 안보보장을 제공받는 한편, 자율성을 미국에게 양보해 왔다고 주장했으며, 한미동맹관계에서 자율성 회복을 모토로 내걸었다. 1990년대 중반까지의 한국의 국민여론은 미국에 대한 한국의 자율성 양보를 대체로 수용해 왔지만 21세기에 들어서서 정치권과 국민여론은 변화하기 시작했다.[11]

1990년대 후반 특히 김대중 정부의 햇볕정책 추진과 햇볕정책을 계승

---

10 모로우는 "강대국과 약소국 간의 동맹관계에서 약소국은 자율성(Autonomy)을 강대국에게 양보하고, 대신에 강대국은 약소국에게 안보(Security)를 제공한다"는 이론을 주장했다. 그러나 한국의 시민운동그룹을 중심으로 "약소국(한국)이 강대국(미국)에게 양보하는 것은 자주성(Independence) 혹은 주권(Sovereignty)"이라는 용어 구사를 하는 것을 볼 수 있는데 이것은 엄격하게 말해서 법률적, 학문적 용어는 아니다. 자주는 독립과 비슷한 말로써 자주성이 없으면 주권과 독립이 없다는 것을 의미하기 때문에, 모로우와 국제정치학자들은 학문적이고 법률적인 의미로서 자율성(Autonomy)라는 용어를 널리 사용한다. James D. Morrow, "Alliances and Asymmetry: An Alternative to the Capability Aggregation Model of Alliances," *American Journal of Political Science*, Vol.35, No.4, November 1991, pp. 904-933.

11 한용섭 편, 『자주냐 동맹이냐』(서울: 도서출판 오름, 2004). 이 책은 21세기 한국의 국내에서 전개된 자주와 동맹의 상호 보완성과 대립성에 대한 시대적 고뇌를 해결하기 위해 국내 저명학자 11명이 모여서 1년간 광범위한 토론을 거쳐 출판되었다.

한 노무현 정부가 북한을 협력대상자로 간주하면서, 한국의 민주화 이후 활성화된 시민사회에서는 한국의 군사주권 회복과 자주성 회복에 대한 주장이 날로 증가했다.[12]

이것의 주된 원인은 1990년대 한국 정치가 민주화되고 문민 정부가 등장하면서 그동안 금기시되었던 군사 영역에 대한 민간의 참여가 증가함에 따라 자연스레 한미군사관계에서 평등한 한미관계의 정립과 한국의 자주성 확보 요구가 커진 것이다. 주한미군의 범죄와 환경오염, 6.25 때 노근리 학살, 매향리 공군사격장 이슈 등에서 나타난 바와 같이 주한미군이 한국 안보에 기여한다는 긍정적 이미지보다는 주한미군이 한국 사회에 미치는 부정적 이미지가 더 크다고 지적하는 사회운동이 벌어지기 시작했다. 이에 따라 미군의 4성 장군이 보임된 한미연합군사령관의 작전통제권 보유 문제도 한국의 자주성 상실의 대표적인 예로 지적되었다.

국내의 NGO들이 네트워크를 구성하여 주한미군 환경오염 문제 해결과 주한미군지위협정SOFA 개정, 주한미군 범죄 근절과 나아가서는 주한미군의 철수까지 요구하는 활발한 활동을 전개했다. 이런 요구를 받아들여 2001년에 한미 양국 정부는 SOFA를 개정했다. 그런데 한미 간에 불평등을 시정해야 한다는 요구는 2002년 11월 주한미군의 훈련 중 발생한 여중생 사망사고의 책임자인 미군에 대해 주한미군이 무죄평결을 내림으로써 이에 대한 불만이 폭발하여, 전국적인 반미 촛불시위로 번졌다.

일부 전문가는 반미감정이나 반미운동은 적절한 용어가 아니고, 한미 간의 불평등의 시정을 요구하는 정당한 것이며, 주한미군과 그를 옹호하는 미국 정부에 대한 규탄American bashing이지 일반적인 반미Anti-Americanism가

---

12 정욱식, 『동맹의 덫』(서울: 삼인, 2005), pp. 149-156; 강정구 외, 『전환기 한미관계의 새판 짜기』(서울: 한울, 2005), pp. 105-142.

아니라고 주장하고 있다.[13] 그러나 반미감정이 범국민적인 촛불시위로 진화하면서, 한미동맹은 필요 없고 자주를 추구해야 한다는 주장으로 확산되었다.

그런데 2002년 한국의 대규모 촛불시위, 반미데모와 주한미군에 대한 폭력행사 등을 경험한 미국 정치권에서도 주한미군 철수와 감축 논쟁이 거세게 일었다. 대표적으로 밴도Doug Bandow는 "한국의 국력이 북한의 20배를 초과한 지금, 한국이 독자적으로 북한과 싸울 수 있음에도 한국 국민의 자주적 결단과 자주국방을 저해하고 미국에 대한 영구적인 의존을 조장하고 있다는 것과 한반도 유사시 3만여 명에 달하는 주한미군이 생명을 잃을 가능성이 있다는 것과 남한의 전략적 가치는 미국 군대와 자원을 희생시킬 정도로 크지 않다는 것"[14] 등을 이유로 내세우면서 한미동맹의 파기와 주한미군의 철수를 주장했다.

2002년 말과 2003년 초에 한미동맹의 신뢰관계에 위험신호가 켜졌고, 다시 한미관계를 대등한 관계 혹은 수평적 관계로 만들어야 한다는 주장과 함께 자주국방이란 용어가 다시 사용되기 시작했다. 이 논란을 정리하기 위해 노무현 정부에서는 미국을 배척한 한국의 독자적 국방이 아닌 한미동맹을 인정한 가운데 한국의 독자적 정책 결정권과 군사력 사용권을 회복해야 한다는 요구로 정리하고 참여정부의 동맹정책을 "협력적 자주국방Cooperative and Self-Reliant Defense"이라고 정의를 내렸다.

한미 간의 논란을 정리하기 위해 2003년 5월 노무현 대통령과 부시 대통령 간에 정상회담이 개최되었다. 정상회담 공동선언문에서는 "한미 양국이

---

13 Brad Glosserman, "Making Sense of Korean Anti-Americanism." *Pacific Forum CSIS*, PacNet 7. February 13, 2003.

14 Doug Bandow, *Tripwire: Korea and U.S, Foreign Policy in a Changing World* (Washington DC: CATO Institute, 1996).

과거의 군사 위주의 동맹관계를 민주주의, 인권, 시장경제의 가치 증진, 한반도와 동북아의 평화와 번영을 위한 포괄적인 동맹과 동맹의 현대화를 통한 역동적인 동맹으로 바꾸어 나가기로 합의했다." 이것은 미국의 군사변환 요구와 한국의 자율성의 증진, 자주국방의 추진 의지 등을 타협한 산물로서 한반도 안보는 오히려 강화하면서 한미 간에 새로운 임무와 역할을 맡아서 이행하자는 약속이었다.

또한 노무현 정부에서는 한미동맹관계에서 한국의 자율성 증대를 위해, 군사주권의 회복이란 차원에서 전시작전통제권의 환수를 추구하였다. 한미 국방 당국은 2007년 2월 한미 연례안보협의회의에서 "양국 장관은 한미연합사령부를 해체하고 2012년 4월 17일부로 전작권을 한국군에게 전환하는 데 합의"하였다.

그러나 북한의 지속적인 핵무기 개발과 천안함 도발 그리고 북한 급변사태 등의 위기발생 가능성 등에 대한 우려의 목소리가 제기되는 것과 함께, 한미 양국의 정치 일정을 고려하여 2010년 6월 26일 이명박 대통령과 오바마 대통령은 전작권 전환의 시기를 2015년 12월 1일로 연기하는 데 합의했다.

2014년 10월 박근혜 정부는 북한의 연이은 핵실험에 대응하여 전작권 전환시기를 또 한 번 연기하였다. 이번 전작권 전환은 조건Conditions에 기초한 전환이라고 정의하고, 그 조건은 "첫째, 한반도 및 역내 안보환경이 안정적인가? 둘째, 한국군이 독자적으로 북한 핵에 대한 군사능력을 갖추었는가? 셋째, 한국군이 한미연합군을 주도할 핵심 군사능력을 갖추었는가?"라고 규정했다. 이에 따라 한미 양국의 군사 당국이 공동 점검을 통해 이 세 가지 조건이 충족되었다고 판단할 경우에 전작권을 전환한다고 합의하였다.

2017년에 문재인 정부는 "한미 간 협의를 통해 전작권 전환에 대한 준비상황을 주기적으로 평가하여, 전작권 전환 조건을 조기에 충족시키면서도 안정적인 전환 추진을 위해 긴밀히 협력하기로 합의"하였다.[15] 그리고 전작권이 한국군으로 전환된 이후에는 현재의 '미군 사령관, 한국군 부사령관' 체계를 '한국군 사령관, 미군 부사령관' 체계로 변경될 것이라고 하였다. 이렇게 되면 군사력 사용권 분야에서 자주권은 완전하게 갖추어지게 될 것이다.

여기서 전작권 전환을 안정적으로 추진한다는 뜻은 전작권의 전환에 따른 국민적 안보불안감 해소와 한국군의 작전지휘 능력의 보강을 위해 필수적인 사항을 빈틈없이 준비하고 시행하겠다는 것이다. 여기에는 한국군이 미군을 대상으로 전쟁 지휘 능력을 갖추어야 함은 물론 미국의 전구급 전쟁 수행체계와 무기체계를 숙지하고, 한국군이 한미연합 C4ISR체계에 대한 운영 능력을 획기적으로 개선해야 함을 의미한다. 이를 차질없이 준비하기 위해 한국 국방부는 모든 능력을 갖추기 위해 국방비의 증액 및 전력기획과 훈련 연습을 착실하게 해 나갈 것이라고 발표했다. 이로써 사실상 한미동맹은 상호보완성을 발전시켜 가면서 포괄적 전략동맹으로 발전하고 있으며, 그 속에서 한국의 자율성은 전작권 전환을 포함 전진하고 있다고 평가해도 무방할 것이다.

그러나 핵무기가 없는 한국이 북핵 시대에 북한의 핵을 어떻게 효과적으로 억제할 것인가에 대해 명쾌한 해결책을 제시하지 않은 채, 문재인 정부가 2022년 전작권 전환을 추진함에 따라, 국민들과 안보전문가들은 불안한 실정이다. 핵무기 없는 한국의 4성 장군이 어떻게 전작권을 행사하면서, 북핵에 대한 미국의 확장억제력을 어떻게 신뢰성 있게 제공받을 수 있을까에 대해 명확한 역할 분담과 대책제시가 있어야 한국의 안보가 보장될 수 있을 것이다.

---

15 국방부, 『국방백서 2018』(서울: 국방부, 2018), p.133.

Ⅲ

북핵 시대 한미동맹의 대응과 미국의 대한국 확장억제력 강화

2006년 이래 2017년까지 북한의 핵보유가 가시화됨에 따라, 한국은 북한 핵의 위협을 억제하고 한국의 국방목표를 달성하기 위해 한미동맹에 근거하여 미국이 제공하는 확장억제력에 의존할 수밖에 없다는 결론에 이르게 되었다. 왜냐하면 핵보유국으로부터 오는 핵위협을 억제하기 위해서는 핵무기로 보복을 위협하는 것이 억제의 가장 효과적인 방법인데, 한국은 핵무기가 없을 뿐만 아니라 국제핵비확산체제 규범의 모범 준수국으로서 핵개발을 시도할 수도 없기 때문이다. 따라서 한미동맹의 존재 이유가 미국이 핵억제력을 과시함으로써 북한의 핵위협으로부터 한국을 보호하는 것이기 때문에 한국은 미국의 맞춤형 억제전략에 의존할 수밖에 없게 되었다.

〈표 1〉 북한의 핵미사일 도발과 한미 양국의 협의를 통한 미국의 억제력 강화 조치에 관한 일정표

시기	북한의 도발 행동	한미협의를 통한 미국의 대한국 억제력 강화 조치
1993.1.~ 1994.10.21.	제1차 핵위기~ 북미 제네바합의	• 미국이 북한에게 소극적 핵안보 보장 약속 • 한국에 대한 핵우산 보장
2006.10.9.	북한 제1차 핵실험, 자위적 핵억제력 보유 과시	• 2006.11. 미국의 “핵우산 을 포함한 확장억제력 제공”을 약속

시기	북한의 도발 행동	한미협의를 통한 미국의 대한국 억제력 강화 조치
2009.5.25.	북한 제2차 핵실험	• 한국의 PSI 가입 • 2009년 10월, 미국의 "핵우산, 재래식 타격 능력 및 MD 포함, 모든 범주의 군사능력을 운용하는 확장억제력을 한국에게 제공" 약속 • 한미 확장억제정책위원회 출범
2013.2.12.	북한 제3차 핵실험, 미국 본토 공격 위협	• 2013년 10월, 미국의 "핵우산, 재래식 타격 능력 및 MD 포함, 모든 범주의 군사능력을 운용하는 확장억제력을 한국에게 제공" 약속 • 북한의 미사일 위협에 대한 <탐지, 방어, 교란, 파괴> 대응 전략을 한미 공동 발전 합의
2014	북한 미사일시험	• 위와 동일 • 한국은 독자적 북핵 미사일 대응 위해 Kill-Chain, KAMD의 발전 약속
2016.1. 2016.9.	북한, 제4,5차 핵실험 북한, 공격적 핵협박 시사	• 확장억제 공약 동일 • 한미 억제전략공동위원회 출범 • 미국 전략자산 순환배치 • THAAD 필요성 합의
2017.8. 2017.9.	북한, 괌 미군기지에 대한 공격협박 북한, 제6차 수소탄실험	• 확장억제 공약 동일 • 2017년 10월, 미국은 "북한의 핵개발 계속 시 북한 종말" 협박 • 한미 확장억제전략협의체(EDSCG)의 정례화
2018.10.		• 핵, 재래식 및 미사일 방어능력을 포함, 모든 군사능력을 운용하여 확장억제 제공

출처: 한용섭, 『북한핵의 운명』(서울: 박영사, 2018). p. 155. 대한민국 국방부, 『2018국방백서』(서울: 국방부, 2018).

이로써 한국은 한미동맹관계에서 자율성을 날로 증대시켜가고 있던 중에, 또 다시 미국에게 안보를 더욱 의존할 수밖에 없는 사태가 전개된 것이다. 위의 〈표 1〉에서 보듯이, 북한이 2006년 9월의 제1차 핵실험부터 2017년 9월의 제6차 핵실험에 이르기까지 한미 간에 긴밀한 협의를 통해 미국이 확장억제력을 더욱 강화시켜 나가기로 합의하는 것을 알 수 있다.

2006년 10월의 북한의 제1차 핵실험 때에는 미국 정부가 "핵우산을 포함한 확장억제력 제공"을 한국 정부에게 약속하였다. "핵우산을 포함한 확장억제력 제공"이 그 이전의 "핵우산 제공" 약속보다 그 내용과 강도에 있어 차이가 있는가에 대해서 한국 내에서 논쟁이 일기는 하였으나, 내용이 확장된 것은 확실하다.

2013년 2월 12일에 북한의 제3차 핵실험이 성공하자, 한반도에서는 긴장이 더 고조되었다. 북한의 핵실험의 폭발력이 12킬로톤 정도로 엄청났기에, 한미 양국은 긴장할 수밖에 없었다. 특히 박근혜 정부가 "남북한 신뢰프로세스"를 내걸고 남북한 간의 신뢰 구축을 시도하기 직전에, 북한이 엄청난 핵실험으로 한반도와 동북아에 공포와 긴장을 고조시켰기 때문에, 한국 정부는 미국에게 확장억제력의 현시를 요구하게 되었다. 미국은 "핵우산, 재래식 타격 능력 및 MD를 포함하는 모든 범주의 군사능력을 운용하는 확장억제력을 한국에게 제공"한다고 약속하였다. 그리고 북한의 미사일 위협에 대해 한미 양국은 〈탐지, 방어, 교란, 파괴〉의 대응 전략을 공동으로 발전시켜 나가기로 합의했다.

2016년 1월과 9월에 북한은 제4, 5차 핵실험을 각각 실시했다. 아울러 김정은은 핵무기를 가지고 남한과 미국을 공격하겠다고 하는 핵공갈을 시작했다. 그때 한국과 미국은 북한에게 대화를 통한 핵문제 해결을 제안할 수도 없었고, 오로지 북한의 점증하는 핵협박과 공갈에 대해서 한층 더 강화된 억제전략을 수립하고 발표할 수밖에 다른 도리가 없었다. 한국의 국내에서는 "한국 단독으로 핵무장하자"는 여론이 증가하였고, 2016년 10월에 한국 정부는 한미연례안보협의회에서 "북한의 핵미사일 위협에 대응하는 독자적 핵심군사능력으로써 동맹의 체계사드 및 패트리어트 미사일와 상호 운용가능한 킬체인Kill-Chain을 개발하고 한국형 미사일 방어체계를 2023년까지 지속적으로 발전시켜 나갈 것"이라고 발표했다.

북한의 계속되는 핵공갈에 대응하여, 한국 정부는 북한의 핵공격 준비를 사전에 탐지하여 평양의 지휘부에 선제공격할 수 있는 능력을 갖추고 북한에 경고함으로써 아예 김정은이 핵공격을 생각도 하지 못하도록 하는 거부적 핵억제력을 보유해야 할 필요성을 인식하였다. 이 선제공격의 능력의 일부로서 한국 정부는 킬체인을 개발하겠다는 의지를 표명하였다. 한편, 미국은 2016년 한미연례안보협의회의에서 "한미 억제전략공동위원회를 출범시키고, 미국의 전략자산을 한반도에 순환배치하며, 한미 양국이 THAAD Terminal High Altitude Area Defense, 종말고고도지역방어 배치의 필요성"에 한국과 합의하였다고 발표했다.

그리고 2017년 북한의 제6차 핵실험 이후 한미 양국은 한미 간에 확장억제전략협의체 EDSCG의 개최를 정례화한다고 발표했다. 이로써 한국은 북한의 핵위협을 억제하기 위해 한미동맹에 근거하여 미국이 제공하는 확장억제력을 더욱 가시화하고, 신뢰성 있게 만들기 위해 지속적으로 노력하고 있는 중이다.

2017년 트럼프 정부와 문재인 정부의 등장 이후, 북핵에 대한 미국의 확장억제 제공 공약의 이행에 있어서 박근혜 정부와 약간의 차이가 드러났다. 이 차이는 2018년 남북, 북미정상회담의 결과, 더 크게 되었다. 문재인 정부는 킬체인, 한국형미사일방어체계, 대량보복체계를 도입함으로써, 북한 핵위협에 대한 거부적 억제능력을 향상시킨다는 정책을 가지고 있다가, 2018년 남북 정상외교의 결과 북한을 자극하지 않기 위해, 북한 핵에 대한 선제공격과 대량보복 개념을 정확하게 명기하지 않고, 두루뭉수리로 "전방위 비대칭 안보위협에 대응하여 전략적 타격 능력을 구비해 나가겠다"고 하였다. 여기서 전략적 타격 능력이라 함은 원거리 감시 능력과 정밀타격 능력을 확충하는 것이라고 설명을 덧붙이고 있다.[16] 북한의 핵과 미사일 위협에 대응하여 선제공격 능력을 향상시키기 위한 킬체인, 대량보복을 위해 대량

---

16 국방부, 『국방백서 2018』 (서울: 국방부, 2018), pp. 51-54.

보복체계를 향상시킨다는 2017년의 구체적인 언급에서 2018년부터 북핵 위협을 특정하지 않고 다소 애매모호한 "전략적 타격"개념으로 바꾸어버렸을 뿐만 아니라, 2017년 북한의 제6차 핵실험 이후에 한미 국방당국 간에 정기적 개최를 약속한 확장억제전략협의체EDSCG를 개최하지 않고 있다. 또한 성주에 배치했던 THAAD를 중국의 반발과 시민사회의 반대운동을 고려하여 공식적인 언급을 삼가하고 있다. 한편 트럼프 대통령이 2018년 6월 김정은과의 싱가포르 정상회담에서 한미연합훈련의 중단을 약속함에 따라 미국의 핵 확장억제력을 과시하고 검증할 수 있는 미국 전략자산의 한반도 순환 전개가 중단되었다. 그 결과, 한반도에서 북핵위협을 거부적으로 억제할 수 있는 실제적인 수단과 그 수단의 정기적인 연습은 불가능하게 되었다. 여기서 문제가 되는 것은 북한이 핵무기와 미사일 능력을 계속 개발하고 있음에도 불구하고, 미국의 대한반도 확장억제력이 신뢰성 있게 작동하고 있는지에 대한 정기적인 연습과 점검이 이루어지지 않고 있다는 사실이다.

또한 문재인 정부에 대해 자문역할을 하는 일부 인사들은 북한의 비핵화를 위해서 김정은이 위협으로 간주하는 미국의 "대북한 적대시 정책"의 일부분인 미국의 확장억제력 및 주한 및 주일 미군의 군사태세의 연계와 증강을 북한에게 양보해야 한다는 생각을 갖고 있다. 이것은 북한이 한국을 압박하면, 미국의 한반도 관련 군사태세를 완화 내지 감축할 수 있을 것이라는 잘못된 시그널을 북한 김정은 정권에게 줄 수 있고, 중장기적으로는 한미동맹의 연합군사태세를 약화시키는 조치임을 명심하지 않으면 안 된다.

또 하나의 문제는 북한이 지속적으로 핵과 미사일 능력을 증강시키고 있는 현실에서 한국이 나토와 같은 미국과 동맹국 간에 핵공유 합의 및 공동 핵전략기획그룹의 조직과 운영 같은 조치를 취하지 않고, 2022년에 한국군의 전작권 환수가 이루어진다면, 북한의 핵능력을 제때에 억제 및 강압

할 수 있는 장치가 없어진다는 것을 의미하기 때문에 한국의 국방은 부정적 영향을 받게 될 것이란 점이다.

사실, 1990년대와 2005년에 북한이 약속했던 비핵화를 제대로 준수했더라면, 한국 정부는 21세기에 대미국 의존도를 줄이면서 전작권을 환수받고, 한국과 미국이 실질적으로 대등한 관계에서 한미동맹의 군사적 성격이 약화되고 정치외교적 성격을 더 강하게 만듦으로써 한미가 공동으로 한미동맹을 변환시키고, 한미 공동의 한반도 평화체제를 구축해 청사진을 마련할 수 있는 가능성이 더 커졌을 것이다. 그러나 북한이 생존전략 및 대미대결 전략의 일환으로 핵무장국이 되자 한국의 대미국 의존도는 높아질 수밖에 없는 상황이 전개되었던 것이다. 이 현상을 서재정은 "북핵위협의 등장 이후 한미동맹의 생존가능성은 동맹영구화로 바뀌었고, 북한의 정체성이 위협국으로 재정립되면서 남북관계 발전을 가로막게 되어 민족정체성이 동맹정체성보다 더 감소했다"[17]고 설명하고 있다. 반면에 많은 사람들이 간과하고 있지만, 김정은 체제에서 "북한은 핵보유국의 지위를 완성시킴으로써 "김일성 민족"의 위엄을 세계만방에 떨쳤다"고 자랑하고 있는데, 김정은이 북핵 시대에 "김일성 민족"임을 내세우면서 체제의 우월성을 강조하고 있는 것은 "한민족"을 위해 한미동맹을 양보해도 되는 것처럼 인식하고 있는 한국의 진보적 정부[18]와는 민족정체성 측면에서 극명한 간극이 벌어지기 시작했다는 것을 주목할 필요가 있다.

여기서 한국이 북핵위협에 대응하여 미국의 확장억제력 제공에만 의존하는 전략은 큰 취약점이 있다. 트럼프 대통령이 미국중심주의에 입각하여 주한미군의 주둔에 따르는 안보비용뿐만 아니라 전략자산 전개 및 한반도

---

17 서재정, 『한미동맹은 영구화 하는가: 동맹에서의 군사력, 이해관계, 그리고 정체성』(파주: 한울아카데미, 2009), pp. 243-252.

18 Gi-Wook Shin, *One Alliance, Two Lenses: US-Korea Relations in a New Era.*

주변의 미군활동 등에 따르는 안보비용을 한국에게 전가시키기 위해 한국의 방위비 분담액을 5배나 증가시키고자 한국 정부를 압박하고 있기 때문이다. 이것은 미국으로부터도 한미동맹의 유지와 발전에 대한 도전요인이 증가하고 있다는 것을 말해주고 있다. 또한 북한이 핵과 미사일 위협을 계속 증대시키면 한국은 미국의 확장억제력 제공에 의존하는 수밖에 없기 때문에, 결국 북한이 "한반도에서 주인공은 북한과 미국이요, 한국은 조연이다"라고 생각하고 한국을 더욱 제3자 취급할 가능성이 높아진다는 것이다.

Ⅳ

북핵 시대 남한의 한반도 비핵·평화·군비통제 동시 추진의 딜레마

1. 남·북·미 정상 외교와 한반도 비핵·평화·군비통제

2017년에 미국에서 트럼프 행정부가 출범하고 한국에서 문재인 정부가 출범하였다. 한편 북한의 핵위협이 최고조에 이름에 따라, 한반도에서는 일촉즉발의 핵전쟁 위기가 도래하였다. 김정은이 북미 핵대결도 불사하겠다는 자세로 나온 데 대응하여, 트럼프는 "화염과 분노Fire and Fury"[19]를 외치면서 핵공갈을 일삼는 김정은에게 "세계가 이전에 보지 못했던 화염과 분노와 힘으로 대응해 주겠다"고 하며 한반도 정세는 핵전쟁의 문턱까지 다가간 적이 있다. 그때 문재인 정부는 "한반도 평화 독트린"을 내걸고 등장했으나, 김정은-트럼프 간의 대결로 초래된 전쟁 위기를 맞게 되었다.

하지만 2018년 평창올림픽을 계기로 문재인 정부가 중재 외교를 시작하여, 남북한 정상회담과 북미정상회담, 북중정상회담이 개최됨으로써 한반도에서는 국면의 대전환이 시작되었다. 2018년 4.27 판문점선언에서 남북 군사적 긴장 완화 및 신뢰구축을 위한 실질적 추진방향이 제시되었고, 2018년 6월과 7월에 남북 장성급 군사회담이 개최되어 9월 19일 남북 정

---

19 Michael Wolff, *Fire and Fury: Inside the Trump White House* (New York: Henry Holt and Company, 2018), p. 292.

상회담에서 평양공동선언과 '판문점선언 이행을 위한 군사분야합의서'가 체결되었다. 이로써 남북한 간에 운용적 군비통제조치가 합의되어 그 일부가 이행되고 있다.

아울러 2018년 6월 12일 싱가포르 북미정상회담에서 "북미관계 개선, 한반도 평화체제 구축, 한반도의 완전한 비핵화, 미군 유해 송환" 등이 합의되었다. 그러나 2019년 2월 베트남의 하노이에서 제2차 북미정상회담이 개최되었으나 아무런 성과 없이 끝나 북미관계는 다시 결렬상태에 이르렀다. 2020년에는 김정은이 "새로운 길을 가겠다"고 선언하고 다시 한반도와 북미관계에 긴장을 조성하고 있다.

문재인 정부가 한반도 평화·비핵화·군비통제 정책을 동시 다발적으로 추진하려는 계획은 다음과 같은 구상에서 나온 것으로 해석된다. 문재인 정부는 한반도에서 남북한 간 군사적 긴장 완화와 평화체제 구축의 실마리를 제공하기 위해, 비핵화, 평화체제, 재래식 군비통제 3가지 축을 동시에 추진하고자 하였다.[20] 문재인 정부는 종래의 "선 비핵화, 후 남북관계 개선 및 한반도 평화체제 구축" 접근방식이 북한의 핵무기 개발을 더 자극하고, 남북한관계를 더 악화시켜 왔다는 전제하에 비핵화, 평화체제 구축, 재래식 군비통제를 동시 다발적으로 추진한 것이다. 비핵화 문제는 북미 간에 대화를 통해 해결하도록 주선하고, 북미정상회담이 개최되어 북핵문제를 논의하게 됨에 따라 남한은 종전선언을 비롯한 한반도 평화체제 구축과 재래식 군사분야의 운용적 군비통제를 추진하였다.

문재인 정부는 "북한에 대한 군사적 위협이 해소되고, 북한의 체제 안전이 보장된다면 핵을 보유할 이유가 없다"고 했다는 김정은의 언급이 북

---

20 통일부, 『문재인의 한반도 정책』(서울: 통일부, 2018). http://www.unikorea.go.kr/koreapolicy/index.html.

한의 비핵화 의지를 표현한 것이라고 하면서, 북한에게 재래식 군사 위협을 감소시켜 주려고 노력하는 한편, 북미 간의 비핵화 협상의 진전에 유리한 환경을 조성해 주고자 한 것이다. 또한 북한의 핵무장과 재래식 긴장고조행위의 상호관계를 끊으려고 하면, 비핵화–평화협정체결–군비통제 등 순차적으로 접근해서는 곤란하다는 판단을 가지고, 문재인 정부는 북한 비핵화와 평화체제, 군비통제를 동시다발적으로 접근하려는 새로운 방식을 채택했다고 설명한다. 전문가들은 이를 비핵화와 한반도 평화, 군비통제를 상호 선순환관계로 만들기 위한 작업이라고 부르기도 하였다.[21]

한편 북미회담을 통해 비핵화가 진전된다고 하더라도 한반도에서 별도의 평화정착 노력과 재래식 군비통제 노력 없이는 여전히 재래식 군사적 긴장과 우발적 충돌 가능성이 남게 되고, 우발적 충돌이 한 번이라도 발생하게 되면, 남북한 관계는 대결의 과거로 복귀할 수밖에 없다는 인식을 가지고, 문재인 정부는 남북 정상회담이라는 정치적 기회의 창이 열렸을 때, 재래식 긴장 완화와 신뢰구축과 종전선언을 추진함으로써 한반도에 평화를 구축하는 성과를 도출하고자 하였다.[22]

또한 재래식 군비통제 면에서도 한반도 안보 상황의 특수성을 고려하여, 종래의 군사적 신뢰구축–운용적 군비통제–구조적 군비통제를 순차적으로 이행하는 것이 아니라, 북한의 협상 동기를 최대한 활용하고, 군비통제의 여러 가지 아이템을 선택적으로 융합하여 신축적으로 활용함으로써,[23]

---

21 박종철, "한반도 평화체제와 군비통제," 국방대학교 주최 군비통제 특별세미나 발표문, 2019.5.27.

22 Jeong Kyong-doo, "Making Progress in Inter-Korean Peace," Speech by South Korean Defense Minister Jeong Kyeong-doo at the 18th Asia Security Summit in Singapore by the international Institute for Strategic Studies, Citing from *Arms Control Today*, July/August 2019.

23 김갑식 외, 『한반도 비핵 평화 프로세스와 남북한 군비통제 추진 전략』(서울: 통일연구원, 2018), pp. 13-20.

운용적 군비통제 중심의 9.19 남북군사합의를 이끌어내게 된 것이다.

북한도 김정일 정권 때에는 선군정치의 기치 아래 정전협정 무력화 시도, 남북한 군사적 신뢰구축에 줄곧 반대해 왔으나,[24] 김정은 정권은 정전협정의 현실을 수용하고, 남한과 협상을 통해 군사적 긴장 완화와 신뢰구축을 북한에 유리한 방향으로 실현시키고자 하는 노력을 보였다. 휴전선을 기점으로 남북으로 20 내지 40km 비행금지구역을 설정하고, 남북 불균형 해상 완충구역을 설정한 것은 북한에게 상대적으로 유리한 결과를 가져왔다고 북한은 간주하고 있다.

한편, 싱가포르 북미정상회담에서 나타난 트럼프 미국 대통령의 의지를 보면 북미정상회담 자체의 정치적 흥행 성공을 위해 무슨 의제든 북한에게 양보할 수도 있다는 자세를 나타내었다.[25] 지금까지 미국의 한미동맹에 대한 정책은 북한과의 협상 이전에 한미 양국의 이해가 걸린 군사이슈들에 관해 사전 협의를 하고, 북한과의 협상에 임하는 것이 관례였는데, 2018년 6월 싱가포르 북미정상회담에서 트럼프는 "한미연합훈련을 중단해 달라"는 김정은의 부탁을 받고 즉석에서 한미연합훈련의 중단을 약속해 버렸다. 여기서 트럼프는 미국의 종래의 입장인 "선 비핵화, 후 북미관계 개선 또는 남북관계 개선"을 뒤집어버리고, 트럼프-김정은 간의 채널을 트럼프 개인의 정치적 이해를 위해 활용하려는 의도를 나타내었다고 지적되고 있다. 그리고 트럼프는 한반도 종전선언, 평화협정 등에 대해서는 차후의 일로 미루어 버렸다. 또한 트럼프는 비핵화에 대한 완전하고 검증가능하며 불가역적인 핵폐기CVID 원칙을 언급도 하지 않았으며, 주한미군과 한미연합전력을 북한과의 협상에서 트럼프가 일방적으로 처리할 수도 있음을 내비치기도 해서

---

24 김철우, 『김정일 장군의 선군정치』(평양: 평양출판사, 2000).

25 John Bolton, *The Room Where It Happened: A White House Memoir*, pp. 97-126.

트럼프 시대에 한미동맹의 관리에 엄청난 문제점을 던져주기도 했다.

한편 미국 정부는 9.19 남북군사합의에 대해서 충분한 한미 간의 사전 협의가 부족하다든지, 9.19 합의가 유엔군사령부의 지위와 입장에 부정적인 영향을 미치지 않을까 우려를 나타내기도 하였다. 나아가 미국 워싱턴의 한반도 전문가 공동체에서는 9.19 군사합의에 대해서 애초에는 "북한 비핵화에 아무런 진전도 없는데 무슨 재래식 군비통제냐?"라는 부정적인 입장을 표시하거나 무관심을 나타내기도 했다.

그러나 실제적으로는 트럼프-김정은 간 2018년 6월 제1차 정상회담에서 선언적인 합의 이외에 북한 비핵화에 대해 아무런 구체적인 합의가 없었다. 그 후 북미고위급회담이 추진되기는 했으나, 아무런 진전이 없었다. 2019년 2월 하노이 북미정상회담에서 아무런 합의 없이 끝나버리고 말았으며, 2020년 현재까지 북한은 북미회담에 아무런 결과가 없자 한반도에서 긴장을 고조시키고, 미국에 대해 불만을 쏟아내면서, 김정은은 새로운 길을 가겠다고 엄포를 놓고, 결국 남북관계와 북미관계는 교착상태 내지 악화의 길로 가게 되었다.

2020년 8월 현재, 문재인 정부가 갈망했던 비핵화, 평화체제, 군비통제 간의 선순환 관계는 발생하지 않고 있으며, 오히려 상호 악순환 관계가 전개되고 있는 실정이다. 4.27 판문점선언, 9.19 평양선언에서 문재인 정부는 북한의 비핵화 대신에 한반도 비핵화라고 썼으며, "남과 북은 완전한 비핵화를 통해 핵 없는 한반도를 실현한다는 공동목표를 확인하고, 북측이 취하고 있는 주동적인 조치들이 한반도 비핵화를 위해 의의 있고 중대한 조치라는 데 인식을 같이 했다"고 매우 모호하게 표현하고야 말았다. 이 합의에서 구체적 합의 순서도 남북관계 개선, 군사적 긴장상태 완화, 종전선언을 비롯한 한반도 평화체제 구축 순으로 합의했는데, 북한 비핵화는 평화체제의 가장 마지막 항목에 들어가 있어서 사실상 비핵화문제는 미국에게 넘겨 버린 것으로 볼 수 있다.

그리고 9.19 평양공동선언에서 "남과 북은 한반도를 핵무기와 핵위협이 없는 평화의 터전으로 만들어 나가야 하며 이를 위해 필요한 실질적인 진전을 조속히 이루어 나가야 한다는 데 인식을 같이 하였다. ① 북측은 동창리 엔진시험장과 미사일 발사대를 유관국 전문가들의 참관하에 우선 영구적으로 폐기하기로 하였다. ② 북측은 미국이 6.12 북미공동성명의 정신에 따라 상응 조치를 취하면 영변 핵시설의 영구적 폐기와 같은 추가적인 조치를 계속 취해 나갈 용의가 있음을 표명하였다. ③ 남과 북은 한반도의 완전한 비핵화를 추진해 나가는 과정에서 함께 긴밀히 협력해 나가기로 하였다.

여기서 문제로 지적된 것은 한국 정부가 북한의 요구를 그대로 수용하여 미국 정부에게 "미국이 6.12 북미공동성명의 정신에 따라 상응 조치를 취하면, 북측이 영변 핵시설의 영구적 폐기와 같은 추가적인 조치를 계속 취해 나갈 용의가 있음을 표명했다"고 남과 북이 합의한 문건을 전달한 것이다. 문재인 정부는 미국 트럼프 행정부에게 2019년 2월의 하노이 회담에서 북한의 입장을 수용하면 바람직한 결과가 나올 것이라고 설득했으나, 트럼프는 하노이에서 이것을 거부해 버렸다.

북핵에 대한 한국 통일부의 공식적인 입장은 "우리의 능동적 역할과 국제사회와의 협력을 통해 북핵문제를 평화적으로 해결 추진한다"로 되어 있고, "북핵문제는 제재·압박과 대화를 병행하면서, 핵동결에서부터 완전한 비핵화에 이르기까지 단계적으로 해결해 나간다고 하고 있다." 반면에 미국은 2018년 6.12 북미정상회담에서 북핵문제에 대한 CVID를 관철하지 못하고, 아무 구체적인 내용이 없는 한반도의 완전한 비핵화에 동의한 것에 대해서 미국의 국내에서 많은 지적이 있었고, 그 결과 미국 정부는 후속 북미고위급회담에서 북핵에 대한 FFVD**Final and Fully Verifiable Denuclearization,**

최종적이고 완전하게 검증가능한 비핵화를 추구해 옴으로써 기존의 북미 합의를 번복하는 듯한 인상을 보였다. 여기에 대해 북한은 거부 의사를 밝혔다.

문재인 정부의 북핵문제 해결방침은 핵동결부터 시작해서 완전한 비핵화에 이르는 단계적 해결방침임을 분명하게 밝히고 있다. 미국에 대해서도 이러한 단계적 해결방침을 강조하는 것으로 알려져 있다. 트럼프 행정부는 이러한 핵동결부터 시작하여 단계적으로 해결하는 것을 원하지 않으며, 최종적이고 완전하게 검증가능한 북한 비핵화를 원하고 있다. 따라서 한미 양국 정부 간에 있는 불일치와 문제점을 사전에 해소하기 위해 한미 고위급 회의가 조직되었다. 그러나 이후 북미 간의 비핵화 회담은 결렬상태에 있다는 것이다. 그리고는 미국은 대통령 선거기에 들어감으로써 북미 간의 비핵화 채널은 언제 재가동될지 추측이 불가능하다.

2. 남북한 관계와 북한 비핵화의 병행 진전 딜레마

여기서 2018년 9.19 남북군사합의를 살펴봄으로써 남북한 관계가 어떤 상태에 와 있는지를 분석해 볼 필요가 있다. 유럽에서는 신뢰구축, 제한조치, 군축이 단계적으로 이행되는 것이 바람직하다고 보았고,[26] 실제로는 신뢰구축이 먼저 이루어지고, 소련의 붕괴라는 역사적 대전환기에 군축이 합의되고 시행되었기 때문에, 제한조치는 극히 일부분만 수용되었다.

이와는 대조적으로 남북한 간의 9.19 군사합의는 군사제한조치가 먼저 합의되고 이행되는 과정에 있다. 따라서 한반도의 군비통제는 군사제한조치부터 시작하고 있는 점에서 유럽의 군비통제와 다르다. 그것은 한반도에

---

26 Richard Darilek, "The Future of Conventional Arms Control in Europe: A Tale of Two Cities, Stockholm and Vienna," *Survival*, Vol.29, No. 1 (January/February 1987), pp. 5-6.

서 남북한 간 군사충돌이 수차례 발생했기 때문에 이를 방지하는 것이 더 시급하다고 생각되었기 때문이다. 아울러 북한이 핵문제에 대해서는 미국과만 협상하고, 재래식 군사긴장 문제는 남한과 협상하려고 하는 의지를 나타내었기 때문에 이런 제한조치가 합의되었다고 볼 수 있다. 문재인 정부의 한반도 평화구축에 대한 정치적 의지를 북한의 김정은 위원장이 어느 정도 수용하고, 이 과정에서 남한으로부터 교류와 협력의 당근을 받으려는 북한의 정치적 의지가 반영되었다고 볼 수 있을 것이다.

그런데, 9.19 군사합의의 요체는 상호 대치하는 남북한 군대를 비무장지대와 서해 NLL을 중심으로 지리적으로 공간적으로 격리시키고, 훈련과 배치를 제한하면서, 합의사항의 이행 기간 동안 군대의 운용과 작전에 제한을 가함으로써 완충지역 내에서 군사력의 사용 가능성과 준비태세를 약화시키고 결국 우발적 충돌과 전쟁 가능성을 감소시키자는 것이다. 따라서 9.19 군사합의가 잘 준수되면 남북한 간의 긴장 완화와 평화공존에 기여할 수 있다.

전체적으로 보아, 북한 비핵화 문제가 북미 회담 채널을 통해 다시 전쟁위기로 확전되지 않고 상호 협의를 통한 해결 방향으로 나아가고 있는 한, 9.19 군사합의는 남북한 간에 재래식 군사 긴장 완화와 신뢰구축의 기회를 제공한다. 군비제한조치가 대치하고 있는 적대적인 군대를 일정 거리 이격시키거나 그 제한지역에서 훈련과 기동, 사격과 비행 혹은 항해를 금지시킴으로써 상호 충돌을 방지한다는 차원에서 긴장 완화와 평화구축의 필요조건은 될 수 있다.[27]

한편 9.19 군사합의보다 3개월 전인 2018년 6월 12일 트럼프-김정은 북미정상회담에서 트럼프 미국 대통령은 북한의 군사위협인식을 수용하여

---

27 한용섭, “남북한 재래식 군비통제,” 『우리 국방의 논리』 (서울: 박영사, 2019), pp. 377-409.

키리졸브 한미연합훈련을 포함한 일체의 한미 연합군사훈련을 중단하겠다고 선언하였고, 그 이후 각종 한미연합군사훈련은 중단되었다. 이것은 북미 정상회담 공동성명에는 명기되지 않았으나, 일종의 정치적 신뢰구축과 군사적 제한조치의 일환으로 미국이 북한의 핵 및 미사일 모라토리움을 긍정적으로 생각하면서 그 대가로 한미연합군사훈련을 중지시킨 것이다.

하지만 군사제한조치 위주의 9.19 군사합의에는 문제점이 있다. 유럽의 군사적 신뢰구축은 "접촉을 통한 변화"라는 가정에 기초하고 있으며, 군사회담의 정례화와 제도화, 상호 의사소통과 확인을 위한 직통전화의 개설, 훈련과 기동에 대한 상호 초청과 참관 및 대화와 접촉을 통한 신뢰구축을 추진하였다는 점을 명심할 필요가 있다. 9.19 군사합의는 남북한 사이에 연속적인 상호 소통과 대화와 접촉이 없고, 상호 검증과 확인 장치 없이 그냥 남북한 군대를 격리시키면서 군사제한조치의 이행을 일방의 의지에만 맡겨 놓았기 때문에, 소극적인 신뢰조성은 될지 모르나 적극적이고 지속적인 신뢰구축은 되기 어렵다.

9.19 군사합의의 내용과 효과가 제한적이었다는 것은 이후 전개된 남북한관계를 보면 드러난다. 남북 간에 약속한 군사공동위가 구성·출범되지 않았고, 북한은 유해 공동발굴에도 응하지 않았다. 그 대신에 남한의 대북정책에 대한 불만을 토로하면서 단·중거리 미사일과 발사체 실험을 계속하였다. 여기에 대해 비판하는 남한의 전문가들에 대해서 "남한은 왜 F-35 전투기를 구입하고 있는가?"라고 혹평으로 되갚은 적이 있다. 북한의 초기 비핵화 조치에 대해 상응하는 양보를 하지 않고 있는 트럼프에 대한 불만을 쏟아내며 한반도의 긴장을 고조시키고 있다. 2020년 6월에는 남북 직통전화 채널을 모두 닫고, 개성공단 해체를 협박하였으며, 김여정은 남북공동연락사무소 건물을 폭파하여 남북한관계를 파국으로 몰아넣었고 남북한 간의 긴장은 최고조에 이르렀다.

비핵화와 평화와 재래식 군비통제의 상관관계를 볼 때에, 비핵화를 통째로 북미관계에 맡겨 놓고, 남북한 간의 평화와 재래식 군비통제를 진행하는 데에 한계가 있음이 드러난다. 또한 문재인 정부가 대북 경제제재 완화와 남북한 간 경제협력을 비핵화에 관계없이 진행한다는 것은 국제적 제재연대를 감안할 때 거의 불가능한 일이다. 9.19 군사합의의 군사제한조치는 비핵화가 진행되지 않고 있는 상황에서 북한이 비행금지구역이나 서해완충구역에서 도발 행위를 중지하고 있는 한 일정 부분 한반도의 안보와 평화에 기여할 수는 있다. 그러나 이 최소한의 조치가 북미 비핵화를 진전시킨다거나, 한반도에 지속적인 평화를 가져오리란 것은 사실이 아니다.

여기서 우리는 널리 퍼져있는 상식인 "북한 비핵화는 방법의 문제가 아니라 의지의 문제이다. 즉, 김정은의 의지가 제일 큰 관건이다"를 다시 한번 환기하지 않으면 안 된다. 북한 비핵화를 견인하기 위해서는 김정은의 진정한 의지의 확인과 한미 간에 비핵화–평화–재래식 군비통제의 상관관계에 대한 공동 분석과 전략의 수립, 역할 분담의 로드맵을 작성하지 않으면 안 된다. 김정은이 언급했다고 하는 "외부의 군사적 위협이 해소되고, 북한 체제의 안전이 보장된다면 핵을 보유할 이유가 없다"는 언술체계를 더 깊이 연구해 보아야 한다. 이것은 아주 원론적인 것에 불과하다. 북한이 왜 핵무기를 보유했는가에 대한 이유를 설명한 것일 수도 있으며, 군비통제회담은 상호 군사적 위협을 감소시키는 회담이기 때문에 군비통제회담을 통해서 핵군축을 해나가자는 의미일 수도 있고, 나아가 북한에 대한 위협제거와 체제안전보장이 선결되어야 핵포기를 의논할 수도 있다는 복합적인 의미를 담고 있기 때문에, 북미정상회담, 남북정상회담, 북미 고위급회담을 통해 부단히 협상해 나가야 될 의제에 불과하다.

미국의 최우선 관심사는 북한 비핵화이고, 한반도의 평화와 재래식 군비통제는 우선순위가 높지 않다. 그래서 현재의 한미워킹그룹을 확대하여,

북한 비핵화-평화-재래식 군비통제의 종합적인 공동 로드맵과 실현 전략을 더 깊이 논의하지 않으면 안 되는 시점에 와 있다.

이런 가운데, 남한 일부에서 북한 비핵화와 남북관계에 진전이 없는 책임을 한미워킹그룹에 전가하는 일이 많이 발생하고 있다. 이것은 남-북-미 상호관계의 전체 국면을 보지 못하고, 너무 좁은 시야에서 대북정책에 진전이 없는 이유를 책임전가 할 대상을 찾으면서 초래되는 일이다. 그리고 북한의 비핵화에 진전도 없는데 한반도의 비핵지대화를 해야 한다고 하는 주장이 팽배하고 있는데, 이것은 한미동맹에서 북핵억제를 맡은 미국의 역할을 근본적으로 제약 내지 부정하는 결과를 가져올 위험이 있다는 것을 명심할 필요가 있다.

만약 북미 간에 비핵화 회담의 진전이 없고, 다시 한번 한반도에서 전쟁위기가 발생하거나 북한이 남한을 상대로 도발을 감행한다면, 한국은 한미동맹에 근거하여 미국의 확장억제력 제공이 즉각 현실화 될 수 있도록 한미간에 정책협의를 지속하는 한편, 한국이 자체적으로 제4차 산업혁명기술을 활용하여 대북한 전쟁억지력을 획기적으로 강화할 수 있는 방안을 모색하지 않으면 안 된다. 또한 북한 비핵화가 북미협상에서 해결의 기미가 보인다고 할지라도, 북한의 비핵화 과정은 매우 오랜 시간에 걸쳐 진행될 가능성이 크므로, 한국은 북한의 핵위협과 도발 가능성을 저지할 수 있는 독자적 억제 역량을 병행해서 양성해 나가지 않으면 안 될 것이다.[28] 여기서 국내에서 국방과 평화를 맡은 정부 부처와 유관 전문가들이 복합적으로 협력 내지 전략적 연대를 강화해 나갈 필요가 있는 것이다.

---

28 황지환 편, 『북한이 핵보유국이 된다면 어떻게 달라지는가: 핵보유 이후 국가행동의 변화』 (서울: 사회평론아카데미, 2020), pp. 349-381.

V

결론

냉전시대의 한미동맹의 특징은 강대국과 약소국 간의 비대칭 동맹, 자주와 안보의 교환 모델에 의한 한국의 대미 의존성이었다고 할 수 있다. 한국의 급속한 경제성장과 민주화의 성공으로 1980~90년대의 한미동맹은 성숙하고 대등한 동맹, 2000년대에는 포괄적 협력동맹, 21세기에는 전략동맹 및 포괄적 전략동맹으로 발전해 가고 있다.

설사 한미동맹이 냉전기에 형성되었을지라도 탈냉전 이후에 한미동맹이라는 전략적 자산과 가치를 더욱더 활용해 나감으로써 우리의 국익을 증진시켜 나아가면 되는 것이다. 동맹의 새로운 논리를 창조하고, 국민과 국제사회를 설득해 나가야 할 것이다. 남의 이목이나 근거 없는 비판이 두려워 우리가 가진 한미동맹이라는 귀중한 전략적 자산을 포기하거나 훼손한다면 역사적으로나 안보·외교적으로 큰 어리석음을 범하는 것이다.

그러면 한미동맹관계를 포괄적 전략동맹 및 동반자관계로 계속 발전시켜 가면서 한국이 국가이익을 최대한 확보하는 방법은 무엇인가? 이것은 동맹의 중장기 발전전략이기도 한데, 다음 네 가지를 대표적인 정책방향으로 제시할 수 있다.

첫째, 동북아의 전략적 대전환기를 맞아 불확실성 속에서 한미동맹 발전전략을 구상하고, 한미 양국 간 상호 중층적 협의채널을 풀가동하여, 양국의 국익을 최대화하는 방향으로 한미동맹을 운영할 필요가 있다. 한미정상회담의 정례화, 2+2채널**외교+국방장관 회의**의 연례화, SCM과 MCM의 활성화, 외교, 군사, 원자력, FTA, 경제 등에 관한 전략대화를 지속하며, 전략적으로 중요한 이슈를 모두 포괄적으로 다루는 협의체를 정기적으로 가동해야 한다. 한미 간에 최고위층이 참가하는 포괄적 전략대화 채널을 풀가동하여, 북한과 중국의 한미 이간전략을 초월하여 한미 양국의 공통이익을 지속적으로 확보해 나가는 방법을 개발해야 한다. 여기서 북한 비핵화–한반도 평화–재래식 군비통제의 추진전략을 한미 공동으로 개발하고 관철하여 이행해 나가도록 해야 한다. 이렇게 한미 간에 집단 지성을 동원한 공동 전략이 마련되어 구사될 때, 김정은이 핵보유로 강화시키고자 하는 정권안보와 인권, 복지를 통해 증진시켜야 할 북한 인민들의 안보 격차가 크게 될 것이며, 날로 벌어지는 남북한 간 종합적 국력 격차를 이용하여 김정은의 핵보유전략을 후퇴시키고, 북한인민들의 인민안보를 증진시킬 가능성을 열어줄 수 있을 것이다.

둘째, 한미 양국은 각국의 국내에서 한미동맹에 대한 대중적 지지를 확보하기 위해 양국 간 신뢰증진 프로그램을 만들고, 공공외교, 교육, 다층적 교류협력채널을 발전시켜야 할 것이다. 특히 양국의 젊은 세대 간의 다각적인 교류 협력채널을 제도화해야 한다.

셋째, 한미 양국은 공동의 가치를 증진하기 위한 공동의 어젠다를 개발해야 하며, 경제적 유대를 강화해야 할 것이다. 한미 양국이 공동으로 지향하는 가치는 자유민주주의, 인권, 법치주의, 시장경제, 범죄·마약·테러, 전염병 등 초국가적 안보위협으로부터의 자유 등이다. 이를 한미 양국의 외교관계와 문화에 정착시키고, 이러한 가치를 북한과 중국, 러시아에 확장할 수 있도록 양국은 공동의 정책을 구사해야 할 것이다.

마지막으로 한국은 한층 더 현명하고 강력한 대미 협상력을 발휘할 수 있도록 해야 한다. 한국은 미국의 대 한반도 안보공약의 강화라는 문제뿐만 아니라 한미동맹이 앞으로 북한 비핵화와 한반도 평화체제 구축을 위한 임무와 비용 분담, 한미동맹과 미일동맹의 상호관련성, 한미동맹과 중국 및 러시아와의 관계 정립 등에 관한 전략적 의제를 활발하게 토론하고 협의하며, 이런 과정에서 한국의 안보적, 경제적 이익을 더욱 확보할 수 있도록 협상력을 제고해야 할 것이다.

한미동맹의 형성과 발전은 20세기와 21세기 초반 세계에서 가장 호전적이고 모험적인 북한의 위협에 대응하여, 한국의 안보를 확고하게 담보할 수 있는 정책과 전략이 되어 왔다. 하지만 중요한 북핵위협에 대응함에 있어서 한국이 동맹의 파트너인 미국에 너무 의존한 결과, 급속한 안보환경의 변화와 중국의 부상과 그에 따라 치열해지는 미중 패권경쟁, 북한의 핵과 미사일 능력의 급격한 증가에 대해서 한국은 수동적으로 대응하는 자세를 보이고 있다는 문제점이 있다. 한국의 국방이 능동적이며 선제적인 정책과 전략을 구사함으로써 우리가 바라는 방향으로 북한을 유도할 수 있는 영향력을 기를 뿐만 아니라 한국의 국익에 유리한 주변 안보환경을 조성할 수 있도록 한미동맹을 적극적으로 활용하고 발전시켜 나가려는 자세가 요구되고 있다.

결론적으로, 북핵 시대에 한국은 '한미동맹이냐? 남북한 관계 발전이냐?'라는 두 가지 전략 선택지 중에서 어느 한 개만 선택하는 것이 정답이 될 수 없다. 한미동맹과 남북한 관계 발전은 동시에 추진해야 할 국가안보 전략이다. 하지만 북핵위협이 상존하는 한, 한미동맹에 의한 미국의 핵억제 전략에 의존할 수밖에 없는 것이 비핵정책을 고수하는 남한의 형편이며, 한국이 국가안보를 고려할 때에 북핵위협은 한국에게 주어진 가장 큰 제약조건이며 상수라는 데에 문제가 있다. 북핵문제가 대화로 잘 해결될 가능성을 보일 때에, 한미동맹과 남북한 관계 발전은 선순환 관계를 보일 수 있다. 만약 해결되지 않는다면 악순환 관계가 계속될 수도 있다.

북한의 비핵화를 위한 북미회담에 있어서 한국은 아무런 역할이 없는 것이 아니다. 한국의 국익을 반영한 협상 대안들을 제시하고, 한국의 국익을 최대화시킬 수 있는 협상결과가 나올 수 있도록 북미협상과정을 지속적으로 관리해 나갈 뿐만 아니라, 국민적 지혜를 총동원하여 북미의 협상과정에 반영시킬 필요가 있다. 이 과정에서 남남 간의 갈등을 최소화하려는 노력도 꾸준히 병행되어야 한다. 그래야만, 북한의 핵위협을 제대로 관리해 나갈 수 있고, 북한을 우리가 원하는 방향으로 리드해 나갈 수 있을 것이다. 과거의 북미 제네바합의프로세스를 잘 분석하여 그보다 더 나은 북한 비핵화 합의가 나올 수 있도록 한미 간에 긴밀한 협의와 정책공조를 지속적으로 견지해 나갈 필요가 있다.

미국의 대북 및 한반도 정책:
방향성, 문제점, 전망

김현욱

I

서문

트럼프 행정부의 대북정책은 과거와의 차별화를 분명히 나타냈다. 트럼프는 미국의 전통적인 대북인식에서 벗어나 북한과의 새로운 방식의 협상을 추진하였다. 과거 및 현재 미국 주류의 대북인식은 여전히 북한을 불량국가이자 악의 축으로 보고 있다. 미 의회 내 분위기는 여전히 북한을 위협으로 보고 있으며, 북한의 레짐체인지 없이는 북한 비핵화를 비롯한 북한문제 해결이 어렵다는 입장을 견지하고 있다. 또한, 1990년대부터 시작된 북미협상의 시도 및 실패, 다양한 대북정책의 실패, 대북제재의 미진한 성과로 인해 대북정책에 있어서 마땅한 정책이 없다는 것이 미국 내 주류의 시각이다. 이러한 배경에서 트럼프 대통령은 정상회담을 통해 북미 간 협상의 물꼬를 트고자 했고, 이는 한반도 평화프로세스를 이루고자 하는 한국 정부의 희망을 드높였다.

그러나, 현재 트럼프의 대북정책은 하나의 해프닝으로 끝나는 분위기이다. 다양한 시도에도 불구하고 북미 간 입장 차이를 좁히는 것은 성공하지 못했으며, 트럼프가 자신만만하게 자신의 협상능력을 믿고 시도했던 북한 비핵화는 실패로 돌아갔다. 제재를 강하게 밀어붙였고 이로 인해 북한의 핵실험 및 장거리미사일 실험은 부재했지만, 그럼에도 불구하고 북한의 핵무기 개발 및 다양한 전략무기 실험은 계속되었다.

본 글의 목적은 미국의 대북정책 고찰에 있다. 트럼프 행정부의 대북정책이 어떤 방향성을 가지고 추진되었는지를 살펴본 후, 북미협상을 평가해

보고자 한다. 즉, 북미협상이 실패한 이유를 평가해보고, 하노이 회담 실패 이후 북한이 어떤 자세와 정책을 취하고 있는지를 살펴본다. 또한 향후 바이든 행정부의 대북정책은 어떨 것인지에 대한 전망과 함께 정책적 고려사항을 제시해보고자 한다.

Ⅱ

미국의 대북정책 방향성

1. 미국의 대북정책 레드라인

통상적으로 북한이 ICBM 기술을 완료할 경우 미국이 이를 레드라인으로 보는 이유는 몇 가지가 있다. 첫째로, 미국본토위협이 현실화된다는 것이다. 북한 장거리미사일의 정상각도 시험발사로 대기권 재진입 기술 등 미비한 기술이 보완된다면 미국은 북한의 장거리핵미사일로 인한 본토 타격의 사정거리 안에 들어가게 된다.

둘째로, 1960년대 드골 대통령이 언급했듯이 '미국이 샌프란시스코를 희생하면서 서울이나 동경을 지켜줄 수 있을까'하는 동맹국들의 안보불안감이 생기게 된다. 즉, 동맹국들 간 (미국과 한국, 미국과 일본 간) 디커플링decoupling 가능성이 생기게 된다. 데니스 힐리Denis Healey 영국 국방장관은 1960년대에 러시아를 억지하기 위해서는 5퍼센트 신뢰도의 확장억지력 제공만 필요로 하지만, 유럽인들에게 안보를 보장assurance해주기 위해서는 95퍼센트 신뢰도의 확장억지력이 필요하다고 언급하였다. 즉, 북한이 핵을 가지게 되고 더군다나 미국본토를 타격할 수 있는 장거리미사일까지 보유하게 될 경우 한국과 일본이 갖는 안보불안감과 미국의 확장억지력 제공에 대한 신뢰도 하락은 매우 클 것이며, 이는 결국 한미동맹과 미일동맹의 약화로 이어질 가능성이 존재한다. 최악의 경우 한국과 일본은 자체무장 및 핵무기개발 등으로 인해 미국의 안보제공의 취약성을 보완하려고 할 것이다. 이는 동맹에 기반한 미국의 아시아전략의 차질로 이어질 수 있다.

북한의 핵실험 역시 레드라인에 포함된다. 물론 장거리미사일에 탑재되지 않는 핵탄두는 자체적으로 미국본토 안보에 위협이 되지 않을 수 있다. 미국이 우려하는 것은 핵확산이다. 즉, 북한핵무기가 테러단체의 수중으로 들어가 미국 내부에서 핵테러에 사용될 수 있는 가능성에 우려하고 있다.

2. 대북제재

미국의 대북정책 옵션은 크게 4가지가 있다. 첫 번째는 ▲북한의 '핵보유국 지위'를 인정하는 것인데, 이는 적어도 "공식적"으로는 불가능한 옵션이다. 이를 인정하는 순간 일본과 한국의 핵개발 의지를 자극하고 동맹 체제를 약화시켜, 미국의 아시아 정책 근간이 흔들릴 수 있기 때문이다. 두 번째는 ▲대화인데, 트럼프 행정부 시절 북미 간 대화의 목적은 서로 다른 상황이었다. 북한은 대화를 통해 제재완화를 이루고 싶어했으며, 미국은 대화를 통해 북한 비핵화를 원하였는데, 상호 이에 대한 합의가 이루어지지 못하고 있었다. 남은 옵션은 ▲제재와 ▲군사적 옵션이다. 현실적으로 군사적 옵션은 억지력 강화 정도이며, 결국 미국에게 효과적 정책수단은 제재밖에 없다.

대북제재의 효과를 위해서 유엔은 표적제재targeted sanctions를 이행하고 있다. 이란과 달리 북한에 있어 유엔제재는 매우 중요한데, 미국독자제재의 경우 러시아, 중국 등이 제재를 방해할 수 있기 때문이다. 대북제재는 북한의 계획경제체제, 자력갱생 경제체제로 인해 북한비핵화를 이루기 위한 효과는 별로 크지 않은 상태이다. 일반적으로 제재는 1) 북한의 행동을 바꾸거나, 2) 북한을 옥죄어 비핵화의 비용cost을 높이거나, 3) 아니면 국제사회에 대해 다른 국가들도 핵을 가지면 이렇게 제재를 받는다는 메시지를 전달하는 세 가지 목적을 가지고 있다. 현재까지 첫 번째 목표는 이뤄지지 못하고 있다.

제재의 목적은 제한, 처벌도 있지만 인센티브 제시도 있다. 인센티브의 경우 여러 단계로 제시할 수 있다. 첫 번째는 조건부로 제재이행을 완화하는 것이며, 두 번째는 제재면제, 세 번째는 수출 및 수입 쿼터제한을 조정해주는 것이며, 네 번째는 제재를 유예해주는 것이다. 제제유예에는 어느 특정기간 동안 유예해주는 것과, 무기한 유예해주는 것, 그리고 김정은 일가에 대한 제재를 유예해주는 것이 있는데, 마지막 것은 상징적 효과가 있다. 다섯 번째는 부분적 제재완화, 마지막은 완전한 제재완화이다. 이러한 여러 단계의 인센티브로서의 제재를 사용하는 것을 통해 북한비핵화를 유도해보는 것도 나쁘지 않다. 즉, 제재완화의 여러 단계를 제시하고 이 단계별로 비핵화의 단계를 접목시키는 것도 하나의 협상방식이 될 수 있다.[1]

대북제재는 어떠한 효과를 가져다줄까? 제재는 김정은의 비핵화를 유도하는 효과는 거의 없으나, 북한경제를 옥죄고 북한주민들의 경제여건을 악화시키는 효과를 보여주었다. 김정은의 정책적 최우선 목표는 자신의 정권 안정화이다. 2018년 김정은의 대남대화 시작은 결국 자신의 정권안정화를 위한 조치였다. 김정은 정권 안정화의 기반은 인사교체와 시장화에 기반하고 있다. 김정은 위원장 등장 이후 북한 권력지도가 요동쳤는데, 김정은 위원장은 집권하자마자 소위 '김정일 운구차 7인방'의 대다수를 권력의 핵심에서 쫓아내고 '김정은 위원장의 사람들'로 그 자리를 메웠다. 그러나 이 같은 공포정치가 간부들에게 어쩔 수 없는 충성심을 강요하는 데 도움이 될지는 모르지만, 자발적인 충성심을 유발하는 데에는 한계가 있었다. 영국

---

1 동 제재에 대한 내용은 2019년 하반기 국립외교원에서 있었던 Thomas Biersteker 교수의 강연을 참조한 것임.

주재 북한대사관 태영호 공사의 망명에서 보듯이 공포정치는 북한 내 특권 계층의 탈북을 촉진하는 계기가 되고 있다.

2018년 4월 20일 당중앙위원회 전원회의에서는 경제집중노선을 채택하였는데, 정치사상강국, 군사강국의 지위를 확고히 달성했기 때문에 이제는 경제건설에 총력을 집중하는 것이 현 시기 당의 전략적 노선이라고 선포하였다. 그러나 현재 북한은 내부적으로 제재로 인한 어려움을 겪고 있다. 더욱이 코로나 사태와 홍수난으로 인해 북한에 대한 제재의 효과는 배가되고 있다. 또한, 북한이 4, 5차 핵실험을 단행했던 2016년부터 국제사회의 대북제재는 다른 양상을 보이기 시작했다. 2016년 이전 유엔안보리의 대북제재가 핵과 탄도미사일과 관련된 직접제재였다면, 이후 제재는 북한의 주요 수출품 교역을 통제하고 북한 경제를 옥죄는 전반적 타격을 목적으로 한 간접제재의 성격이 짙다. 즉, 광물, 수산물, 섬유수출이 금지되었으며, 금융제재가 결의되었다. 대북 유류공급이 연간 50만 배럴로 제한되었으며, 해외파견 노동자 역시 송환되었다. 2018년 북중교역 역시 전년도 대비 51.9%나 감소했으며, 북러교역도 전년대비 56.3% 감소했다.

현 단계에서 북한 김정은 위원장에게 북한내부 경제상황은 매우 심각한 정권불안정을 야기하는 요인이 될 수 있다. 하노이 회담 결렬 이후 김정은이 '모든 인민이 흰 쌀밥에 고깃국을 먹는 것이 선대의 유훈이었다'라는 점을 강조한 것을 보면, 북한 내부 경제상황이 얼마나 심각하게 나빠지고 있었는지를 알 수 있다. 물론 1990년대 고난의 행군 때보다 훨씬 경제상황이 좋다는 반론도 있을 수 있으나, 이미 장마당을 경험한 북한주민들은 1990년대 당시와는 다르게 반응하고 있다. 90년대 당시 북한주민들은 북한지도자에 대한 충성심과 사상무장으로 어려움을 버텼지만, 현재 '돈맛'을 경험한 북한주민들의 경제적 어려움은 직접적으로 김정은 위원장에 대한 불만과 도전으로 이어질 수 있기 때문이다.

이 같은 상황이 지속된다면, 즉 대북제재가 지속된다면 북한 내부 권력층의 동요와 함께 북한경제는 장담할 수 없는 상황이 오게 될 가능성도 있다. 제재를 풀어 북한 내 경제상황을 반등시키지 않으면 북한 내부 여론은 점차 악화될 것이다. 즉, 북한 주민들의 경제난과 함께 내부 엘리트층의 반김정은 여론은 제재해제 없이는 통제하기 힘든 상황으로 갈 수 있다. 물론, 이러한 여론이 김정은 정권에 반하는 행동으로 이어지기는 어렵겠지만, 현재 북한 내 숙청으로 악화된 여론이 경제난으로 더욱 악화될 가능성이 점점 더 높아지고 있는 상황이다.

현재 북한 내부의 경제상황은 북한주민들의 장마당을 통한 자력갱생 노력이 추진되고 있지만, 동시에 자본주의 체제에 길들여진 북한 주민들은 김정은 정권에 큰 도전이 되고 있는 현실이다. 이미 많은 탈북자들이 한국에 거주하고 있으며, 그들이 송금하는 돈으로 북한 내 일부 주민들이 부를 축적하고 있는 상황 속에서, 이제는 더 이상 과거와 같은 국가가 모든 것을 통제하는 사회주의 체제로 돌아가는 것은 현실적으로 불가능한 일이 되어버렸다. 물론, 현 장마당 체계는 여전히 미미하며, 북한의 경제체제 자체를 바꿀 정도의 규모는 아니다. 그럼에도 불구하고 장마당은 북한 주민들 간 정보교환의 장으로 역할을 하고 있다.

김정은 위원장은 남북관계를 강화하며 이를 연결고리로 국제사회로부터 경제지원을 얻어내려고 했지만, 북미 간 비핵화협상의 난항 속에 남북한 간 경제협력이 불가능해졌다. 이러한 상황에서 김정은이 택한 것은 비핵화가 아닌 자력갱생이었다. 동시에 북한 주민들에 대한 통제를 강화하고 있다. 이 같은 정책이 오래 지속될 경우 북한 주민들의 피로감이 증폭할 것이며 김정은 정권의 리스크 역시 증가할 것이다. 현 상황에서 김정은은 중국과 러시아 쪽으로 주의를 돌리고 있으며, 중러 양국의 지원을 통해 경제상황 악화를 극복해나가려 하고 있다.

3. 트럼프 행정부의 대북정책 기조

임기 초 트럼프 대통령의 대북인식은 대통령 당선 후 오바마 대통령을 만나면서 시작되었다. 그 자리에서 오바마 대통령은 북한위협의 중요성에 대해 언급했고, 트럼프 대통령은 이에 대한 심각성을 인식하기 시작하였다. 트럼프 행정부의 대북정책은 '최고의 압박과 개입'이었으며, 주요 내용으로는 ▲북한 핵보유국 불인정, ▲모든 대북제재와 압박 사용, ▲북한 정권 교체 불不추진, ▲최종 단계 시 대화로 비핵화 해결이었다.[2] 이후 2017년 말 트럼프 정부는 소위 '코피작전'을 언급하면서 대북 군사옵션 가능성을 높이기 시작했고, 북한은 이의 실현 가능성에 대해 우려하기 시작했다. 예를 들어, 당시 북한 뉴욕대표부 한 인사는 1) 미국의 대북군사옵션이 매우 우려스럽다, 2) 북한은 조건 없이 미국과 대화할 준비가 되어 있다, 3) 북한을 이용해서 중국을 견제하라는 메시지를 미국 측에 전달했을 정도였다.[3] 임기 초 트럼프 대통령은 북한의 도발위협에 심각하게 대응하고 있었으며, 군사적 옵션의 가능성을 현실적으로 생각하고 있었다.

2018년도 미국 트럼프 대통령의 첫 번째 연두교서에서 주목되었던 것은 대북정책의 방향성이었다. 매우 자제되고 점잖은 어투로 전달된 연설이었지만, 내용은 북한정권을 도덕적으로 타락depraved character했다고 규정하면서 오토웜비어와 탈북자 지성호 씨 사례를 언급하였고, 북한이 개발하는 장거리핵미사일의 미국 본토에 대한 위협을 강조하였다. 과거 정권의 정책을 되풀이하지 않겠다는 의지를 보였으며, 대북정책으로 최대한의 압박maximum pressure을 강조하였다. 언제부터인지 트럼프 정부 내 대북군사조

---

2 https://www.yna.co.kr/view/AKR20170526008600071

3 2017년 말 뉴욕의 한 미국전문가와의 인터뷰 내용.

치는 이미 정책의 한 부분을 차지하기 시작했다. 맥매스터 국가안보보좌관은 군사적 행동에 대해 심각하게 고려하기 시작했다.[4]

임기 초 트럼프 행정부의 대북정책은 제재에 기반한 외교적 해법 중심이었다. 즉, 최대한의 압박과 개입maximum pressure and engagement이었다. 그러나 어느 새 '최대한의 압박과 개입'에서 개입engagement이라는 단어는 보이지 않게 되었다. 개입은 대북정책의 수단이 아닌 목적이 되어버렸고, 압박pressure은 군사적 옵션으로까지 발전하고 있었다. 미국 트럼프 정부가 발간한 「국가안보전략서National Security Strategy」, 「국방전략서National Defense Strategy」, 「핵태세검토보고서Nuclear Posture Review」 등은 북한을 주요안보위협으로 상정하고 있었다. 당시 미국의 대북군사옵션은 점차 실질적 수단이 되어가고 있었다. 소위 '코피 터뜨리기'라는 제한적 선제 타격을 통해 북한의 장거리핵미사일 개발을 막겠다는 것이었다. 동시에 강력한 전략자산을 동원하여 북한의 군사적 보복까지 억지하겠다는 것이었다.

이후 트럼프 대통령은 문재인 대통령의 대북협상 프레임에 대한 아이디어와 공감하기 시작했으며, 북미 간 비핵화협상에 긍정적으로 반응하기 시작하였다. 이는 트럼프의 '힘을 통한 협상'에 기반한 자신의 협상가적 경험에 대한 자부심으로 인해 시작되었다. 자신이 기존에 했던 다양한 협상경험을 되살려 북미 간 양자대화에 중점을 두고 싶어했다. 또한 기존 미국 정부들이 하지 못했던 한반도 평화 및 비핵화를 위해 업적을 만들고 싶어 했다. 그러나, 외교안보정책에 많은 경험이 없는 트럼프는 실제 많은 시행착오를 만들고 있었다. 북한문제와 관련해서도 무엇이 정책적 목적인지 다소 불분명한 상태였다.

---

4 President Donald J. Trump's State of the Union Address, January 30, 2018, https://www.whitehouse.gov/briefings-statements/president-donald-j-trumps-state-union-address/

Ⅲ

북미 협상 평가

1. 탑다운 방식의 한계

하노이 회담의 가장 큰 실패 이유는 탑다운 방식의 한계에 있었다. 실제로 1994년도 제네바 합의 시에도 준비협상은 16개월 남짓 걸렸으며, 9.19 공동성명 도출을 위한 6자회담 실무협의도 2년가량 지속되었다. 하노이 회담을 위한 실무협의는 충분하지 않았다. 비록 하노이에서 스몰딜이 추진되었지만, 미국은 스몰딜에 영변시설의 모든 핵생산시설이 포함되지 않아서 이를 선호하지 않았고, 북한은 스몰딜이 원하는 수준의 재제해제를 포함하지 않아서 이를 선호하지 않았다. 결국 실무회담에서 충분한 합의를 이루지 못한 결과였다.

중요한 근본적인 쟁점은 완전한 비핵화의 정의에 대한 실무단계에서의 합의 문제였다. 즉, 북미 양측이 '완전한 비핵화'에 대해 공통의 정의definition를 가지고 있는가? 이것이 1991년 한반도 비핵화 선언 때 합의했던 비핵화 개념인가? 9.19 공동성명 때 6자회담의 목표로 합의했던 '검증가능한 비핵화verifiable denuclearization'인가? 미국은 신고, 검증 등을 요구했지만, 북한과 미국은 완전한 비핵화의 개념에 대한 합의를 이루지 못했다. 이 같은 중요한 문제들이 실무진에서 합의돼지 못한 상태에서 탑다운 방식의 대북협상은 성공하기 어려운 상황이었다.

2. 완전한 비핵화에 대한 정의

하노이 실패 이후 재차 미국 내에서는 빅딜론이 나오기 시작했으며, '완전한 비핵화'가 무엇인지, 궁극적 목표endpoint와 로드맵은 무엇이어야 하는지에 대한 논의가 생겼다. 한미와 북중 양국이 주장하는 한반도 비핵화의 개념에는 차이가 존재하였다. 하노이 회담 이후 볼튼 보좌관은 미국이 원하는 완전한 비핵화는 1991년 한반도 비핵화공동선언 당시의 비핵화 개념으로 돌아가는 것이라고 언급하기도 하였다.

1991년 당시 남북한이 합의한 한반도 비핵화의 내용은 다음과 같다. 핵무기의 시험·제조·생산·접수·보유·저장·배비配備·사용을 금지한다; 핵에너지를 오직 평화적 목적에만 이용한다; 핵재처리 시설과 우라늄 농축 시설을 보유하지 아니한다; 비핵화를 검증하기 위해 상대측이 선정하고 쌍방이 합의하는 대상에 대해 상호사찰한다.[5]

북한은 1992년 남북핵통제공동위원회 회의에서 자국의 '한반도 비핵화 공동선언'안을 제안했으며, 여기에서 한반도 비핵화 개념이 잘 나타나 있는데, 핵무기 탑재가 가능한 비행기, 함선 등이 한반도에 들어오는 것을 포함시키고 있었으며, 미국의 핵우산을 포함시키고 있었다. 또한, 주한미군을 포함시키고 있었다. 이 같은 입장을 북한은 여전히 고수하고 있다.

이와는 달리 한미 양국은 1991년 한반도 비핵화 공동선언에 의거하여 비핵화에 대한 다른 입장을 가지고 있는데, 핵무기, 핵시설 등이 한반도에서 제거되어야 한다는 입장이다. 즉, 한국에는 핵무기가 없기 때문에 북한 비핵화가 한반도 비핵화라는 것이 미국의 입장이다. 미국은 한국에 핵무기가 없고 NPT체제를 잘 이행하고 있기 때문에 북한 비핵화만 필요하다는 입장이다.

---

5 한반도비핵화 공동선언 전문, https://www.hankyung.com/news/article/1991123100761

김정은이 아직 주한미군 철수를 주장하지 않고 있지만, 미군의 전략자산이 포함된 한미연합훈련 철폐를 주장하는 것은 핵무기 탑재가 가능한 전략자산이 한반도에 들어와서는 안된다는 것을 의미하며, 이는 미국의 핵우산과 관련되는 것이다. 중국 역시 미국의 핵우산을 한반도 비핵화 개념에 포함시키고 있다.

또한 미국은 '완전한 비핵화'에 대한 의미와 관련하여 6자회담 9.19 공동성명에서 합의한 바 있는 '검증가능한 비핵화verifiable denuclearization'를 암시하고 있다.[6] 당시 6자회담 당사국들은 북한의 현존하는 모든 핵무기와 프로그램 신고에 합의했으나, 이후 신고대상에 이견이 발생하여 6자회담은 파국을 맞게 되었다. 당시 9.19 공동성명은 '검증가능한 비핵화'라는 목표를 명시하였고, 이를 위해 추후 핵신고까지 합의한 바 있다.

3. 비핵화 방법론의 차이

2018년 북미협상 초기부터 미국은 일괄타결all-in-one을, 북한은 단계적, 동시적 타결을 주장했다. 이 상이한 접근법은 김정은의 친서 전달 이후 어느 정도 조율에 이르기 시작했다. 즉, 리비아식 해법으로 일컬어지는 핵탄두 및 ICBM 선 반출을 북한은 받아들이지 못하겠다는 입장을 고수했으며, 이는 트럼프의 추가 양보로 인해 어느 정도 접점을 찾았다. 이후 미국은 CVID를 목표로, 미국 본토를 위협하는 핵탄두 및 ICBM의 조기반출을 1단계로, 이후 나머지 핵무기 및 핵물질 제거를 2단계로 계획하였다.

---

6 9.19 공동성명 전문
http://www.mofa.go.kr/www/brd/m_3973/view.do?seq=293917&srchFr=&srchTo=&srchWord=&srchTp=&multi_itm_seq=0&itm_seq_1=0&itm_seq_2=0&company_cd=&company_nm=&page=5

북한에 대한 체제안전보장 방안으로 미국은 북미관계 정상화와 경제지원 및 투자를 제시해왔다. 이에 대해 북한은 경제투자, 관계정상화, 한미연합훈련 축소 및 취소, 전략자산 철수, 제재 해제, 상호불가침 선언 등을 요구해왔다. 주한미군 감축 및 철수 등을 주장했는지는 불분명하다. 북한은 2018년 4월 실무접촉에서 미국에게 비핵화에 대한 5가지 대가를 요구했는데, 미국 핵전략자산의 한국 철수, 한미 전략자산에 기반한 연합훈련 철회, 재래식무기 및 핵무기에 기반한 공격 포기, 북미수교, 평화협정 체결 등이었다. 미국은 CVID 이전에는 제재해제가 불가능하고, 주한미군의 감축도 불가능하다고 주장하였다. 당시 북미 간 협상에서는 핵탄두 조기반출과 함께 북한의 실질적 체제보장을 해줄 수 있는 조치의 초기단계 이행이 가능할지 여부가 초점이었다. 즉, 북미 간 연락사무소 개설, 상호불가침 선언 등이 제시될지 여부였다.

그러나 김계관 외무성 부상은 2018년 5월 16일 개인담화에서 세 가지 문제점을 제기하였는데, 미국의 CVID 요구, 소위 리비아모델로 알려진 선-비핵화 후-보상 문제, 그리고 생화학무기 폐기 문제였다. 즉, 선 핵탄두 반출 이후 CVID 단계에 있어서 북한이 모든 핵시설에 대한 사찰단의 검증을 수용할지 여부, 어떤 보상도 없이 선 핵탄두를 반출할 수 있을지 여부, 그리고 생화학무기 폐기를 어젠다에 넣을지 여부였다.[7]

하노이회담을 앞두고 미국은 북미협상의 목표를 하향조정했다. 당시 비건 대표 주도로 이루어진 대북협상에서 미국은 북한이 요구했던 동시행동원칙을 수용하였으며, 초기단계 비핵화와 초기단계 제재완화의 교환에 대한 수용 의사를 보였다. 즉, 스몰딜에 대한 북한의 요구를 미국은 수용하려는 자세였다. 또한 미국은 당시 제재완화 이외에도 기타 다른 방식의 안전

---

7 https://news.joins.com/article/22627738

보장 예를 들어, 종전선언, 연락사무소 설치 등을 합의문에 담으려는 입장을 개진했다. 미국은 북한의 영변시설 폐쇄에 대해 일정수준의 초기단계 UN 제재완화를 고려했으나, 북한 측이 5개의 민생부분 UN 제재완화를 요구하면서 결국 북미 양국은 합의도출에 실패했다.

결국 2018년 말 미국이 북한의 요구대로 동시적, 단계적 접근법simultaneous, step-by-step approach을 수용하였지만, 하노이 회담이 결렬되면서 미국은 다시 포괄적 접근법comprehensive deal으로 되돌아갔다. 하노이 회담 이후 미국은 ▲제재를 지속적으로 유지한다, ▲실무협의를 충분히 거친 후 정상회담을 한다, 그리고 ▲빅딜 없이 스몰딜을 하지 않는다는 입장을 강조하기 시작했다. 이후, 미국에서 리비아식 비핵화 방식과 선-비핵화 후-보상을 주장했던 볼턴 보좌관이 자리를 떠난 상황에서 미국의 입장조정이 어떻게 이루어질지가 미지수였다.

두 가지 사안이 중요했는데, 첫 번째는, 미국이 여전히 빅딜을 고수할지, 아니면 하노이 회담 당시의 스몰딜 방식으로 돌아갈지 여부였다. 하노이 회담 당시 미국은 북한이 주장했었던 동시적, 단계적 해법을 수용하였으며, 북한의 초기단계 비핵화와 미국의 초기단계 재제완화의 교환 가능성을 수용하고 있었다. 하노이 회담 실패 이후로 볼턴의 강경한 목소리가 반영되어 빅딜을 요구하기 시작했지만, 볼턴이 자리를 떠난 이후 과연 하노이 때로 돌아갈 수 있을지가 관심사였다. 두 번째는, 미국이 제재를 어느 시점에 어느 정도로 완화할 수 있을지 여부였다. 북한이 비핵화의 상응조치를 체제안전보장으로 바꾼 이유 중 하나도 미국이 제재완화에 부정적이었기 때문이다.

스톡홀름 회담 당시 북미 간에는 여전히 입장차이가 줄어들지 않고 있었다. 미국은 빅딜, 선 비핵화 후 제재완화, 실무협상 후 정상회담을 주장하는 입장이었으며, 북한은 빅딜을 수용하지 않았고, 미국이 상응조치를 취할 차례라는 입장이었으며, 탑다운 접근법을 여전히 고수하고 있었다. 북한은 미국이 하노이 회담 당시 취했던 동시행동의 원칙으로 돌아가기를 원했으나, 미국은 북한이 원하는 등가성에 맞지 않는 요구를 수용하기 어려워보였다.

북한과의 대화를 통해 딜메이킹을 원했던 트럼프 정부였지만, 트럼프 대통령은 북한이 원하는 선 제재해제를 내어줄 마음이 없어보였다. 여기에는 크게 두 가지 이유가 있었다. 첫 번째로, 트럼프 행정부는 대북제재해제로 인해 불필요한 리스크테이킹risk-taking을 할 마음이 없었다. 대북제재해제 이후 북한이 약속대로 비핵화를 하지 않을 경우 미국과 같은 강대국이 스냅백snapback 조항을 통해 다시 강경한 대북정책으로 돌아가면 되지 않느냐고 하겠지만, 미국은 이 같은 정책적 모험을 원하지 않았다. 제재해제 이후 북한에 대한 경제지원과 협상이행이 진행되면 이를 다시 되돌리기는 그리 쉬운 일이 아니었다.

두 번째로 미국의 국내정치적 제약이 존재했다. 예를 들어 미 의회의 대북정책은 매우 강경했으며 이에 반대하면서 제재해제를 단행할 만큼 모험을 걸 이유가 트럼프에게는 없었다. 더군다나 트럼프 대통령은 당시 대선국면에 진입하고 있었으며, 탄핵정국으로 인해 대외정책의 의사결정을 국내정치와 연계시키고 있었다. 그러한 상태에서 북한비핵화에 대한 실질적 성과가 없는 상태에서 제재해제를 포함한 나쁜 합의bad deal를 해줄 경우 국내정치적으로 부정적 결과를 가져오게 될 수 있었다. 대신에 트럼프는 미중무역합의 등 대선국면에 도움이 될 만한 대외정책에 집중하였다.

Ⅳ

북한의 대응

1. 외교인사 교체

2019년 6월 판문점 북미정상 회동이 끝나고 최선희 북한 외무성 부상은 북미 간 실무협상의 가능성을 언급했으며, 이에 대해 미국 역시 긍정적인 입장이었다. 하노이 회담의 충격을 어느 정도 회복한 김정은은 북미회담에 적극적인 것으로 보였다. 트럼프 역시 당시 이란과의 대화가 사우디 석유시설 폭격으로 인해 뒤로 밀려있는 상황에서 국내지지율 회복을 위한 카드는 북미대화였다.

실제 하노이 북미 간 회담의 실패 이후 북미 양국관계는 한동안 소강국면이었으며, 그 동안 북한 내부에는 많은 변화가 있었다. 먼저, 그간 대미협상 창구역할을 했던 통일전선부의 역할이 외무성으로 바뀌게 되었다. 실제 통전부가 대미협상 담당부서를 맡는다는 것은 업무성격상 맞지 않는 것이었다. 하노이 회담 실패 이후로 최선희 부상 중심으로 대미외교가 재편성되었으며, 이 과정에서 회담실패의 당사자들을 처벌하는 작업이 진행되었다. 동시에 군부 등 강경조직의 목소리가 부각되기 시작했다.

2020년 초 미국에서는 북한 김정은의 속내가 무엇인지 불투명하다는 얘기가 나오기 시작했다. 김정은이 과연 비핵화에 대한 의지가 있는 것인지; 애시당초 비핵화에 대한 의지가 없었던 것은 아닌지; 본인도 잘 모르는 것인지 등. 실제 김정은의 대외메시지를 보면 상당한 굴곡이 있었다. 2018년 초부터 김정은은 한반도 비핵화에 대한 긍정적 메시지를 보여왔다. 물론, 결정적인 비핵화 메시지는 부재했지만, 적어도 대외적으로 보여왔던 뉘앙스는 북미회담 속에서 비핵화를 이루겠다는 것으로 들렸다. 하노이 회담 결렬 이후 북한 내부 분위기는 김정은의 대미정책을 강경하게 만들기 시작했다. 이용호 외무상이 대미라인에서 빠진 것, 그 자리를 리선권 전 조국평화통일위원회**조평통** 위원장이 차지한 것은 북한이 더 이상 비핵화 의지가 없다는 것을 방증하는 것이었다. 대미 강경노선으로 선회할 수 있는 외교라인의 변화가 발생했다.

2. 대미협상전략의 변화

북한은 미국에게 줄곧 비핵화에 대한 보상으로 제재완화를 요구하여 왔지만, 하노이 회담 결렬 이후 북한은 체제안전보장을 요구하기 시작했다. 이것은 아마도 중국의 요구를 대리한 것으로 여겨지나, 한편으로 미국과의 회담에 진척을 이루려는 전략변화로도 읽혔다. 리용호 외무상은 2019년 3월 1일 기자회견에서 미국이 군사분야 조치를 취하는 것이 부담스러울까봐 그동안 부분적 재제해제를 요구하여왔다고 밝힌 바 있다. 4월 12일 최고인민회의에서 김정은 위원장은 더 이상 제재해제를 요구하지 않겠다고 밝혔다. 북한은 어차피 핵미사일 실험을 중단한 상태에서 유엔안보리제재는 해제되는 게 당연하다는 논리를 펴고 있었으며, 그럼에도 불구하고 미국이 제재를 유지하겠다는 기조를 굽히지 않고 있는 상황에서 제재완화를 요구해봤자 소용없다는 결론에 다다른 것으로 보였다. 김여정이 발표한 담화에서는 북미 간 대화의 틀이었던 '비핵화조치 대 제재해제'를 '적대시철회 대 조미협상재개'로 바꾸겠다고 밝혔으며, 제재해제문제가 더 이상 미국과의 협상

의제에 포함되어있지 않다고 언급하였다.[8]

2019년 12월 29~31일 개최된 북한 노동당 전원회의 당시 김정은의 발언은 두 가지 전략변화를 담고 있었다. 첫 번째로, 북한은 핵억지력 건설을 언급하기 시작했다. 군사력 건설에 박차를 가하겠다고, 전략무기를 개발하겠다고, 그리고 병진노선으로 복귀하겠다고 강조하였다. “적대세력들이 우리의 자주권과 안전을 감히 범접할수 없도록 우리의 힘을 필요한만큼 키워”야 한다고 언급하였다.

두 번째로는 자력갱생 강조였다. 당시 경제상황이 좋지않다는 자평하에 제재가 지속적으로 작동하고 있으며, 제재 대 자력갱생의 대결국면이 도래한다는 내용이 담겼다. 제재에 굴하지 않겠다는 것이었다. 당시 전원회의의 키워드는 결국 핵억지력 강화와 자력갱생으로 요약되었다.[9]

3. 북한의 대미인식 변화

하노이 회담의 실패 이후 북한의 대미인식은 변화하기 시작했다. 북한은 하노이 회담 실패 이후 미국에 대한 기대를 버리고 러시아 및 중국 쪽으로 방향을 바꾸고 있었으며, 당분간 비핵화를 지양하면서 러·중으로부터의 경제 및 안보지렛대 담보를 추진하기 시작했다. 기본적으로 북한은 트럼프 행정부의 불안정한 대외전략에 매우 큰 실망감과 불신을 보이기 시작했다. 실제 트럼프 행정부의 대외정책의 성과는 다소 불안정했다. 비록 중국과의 1차 무역합의를 이루어냈지만, 이후 합의의 이행과 2차 무역합의 가능성이 매우 불확실해 보였다. 미국 우선주의로 인해 동맹국들과의 관계도 점점 더

---

8 김여정 담화 전문, https://www.donga.com/news/Politics/article/all/20200710/101905888/1

9 김정은 노동당 전원회의 발언 전문, https://m.newspim.com/news/view/20200101000066

악화되었다. 미국의 패권 자체에 대한 불확실성이 깊어지면서 북한의 대미 인식 역시 변화하기 시작했다.

조세프 나이는 미국이 직면한 문제는 투키디데스 함정이 아닌 킨들버거 함정이라고 언급하였다.[10] 즉, 미국우선주의로 인해 글로벌 패권을 잃어버릴 수 있다는 점은 중국의 부상보다도 더 큰 문제점이라는 것이다. 이런 상황 속에서 북한은 트럼프 행정부의 대북정책이 구체적 전략이나 청사진 없이 일시적으로 진행되는 것이라는 불안감과 합의를 이루더라도 이것이 지속될 수 없을 것이라는 불안감을 갖기 시작했다. 즉, 트럼프의 무전략과 예측불가성에 대해 불안감을 보이기 시작했다. 실제 트럼프 대통령은 2020년 한해 더 이상 북미 간 대화가 없을 것이라고 언급하기도 하였다. 북한은 트럼프 행정부의 대외정책 행보에 대한 불안감을 보이면서, 그리고 트럼프 재선의 불확실성 속에서, 북미대화의 틀은 유지하되 미국과의 무리한 대화추구는 지양하기 시작했다.

미국의 지속적인 실무협상 요구에 대해 '새로운 계산법'을 요구하면서 미국이 행동을 할 차례라고 주장하는 것은 협상에 진지하게 대하는 태도는 아니다. 이러한 태도는 하노이 협상 때와는 또 다른 결을 보여주는 것이었다. 하노이 회담 이후 모스크바 군축회담에 나타난 북한 북미국장은 회의장에서 러시아 및 중국이 북한의 안보보장 조치로 어떤 것을 제공해 줄 수 있겠는가라고 질문한 바 있으며, 이는 북미협상의 파기, 트럼프 낙선 등 향후 미국의 불확실성에 대한 대비책을 강구하기 시작한 것으로 사료된다.

하노이 회담 결렬 이후 북한의 대외정책에 대한 시각 역시 변화하기 시작했다. 2017년 당시 북한은 미국주도의 대북강경노선과 군사적 옵션에 매

---

10 Joseph Nye, "The Kindleberger Trap," Jan 9, 2017, at https://www.project-syndicate.org/commentary/trump-china-kindleberger-trap-by-joseph-s--nye-2017-01?barrier=accesspaylog

우 우려하였다. 북한은 트럼프 정부 초기 국제질서를 미국주도의 국제체제로 인식하였다. 미국과의 협상을 중요하게 여겼다. 그러나, 2019년부터 북한은 국제정치체제를 한미일 대 북중러 양 진영 간의 갈등으로 정의되는 양극체제로 인식하기 시작했다. 미중갈등으로 특징되는 신냉전이 재차 도래했다는 것이 북한이 새로이 인식하기 시작한 국제정세였다. 북한은 북미 간 협상을 접고 중국과의 관계강화에 중점을 두기 시작했다. 북미 간 대화를 중심으로 진행되었던 비핵화 대화를 다자대화체계로 전환시켜야 한다는 점을 강조하기 시작했다. 이 같은 북한의 대외정책 기조 변화는 트럼프 행정부의 대북정책이 원하는 결과를 가져다주지 못하였고, 이는 과거 미국 정부와 크게 다르지 않다는 것을 인식하는 데서 기인했다.

2019년 말 북한 노동당 전원회의 김정은의 발언 역시 북미관계에 대한 인식변화를 암시하고 있었다. 미국의 대조선 적대시 정책을 재차 운운하기 시작했으며, 북미관계의 장기교착상태를 각오하고 있었다. 또한, 현 국면이 지속되면 충격적인 실제행동으로 넘어가겠다고 언급했다. "미국의 본심은 대화와 협상의 간판을 걸어놓고 흡진갑진하면서 저들의 정치외교적 리속을 차리는 동시에 제재를 계속 유지하여 우리의 힘을 점차 소모약화시키자는 것"이라고 언급하였다.

V

북미협상의 주요 변수

1. 대외적 변수: 미중관계

현재 미중갈등은 매우 격해지고 있다. 미국 트럼프 행정부는 전방위적으로 중국을 압박하였으며, 미중무역갈등, 대만문제, 홍콩사태 등은 중국에게 매우 부담을 주었다. 미국의 대중국 정책은 매우 강경하게 전개되고 있다. 트럼프 행정부는 미중갈등을 체제경쟁Systemic Competition으로 인식하고 있으며, 민주주의 체제인 미국과 레닌주의 체제인 중국 간의 경쟁으로 보고 있다. 이 두 국가를 잇고 있는 것은 경제적 상호의존성이만, 미국은 점차 경제적 디커플링decoupling을 통해 미중 양국의 체제 간 분리를 시도하여 중국 때리기의 효과를 배가시키겠다는 전략을 추진하고 있다.[11]

이처럼 미중경쟁이 격해지는 상황이 한반도에 대한 미중 양국의 영향력 다툼으로 이어지게 되면 이는 북핵문제 해결에 부정적으로 작용하게 된다. 예를 들어, 2006년도 북한이 1차 핵실험을 단행한 이후 중국은 유엔안보리에서 북한을 비난했으며, 북한 핵실험에 대해 부정적인 견해를 보였다. 그러나 이후 2007년 북미 양국은 비밀리에 회동을 하고 비핵화에 대한 진전을 이루었으며, 이는 중국의 대북정책 변화로 이어졌다. 즉, 2009년 2차 핵

---

11 *United States Strategic Approach to the People's Republic of China*에 이러한 내용들이 강조되고 있다.

실험 이후 중국은 한반도의 안정을 우선적 정책으로 삼았으며, 북한의 비핵화보다 북중관계 강화를 중시하기 시작했다. 즉, 중국에게 있어서 한반도에 대한 미국의 영향력 확대는 북한의 핵보유보다도 더욱 중요한 우려사안이었던 것이다.

트럼프의 북미협상도 예외는 아니었다. 2018~19년도 북미협상이 진전되면서 중국은 자국의 북한에 대한 영향력이 축소되는 것을 우려할 수밖에 없었으며, 대북지원을 통해 북중 간의 유대관계를 지속적으로 유지하려는 노력을 기울였다. 북한은 이러한 미중 양국 사이에서의 자국의 이익을 극대화하기 시작했다. 미중경쟁이 한반도에 반영되기 시작하면서 북한문제에 중국이 개입하기 시작했고 이는 북미협상에 부정적으로 작용하게 되었다. 즉, 북한문제가 비핵화 프레임이 아닌 미중갈등 프레임 속에서 전개될 경우 북한 비핵화는 풀기 어려운 문제가 된다. 미국의 대북제재 역시 중국의 대북지원으로 인해 실질적인 효과를 발휘하기 어려워진다.

물론, 2017년도 트럼프 행정부는 대북강경 정책을 추진하고 있었으며, 동시에 대 중국 전략 역시 강경하게 추진되기 시작했다. 당시 미국은 북한문제를 중국때리기를 위한 수단으로 삼았으며, 중국으로서는 북한 문제에 개입할 수 있는 여지가 작았다. 즉, 북한 문제에 대한 미국의 주도권이 강하게 작용할 경우 중국의 개입은 약해진다. 당시, 트럼프 행정부는 중국의 대북지원도 세컨더리 제재 대상으로 삼았으며, 미국의 대 중국, 대북제재는 매우 효과적으로 추진되었다.

그러나, 2020년도가 되면서 트럼프 행정부는 대선국면을 맞이했고 미중경쟁과는 별도로 북한 문제에 대한 미중 간 묵시적 합의에 이르게 된다. 즉, 한반도 안정에 대한 합의가 이루어졌다. 하와이에서 열린 미중 회담에서 미중 양국은 한반도 안정에 대한 공감대를 형성했으며, 이후 미국은 중국의 대북지원을 어느 정도 묵인하기 시작했다.

2. 대내적 변수: 북한의 비핵화 의지

근본적으로 북한이 비핵화 의지가 있는지 여부는 추후 북미협상에서도 중요한 변수로 작용할 것이다. 미국 내부에서는 하노이 정상회담 결렬 이후 김정은의 비핵화 의지에 대한 의구심이 증폭하고 있었다. 당시 북미 양국이 서로에 대해 요구했다는 것을 종합해보면 북한은 영변 핵시설 완전 폐기에 대한 대가로 유엔안보리 제재결의안 5개 중 민생부분 완화를 요구했으며, 미국은 이를 등가성이 없는 요구로 판단했다. 하노이 회담 이후 과연 북한이 비핵화 의지에 대한 진정성이 있는가가 재차 거론되었다. 2018년 김정은 신년사 내용을 먼저 살펴보면, 핵무력건설을 강조하고 있는데, 대미 핵억지력 건설이 완성되었음을 강조하고 있다.

> "지난해에 우리 당과 국가와 인민이 쟁취한 특출한 성과는 국가핵무력완성의 력사적 대업을 성취한 것입니다. 우리 국가의 핵무력은 미국의 그 어떤 핵위협도 분쇄하고 대응할 수 있으며 미국이 모험적인 불장난을 할 수 없게 제압하는 강력한 억제력으로 됩니다. 미국은 결코 나와 우리 국가를 상대로 전쟁을 걸어오지 못합니다. 미국본토전역이 우리의 핵타격 사정권 안에 있으며 핵단추가 내 사무실 책상 위에 항상 놓여있다는 것 이는 결코 위협이 아닌 현실임을 똑바로 알아야 합니다."[12]

신년사는 또한 경제발전을 강조하였는데, 즉 "국가경제발전 5개년 전략 수행의 세번째 해인 올해에 경제전선전반에서 활성화의 돌파구를 열어제껴야 하겠습니다. 인민경제의 자립성과 주체성을 강화하는 데 총력을 집중하여야 합니다"라고 기술하고 있다. 또한 핵탄두 및 탄도로케트의 실전배치를 언급하였다. "핵무기연구부문과 로케트공업부문에서는 이미 그 위력

---

12 2018년 김정은 신년사 전문, https://news.joins.com/article/22250044

과 신뢰성이 확고히 담보된 핵탄두들과 탄도로케트들을 대량생산하여 실전배치하는 사업에 박차를 가해 나가야 합니다."

남북관계 개선 역시 강조하고 있었다.

> "조성된 정세는 지금이야말로 북과 남이 과거에 얽매이지 말고 북남관계를 개선하며 자주통일의 돌파구를 열기 위한 결정적인 대책을 세워 나갈 것을 요구하고 있습니다. 남조선에서 머지않아 열리는 겨울철올림픽경기대회에 대해 말한다면 그것은 민족의 위상을 과시하는 좋은 계기로 될 것이며 우리는 대회가 성과적으로 개최되기를 진심으로 바랍니다. 이러한 견지에서 우리는 대표단파견을 포함하여 필요한 조치를 취할 용의가 있으며 이를 위해 북남당국이 시급히 만날 수도 있을 것입니다. 한피줄을 나눈 겨레로서 동족의 경사를 같이 기뻐하고 서로 도와주는 것은 응당한 일입니다."[13]

결과적으로 2018년 김정은 신년사에서는 핵을 포기하겠다는 언급은 없었으며, 오히려 핵탄도미사일의 실전배치를 강조하고 있었다. 단지 경제발전을 언급함으로써, 기존의 병진노선 중 한 부분이 완성되고 다른 한 부분으로 무게중심을 옮겨가겠다는 의중을 보이고 있었다.

2018년 4월 20일 당중앙위원회 제7기 제3차 전원회의에서 김정은 위원장이 제시한 신전략노선도 유사하다. 여기서는 "공화국 핵무력건설에서 이룩한 역사적 승리를 새로운 발전의 도약대로 삼고 사회주의 강국건설의 모든 전선에서 새로운 승리를 쟁취하기 위한 혁명적인 총공세를 벌려 나가야 합니다"라고 말하고 있다.

신전략노선은 크게 여섯 가지 내용인데, 첫째, 병진노선으로 핵무기 병기화를 믿음직하게 실현했으며, 둘째, 핵실험과 대륙 간 탄도유도탄 실험발사를 중지하며, 셋째, 핵실험의 전면중지를 위한 국제 노력에 합세하며, 넷째, 핵위협이나 핵도발이 없는 한 핵무기를 절대로 사용하지 않으며 어떤

---

13 2018년 김정은 신년사 전문, https://news.joins.com/article/22250044

경우도 핵무기와 핵기술을 이전하지 않으며, 다섯째, 사회주의 경제건설에 총력을 집중하며, 여섯째, 주변국들과 국제사회와 긴밀한 연대와 대화를 적극화할 것이라고 밝히고 있다. 즉, 핵실험 중지, 핵무기 사용 금지, 핵이전 중단을 밝히고 있다. '신전략노선'의 비핵화는 완전 비핵화 선언을 한 것이 아니라 최소 억지화를 위한 기존 핵무기는 보유한 채, 더 이상의 핵무기 실험과 대륙간 탄도유도탄 실험 발사를 하지 않겠다는 불완전 비핵화를 제시한 것이다.

2019년 김정은 신년사에서는 보다 전향적인 비핵화 의지가 표현되었다. 2019년 신년사에서 김정은은 완전한 비핵화에 대한 의지를 표현하였다. 또한 핵무기의 생산, 시험, 사용, 전파를 중지하겠다는 것을 선포하였다:

> "6.12 조미공동성명에서 천명한 대로 새 세기의 요구에 맞는 두 나라 사이의 새로운 관계를 수립하고 조선반도에 항구적이며 공고한 평화체제를 구축하고 완전한 비핵화에로 나가려는 것은 우리 당과 공화국정부의 불변한 립장이며 나의 확고한 의지입니다… 이로부터 우리는 이미 더 이상 핵무기를 만들지도 시험하지도 않으며 사용하지도 전파하지도 않을 것이라는 데 대하여 내외에 선포하고 여러 가지 실천적 조치들을 취해왔습니다."[14]

그러나, 이미 보유하고 있는 핵폐기에 대한 내용은 존재하지 않았다. 결국 북한은 북미정상회담에서 합의한 '완전한 비핵화'에 대한 내용을 구체화하지 않고 있었으며, 다른 공식 문건을 통해 나타난 비핵화의 개념 역시 한미 양국이 기대하고 있는 개념과는 일정 부분 차이를 보이고 있었다.

---

14 2019년 김정은 신년사, https://www.edaily.co.kr/news/read?newsId=01833526622353456&mediaCodeNo=257

VI

미 바이든 행정부의 대북정책 전망

바이든 행정부의 대북정책은 원칙적이고 프로페셔널한 외교를 추진한다는 입장이다. 즉, 바텀 업bottom-up 방식을 지향하며, 깐깐한 실무협상을 추진할 것으로 보인다. 김정은과 직접적이고 개인적인 외교는 하지 않을 것이라고 밝히고 있으며, 조건 없는 만남은 거부하겠다는 입장이다. 실무진이 먼저 핵협정을 위한 디테일을 만들어가야 한다는 입장이다. 따라서, 북한이 핵프로그램 폐기를 위한 구체적 조치를 취하느냐에 따라 협상 여부가 결정될 것이며, 최종 목표는 완전한 북한 비핵화가 될 것으로 보인다.

제재는 지속하겠다는 입장인데, 제재의 목적은 북한을 올바른 대화의 틀로 돌아오게 하기 위함이다. 또한, 미국의 독자적인 협상이 아닌 다자주의 틀 속에서 협상을 하겠다는 입장이다. 북한의 핵프로그램과 지역적 군사위협을 동맹국 및 중국과 함께, 그리고 외교를 통해 통제 및 봉쇄한다는 것이며, 대북압박에 중국이 동참하도록 할 것으로 보인다.

전반적으로 보면 바이든의 대북정책은 2016년도 민주당 정강에 비해 훨씬 외교적으로 선회했다. 2016년 정강은 북한을 가학적 독재자가 통치하는 가장 억압적 정권으로 규정했으며, 중국을 압박하여 북한이 핵프로그램을 포기하도록 해야 한다고 언급하였지만, 이에 비해 2020년 정강은 주로 대북외교를 강조하고 있으며, 동맹국 및 중국과 외교 캠페인을 강조하고 있다. 무력 사용에 대해서도 부정적이다. 북한의 장거리 미사일 공격이 임박할 경우에만 무력 사용을 준비하겠다는 입장이다. 따라서, 장관급 등 고위급 특사 파견 등을 통한 모멘텀 마련도 가능해 보인다. 또한, 바이든은 “비핵화를 진전시키기 위한 전략의 한 부분으로 김정은을 만날 용의가 있다”라고 언급하기도 하였다.

우려사항은 바이든의 대북정책이 전략적 인내 2.0이 될 수도 있다는 점이다. 만일 북한이 군사적 도발을 감행하게 되면 북미 간 대화 가능성이 매우 낮아질 것이다. 즉, 2009년 2차 핵실험, 2009년 보즈워스 평양 방문 이후 전략적 인내, 2010년 천안함, 연평도 도발, 2011년 미중 정상회담, 2012년 2.29합의, 2013년 3차 핵실험, 2016년 4, 5차 핵실험이 재현될 가능성이 있다.

한 가지 주목할 점은 바이든 캠프 내에 있는 소위 ‘군비통제arms control’ 방식의 대화파들이다. 이들은 미국의 대북정책이 가지고 있는 딜레마에 주목한다. 즉, 공식적인 대북정책은 CVID이지만, 현실적으로 이것이 달성가능하겠냐는 것이다. 즉, 보다 현실적인 대북정책을 추진해야 한다고 주장한다. 비핵화가 목적이지만, 실질적이고 가능한 옵션으로 북한이 핵무기를 사용하지 않도록 하는 게 목적일 수 있다는 입장이다. 이들은 제재를 해도 북한이 비핵화하지 않는 상황에서 한반도의 안정stability in the Korean peninsula이 중요한 목표일 수 있다고 주장하며, 비핵화의 조건으로 연합훈련 중단, 확장 억지력 축소 등을 주장하고 있으며, 협상 방식도 단계적, 동시적 협상을 주장하고 있다. 그러나, 이들의 목소리는 여전히 소수파에 속하며, 어느 정도 방법론적 측면에서 반영될 수는 있겠지만, 이들의 입장이 완전히 대북정책의 기조로 수용될 가능성은 매우 낮아 보인다.

중요한 것은 협상의 방식이 어떻게 전개되느냐이다. 바이든 행정부의 대북정책은 원칙에 기반한 외교, 제재를 통한 강경한 입장을 견지할 것으로 보인다. 이들은 비핵화의 로드맵, 엔드포인트 등에 대한 북한과의 합의가 필요하다는 입장이다. 물론, 구체적으로 빅딜보다는 점진적 방식step-by-step을 선호할 것으로 보인다. 이들은 한미동맹과 한미일 3자협력을 강조하는 입장이며, 한미동맹을 약화시킬 수 있는 군비통제식 협상을 북한과 할 수 없다는 입장이다.

주요 외교안보라인에 있는 토니블링컨, 제이크 설리번 등은 이란 핵협상 방식의 북한에 대한 적용 가능성을 언급했다. 몇 가지 주목해야 할 사안들이 있다. 첫째는, 스몰딜의 가능성이다. 즉, 빅딜보다는 단계적 딜을 선호할 것이며, 이는 북핵협상에서 과거보다는 전향적으로 나아갈 가능성을 암시한다. 그러나, 이러한 단계적 딜이 어느 정도나 가능하겠느냐는 반론도 존재한다. 이란의 경우 농축우라늄 프로그램이 모든 핵능력이었지만, 북한의 핵능력은 매우 발전되어 있다. 농축유라늄, 트리니윰, 핵탄두, ICBM 등등이다. 향후 북미 간 접점을 맞추어야 할 실무협상이 쉽지 않아 보인다.

두 번째는 검증이다. 과연 북한이 사찰단의 검증을 수용할 수 있겠는가. 구체적인 신고 및 검증을 망라하고 있는 「이란핵합의서」는 159페이지에 달한다. 이 같은 구체적인 실무협상에서 북미 간 검증문제에 대한 합의를 과연 북한은 이루어낼 수 있을 것인가이다.

세 번째로, 미국은 동맹을 중시하며, 동맹이 약화되는 부분을 협상카드로 사용하지 않을 것이다. 즉, 북한이 원하는 대북 적대시 정책은 미국으로서는 수용하기 어려운 카드일 것이며, 제재완화를 비핵화의 대가로 사용하려 할 것이다. 이부분 역시 북미 간 추후 조율해 나가야 할 숙제이다.

중요한 점은 북한의 도발 가능성이다. 바이든 정부에게 북한 이슈는 후순위이다. 많은 국내 이슈들과 국제 이슈들이 우선순위를 차지하고 있으며, 북한 문제가 제대로 다뤄질지 조차도 불투명한 상황이다. 북한은 이런 상황을 전환하려 할 가능성이 존재한다. 현재 바이든 행정부의 대북정책에서 무력 사용은 가능성이 매우 낮다. 북한 도발이 있더라도 제재 강화를 추진할 것이며, 이는 북한으로서는 그다지 우려할 사안이 아니다. 실무협상이 별 성과가 없을 것이라는 판단이 들면 북한의 도발 가능성이 높아질 것이다.

게다가 미국의 중국 때리기가 거세지고 이로 인해 북중관계가 긴밀해지면 북한은 중국의 뒷배를 업고 도발 국면으로 치달을 가능성도 존재한다.

만일 북한의 도발이 있을 경우, 동맹국들과의 공조를 중요시하는 바이든 행정부는 대화를 선호하는 한국의 견해를 귀담아들을 것이며, 대북정책에 있어 한국 정부의 목소리에 따라 유연하게flexible 정책을 추진할 가능성도 존재한다. 한국 정부의 대북정책 추진에 여지를 둘 가능성도 있으며, 북미관계가 막히게 되더라도 남북관계Inter-Korean relations에 대해서는 현 한국 정부의 입장을 상당 부분 수용할 가능성이 있다. 한미 간 대북정책의 차이가 생길 경우 미국은 한미관계가 약화될 것에 우려를 표명할 것으로 보인다. 물론, 현재로서는 북한이 국내경제상황 악화로 인해 쉽게 도발국면으로 치닫지는 않을 것으로 보인다.

Ⅶ

정책적 고려사항

1. 북한의 도발을 방지할 필요

현재 북미관계는 막혀 있다. 북중관계는 정상화되고 있으며, 중국은 대북경제지원을 점차 확대하고 있다. 향후 미국 신 행정부가 등장하게 되면 북한은 또 다시 군사도발을 할 가능성이 있으며, 이 경우 북미 간 대화분위기는 사라질 것이다. 이 경우 북중관계는 재차 강화될 것이며, 한반도에서는 신냉전이 도래할 수 있다. 북한은 중국의 경제지원에 의지하여 자력갱생에 박차를 가할 것이고, WMD능력 고도화에 박차를 가할 것이다.

2. 한미동맹에 기반한 대북정책 필요

대북정책의 기반은 한미 간 협의이어야 한다. 북미회담이 실현되지 않으면 북한은 북중관계 강화 쪽으로 기울어질 것이며 한미 간의 대북정책은 간극이 커지게 될 것이다. 한미 간의 긴밀한 협의를 통해 한미 양국이 주도할 수 있는 대북정책을 추진해야 한다.

굳건한 한미동맹을 위해서는 대화체가 필요하다. 한미 양국은 2010년부터 2년마다 2+2회의를 진행해왔다. 이는 양국의 외교, 국방장관들이 모여 한미동맹의 외교 안보전략을 조율해 나가는 중요한 고위급 대화체였다. 2+2회의는 2016년을 마지막으로 열리지 못하고 있다. 대북정책 공조 등 한미 양국의 외교안보전략 협의를 위해 2+2회의를 복원시켜 한미 간보다 긴밀한 대화를 시작할 필요가 있다.

3. 다양한 대북정책 옵션 고려

한국의 대북개입정책은 북한의 개혁개방을 목표로 하고 있지만, 실제 북한 김정은은 자신의 권력 공고화를 위해 대북개입정책의 수위를 조절하고 있으며 개혁개방 가능성은 그다지 높지 않을 것으로 보인다. 따라서 남북 간의 교류 이외에도 다양한 대북정책의 옵션을 고민할 필요가 있다. 즉, 남북한 간의 창구 이외의 실질적인 대북 정보유입과 북한 주민과의 접촉을 위한 방안이 필요하며, 이를 통해 대북정책의 실질적인 성과가 있는 정책이 필요한 상황이다.

예를 들어, 북중경계지역의 북한 주민의 탈북안전을 제공하는 노력이 필요하며, 동시에 북한 비핵화를 이끌어낼 수 있는 국제적 공조 마련이 시급하다. 또한, 현재와 같은 미중갈등 상황 속에서 대북정책이 효과적으로 이루어질 수 있도록 관련 국가들과의 공조를 추진할 필요가 있다. 미중 양국을 비롯한 관련 국가들의 대북정책이 하나의 창구로 수렴될 수 있도록 해야 한다. 바이든 행정부의 다자적 대북정책 노력에 협력하여 강대국들 간의 다툼으로 인해 대북정책이 손상되지 않도록 할 필요가 있다.

4. 바이든의 대북 군비통제 협상 가능성에 대비할 필요

북미 간 군비통제 협상은, 물론 여러 가지 구체적 가능성이 존재하지만, 여전히 문제점을 담고 있다. 현재 바이든 캠프 내 일부 인사들은 비록 소수파이긴 하지만 오바마의 전략적 인내와 차별화되는 보다 현실적인 방안으로써 군비통제협상을 제시하고 있다. 그러나, 군비통제협상은 북한의 비핵화에 대해 한미동맹의 희생을 요구하는 것이며, 최종적 목표인 완전한 비핵화를 이루는 대신 스몰딜에 머물게 될 가능성이 높다. 즉, 전체적인 엔드포인트endpoint나 로드맵 제시 없이 단계적step-by-step 접근법에 따라 이루어질 가능성이 높다. 이는 북한을 묵시적으로 핵보유국으로 인정하게 될 수 있으며, 비핵화체제NPT의 나쁜 사례로 남게 될 가능성이 존재한다. 이는 아시아 지역에서 동맹체제를 약화시킬 수 있다. 따라서, 북한의 CVID를 최종 목표로 규정하고, 북미협상의 과정에서 한미동맹이 약화되지 않도록 대비할 필요가 있다.

중국의 대북 및 한반도 정책

이태환

I

서론

제2차 북미정상회담 결렬 이후 북핵실험이나 장거리미사일 도발이 없음에도 불구하고 북한은 핵전력을 지속적으로 증대시키고 있다. 북한이 핵실험과 미사일 발사를 하지 않은 것이 그나마 다행이라고 생각하기에는 아직 이르다. 북한은 핵실험을 하지 않고 미사일을 발사하지 않는 동안에도 핵탄두 수를 증대시키고 미사일 개발을 지속해 왔기 때문이다. 국방부 2018년 국방백서에 의하면 북한의 플루토늄 보유량은 핵무기 10개를 제조할 수 있는 50여 kg, 고농축우라늄HEU을 '상당량' 보유한 것으로 평가된 바 있다. 동년 핵탄두 보유량을 20~30개로 추정한 스웨덴 스톡홀름국제평화연구소SIPRI는 2020년 1월 현재 북한이 보유한 핵탄두를 전년도보다 10개 정도 증대한 30~40개로 추정하고 있다.[1] 그 외에도 장거리 미사일의 경우 괌이나 주일미군기지 등을 타격권에 둔 미사일 전력을 완성했거나 그 수준에 도달했을 것이란 추측이다. 이와 더불어 북극성-3형 등 잠수함발사탄도미사일SLBM의 전력화 가능성도 큰 것으로 알려지고 있다.

북한의 핵전력 증강보다 더 중요한 것은 핵보유 의지다. 북한은 2020년 7월 27일 전국노병대회 연설에서 김정은 위원장이 핵보유국임을 공식적으

---

1 북한이 2020년 1월 기준으로 지난해보다 10개 늘어난 30-40개의 핵탄두를 보유한 것으로 추정된다고 스웨덴 싱크탱크 스톡홀름국제평화연구소(SIPRI)가 2020년 연감에서 평가했다. SIPRI *Yearbook: Armaments, Disarmament and International Security Summary*, June 2020.

로 천명함에 따라 핵협상이 재개되더라도 완전 비핵화가 아닌 핵군축 협상을 추진할 의도임을 드러냈다. 5월 조선노동당 중앙군사위원회 확대회의에서도 '핵전쟁 억제력' 언급은 있었지만 핵보유국은 사용되지 않았던 것을 감안할 때 핵보유 의지가 강화되고 있음을 보여주는 것이다.

북한의 핵전력 증강에도 불구하고 한반도 비핵화와 평화구축은 가능한 것인가? 비핵화와 평화 프로세스는 언제 새로운 동력을 확보할 계기가 마련될 가능성이 있는가?

우선 북미협상이 재개되어야 가능하다고 볼 수 있다. 북미협상은 북한이 심각한 도발을 하지 않는 한미 행정부의 정책 우선순위에 들어가지 않을 것이므로 2021년 상반기에는 어려울 것이다. 주요 변수는 미 대선 결과 새롭게 출발하는 바이든 정부의 대북정책이라 할 수 있다. 그에 못지않게 중요한 변수가 중국의 대북정책이다. Voice of America와 한 인터뷰에서 갈루치 전 국무부 북핵 특사는 중국의 협력 없이 북한과 성공적인 관여를 한다는 것은 생각하기 어렵다고 하였고 조셉 디트라니 전 6자회담 차석대표는 북한 문제를 평화롭게 해결하는 데 중국의 역할은 매우 중요하다고 강조했다.[2]

한반도 평화와 비핵화에 미치는 중국의 영향은 최근 몇 년 사이에 괄목할 정도로 증대되었다. 지난 2년간 5차례에 걸친 북중정상회담의 결과 북중관계 개선과 더불어 중국의 대북한 영향력의 증대가 이루어졌기 때문이다. 2018년 6월 1차 북미정상회담 전후로 진전된 남북관계 개선으로 한반도 평화에 미치는 주변국들의 영향을 최소화하기 위한 노력도 있었지만, 2019년 2월 2차 북미정상회담이 결렬된 이후 남북관계는 악화되었고 중국

---

2 "미 전직 관리들 '북핵 해결에 미-중 협력 필수'…전망은 엇갈려," *Voice of America*, 2020.7.24. https://www.voakorea.com/korea/korea-politics/us-china-dprk-1 (검색일 2020년 8월 1일)

의 대북 영향력은 더욱 커졌다. 중국의 대북정책에 대한 이해 없이는 북핵 해결에 중국의 협력을 이끌어내기 어렵다.

이 장에서는 중국의 대북정책에 대한 이해를 위해 첫째, 한반도 평화와 비핵화에 대한 중국의 입장과 대북정책은 무엇인가, 둘째, 중국의 대북정책에 영향을 미치는 요인은 무엇인가, 셋째, 중국의 대북정책 전망은 어떠한가의 세 가지 문제를 중심으로 분석해 보고자 한다.

우선 중국의 대외정책의 목표와 전략을 살펴볼 것이다. 일반적 목표와 전략이 동북아 전략과 한반도 전략에 어떠한 영향을 주는지 검토할 것이다. 둘째, 미중관계의 영향을 볼 것이다. 북핵과 한반도 평화체제 구축과 같은 이슈는 미중관계의 영향을 받는다. 북핵과 북한 문제 등 한반도 문제를 관리하는 데 있어 미국과 중국 간에는 대단히 복잡하고도 유동적인 상호 협력, 견제, 경쟁의 관계가 전개되어 왔다. 동북아에서 미중은 자국의 영향력을 극대화하려고 할 것이기 때문에 한반도를 둘러싼 경쟁은 불가피하나 어느 정도 협력이 가능한지 살펴볼 것이다. 셋째, 한반도를 둘러싼 지정학적 요인이 중국의 대북정책에 얼마나 영향을 미치는지 검토해 볼 것이다. 마지막으로 중국의 대북정책에서 주요 고려사항인 북한체제의 안정에 대해 살펴볼 것이다.

이러한 요인들을 토대로 중국의 대북정책의 지속적인 부분과 변화 가능한 부분에 대해 전망해 볼 수 있을 것이다.

Ⅱ

중국의 한반도 정책과 대북정책

1. 비핵화와 한반도 평화에 대한 중국의 입장

중국의 대북정책을 이해하기 위해 우선 한반도 문제에 관련된 중국의 역할에 대한 중국 외교정책 결정자의 언명과 인식을 검토할 필요가 있다.

왕이王毅 중국 외교 담당 국무위원 겸 외교부장이 2019년 3월 제13기 2차 전국인민대표대회전인대 기자회견에서 중국의 한반도 비핵화 노력의 지속성을 강조하며 한반도 문제에 대한 중국의 역할을 제안한 바 있다. 2019년 2월 제2차 북미정상회담 결렬 직후에 언급한 제안에서 중국의 역할을 강조한 것에 주목할 필요가 있다.

그는 중국이 한반도 문제에 대해 비핵화, 대화와 협상을 통한 문제 해결, 한반도 평화와 안정 유지를 견지하고 있고 이를 위해 20여 년간 노력해왔음을 강조했다.[3] 한반도 문제에 대한 중국의 역할과 관련해 북핵문제 해결 방법으로 한반도 비핵화와 한반도 평화체제 구축 실현이라는 로드맵을 함께 만드는 것을 제안했다. 또한 북한이 자신의 정당한 우려를 해결하려는 것을 전적으로 지지할 것이라면서 북한과 손을 잡고 한반도 문제의 정치적 해결 프로세스를 수호하길 원한다고 덧붙였다.

2020년 5월 제13기 3차 전인대 직후 가진 기자회견에서는 왕이王毅 외교

---

3 "中왕이 '북미 대화 지속하면 한반도 비핵화 반드시 달성'," <연합뉴스> 2019.3.8.

부장은 한반도 핵문제 관련, 대화의 중요성과 북미 교착상태 타파를 위한 행동을 다시 한번 강조했다. 북미 간 대화를 촉구하며 "앉아선 논의하고 일어서면 행동해야 한다는 '좌이논도坐而論道, 앉아서 도를 논하다'와 '기이행지起而行之, 일어나면 걸어가야 한다'를 언급하며 대화와 함께 한반도 대치 상황 타파를 위한 행동의 중요성을 강조했다.[4] 좌이논도坐而論道는 한반도 문제에 대한 대화를 지속하고, 대화의 궤도를 벗어나지 말아야 하는 것이고, 기이행지起而行之는 관련국들이 실제 행동을 통해 한반도 문제 해결을 실질적으로 추진한다는 의미이다.[5]

기본 입장에는 변화가 없지만 한반도 핵문제 해결 접근법은 비핵화와 평화 기제라는 쌍궤병행双轨并行을 견지하고 단계적으로 동시 추진하는 것임을 명백히 했다. 아울러 왕이 외교부장은 중국과 러시아가 앞서 유엔 안전보장이사회에 한반도 문제의 정치적 해결을 위한 결의안을 공동 제출하고 여러 차례 안보리에 대북제재 완화, 북한의 경제민생난 해소를 돕고 한반도 문제를 정치적으로 풀도록 하는 여건을 조성할 것을 권고했다고 강조했다.[6] 중국의 역할을 강조한 것이다. 중국이 어떠한 역할을 하려고 하는지 이해하려면 중국의 대북정책에 앞서 포괄적인 중국의 한반도 정책의 목표와 원칙, 접근 방식에 대해 검토할 필요가 있다.

---

4 "왕이 '美 일부 정치인, 거짓말로 中 날조…신냉전 몰고 간다'," 〈중앙일보〉 2020.5.24.

5 2020년 5월 24일 CGTN TV 화상인터뷰; "주한 中대사 '대립·심한 경쟁 한반도 해결책 아니다'," 〈뉴시스〉 2020.5.25.

6 "왕이 中외교 '북미, 한반도 교착 타파 위해 실제 행동해야'," 〈뉴시스〉 2020.5.25. https://www.donga.com/news/Inter/article/all/20200525/101194137/1

가. 목표와 원칙

중국은 한반도와 관련하여 크게 세 가지 목표를 갖고 있다고 볼 수 있다. 한반도의 안정과 평화 유지, 한반도 비핵화, 한반도에서 중국의 영향력 유지이다.

첫째, 한반도 비핵화를 목표로 하고 있다. 이러한 목표는 미국의 입장과도 다르지 않다. 그러나 이 목표를 실현하는 방법에는 차이가 있다. 중국은 유엔의 대북제재에 참여하면서도 그 이행에서는 미국과 다른 입장을 보였다.

중국은 북한에서 진행하는 핵실험과 미사일실험과 같은 비이성적인 행위에 반대하고 유엔 안보리를 통해 북핵실험에 반대하는 결의안에 찬성했지만 실제 북한 제재에 대해 유보적인 행보를 보여왔다.[7] 2013년 3차 북핵실험 후 대 한반도 정책에서 한반도 안정과 평화에 앞서 비핵화를 우선순위 앞에 놓기 시작했다. 북핵문제 해결 없이 한반도 안정을 담보할 수 없다고 인식하기 시작했기 때문이다. 그러면서 대북제재에도 어느 정도 참여했고 제재 이행에도 점차 협조적인 자세를 취했다. 6차 북핵실험 후에는 대북제재에 적극 동참했다. 이는 중국이 비핵화 목표를 공유하고 있음을 국제사회와 미국에도 주지시키기 위한 것이었다.

둘째, 한반도의 안정과 무력 충돌 방지이다. 중국은 한반도에서 안정과 무력 충돌 방지가 가장 중요한 목표이다. 비핵화보다도 우선적으로 강조하는 목표였다. 한반도에서 무력 충돌을 방지하고 평화와 안정을 유지하는 것이 중국의 최우선 국가 목표인 경제성장의 지속을 위해 가장 중요한 선결

---

7 북한의 2차 핵실험 후 2009년 5월 25일 외교부 성명에서 중국 외교부는 1차 핵실험 때 사용한 悍然(제멋대로)이라는 표현보다 부드러운 "중국 정부는 단호히 반대 입장을 표명한다. …중국은 북한이 비핵화 약속을 지키고, 사태가 더 악화시킬 수 있는 관련 행동을 중지하며, 6자회담으로 돌아오기를 강력히 요구한다." 라는 입장을 표명했다.

과제로 중국은 인식하고 있기 때문이다.

그러나 북한이 핵실험을 계속하면서 비핵화 없이는 한반도 안정과 평화를 이룰 수 없다는 인식하에 비핵화를 우선적인 목표로 세운 것이다. 궁극적인 목표는 안정이다. 이에는 외부 개입에 의한 북한 붕괴 방지도 포함된다. 북한체제의 붕괴 가능성에도 우려를 갖고 있으며 북한의 붕괴 방지가 한반도 안정에 중요하다고 본다.

셋째, 한반도에 대한 영향력 유지와 증대이다. 중국은 한반도에서 중국의 영향력을 유지하기 위해 남북한 균형외교를 하고 있다. 주목해야 할 부분은 북핵문제 해결 과정을 통한 중국의 전략적 입지의 강화이다. 북핵문제는 북한체제의 장래와 한반도 통일, 이를 둘러싼 강대국들의 이해관계가 얽힌 아주 복잡한 방정식이다.

한반도의 지정학적 위치 때문에 분단 상황에서 중국에게 있어 북한의 전략적 가치는 매우 크다. 주한미군이 주둔하고 있는 상황에서 미군과 접경을 하지 않을 수 있는 것은 북한이 완충지대로서의 역할을 해왔기 때문으로 인식하고 있다.

중국은 북핵문제로 한반도 정세가 불안해지고 한반도에 대한 미국의 영향력이 증대되는 것을 원하지 않는다. 6자회담 시 중국이 의장국 역할을 하면서 중국의 한반도에 대한 영향력은 증대되었다. 6자회담이 중단되자 중국은 북미대화를 촉구하면서도 북핵협상에서 중국의 역할이 감소하는 것을 원하지 않았다. 중국의 대북 영향력이 줄어들 가능성이 있기 때문이다. 중국이 북미정상회담을 앞두고 두 번이나 북중정상회담을 먼저하고 제1차 북미정상회담 후에 세 번째 북중정상회담을 전격적으로 가진 것도 그러한 입장을 보여 주는 것이다. 제2차 북미정상회담 개최 이전에 제4차 북중정상회담을 가진 것도 북미대화와 회담은 찬성하지만 그 과정에서 미국의 영향력이 증대되는 반면 중국의 대북 영향력이 감소되는 것을 차단하기 위한 것이다. 제2차 북미정상회담이 성공하여 북미관계가 개선되는 경우 한반도에 대한 미국의 영향력은 확대될 수밖에 없다고 보았기 때문이다.

북한에 대한 영향력 증대를 위해 장기적인 포석도 진행하고 있다. 2019년 제4차 북중정상회담에서 시진핑 중국 국가 주석이 김정은 위원장에게 중국의 一帶一路일대일로에 북한의 참여를 허용할 것을 약속한 것도 북한의 개방을 유도하는 동시에 중국의 영향력을 확대하기 위한 포석이라고 할 수 있다. 제4차까지 네차례 북중정상회담은 중국에서 개최되었지만 제5차 북중정상회담은 시진핑 주석이 김정은 체제 출범후 처음으로 평양을 방문하여 개최된 것으로 김정은 정권의 정통성과 안전을 담보함으로써 북중관계 강화뿐 아니라 대북 영향력 확대의 전기를 마련한 것이었다.

나. 비핵화와 한반도 평화에 대한 접근법

중국도 북한 비핵화의 목표는 미국과 다르지 않다. 6차 북핵실험 후 고강도 대북제재에 참여하고 대화를 지지하고 있다. 그러나 비핵화 시기와 방법은 미국과 다르다.

첫째, 대화와 협상 원칙이다.

중국도 미국도 북핵 해결을 위한 대화와 협상을 원한다. 그러나 미국은 대북제재 없이 대화는 성공할 수 없다고 본다. 이에 반해 중국은 북한 비핵화를 위해 유엔 대북제재에 동참하기는 했지만 대북제재가 완전한 비핵화를 달성할 것이라고는 생각지 않는다. 북한이 안보불안을 느끼는 한 핵보유를 포기하지 않을 것이고 대북제재가 장기적으로 지속되면 북한이 붕괴될 우려도 있기 때문에, 중국으로서는 북한 붕괴 방지를 위해 대북제재를 완화하거나 원조를 하지 않을 수 없는 입장이다. 대북제재가 북핵을 해결하기에는 한계가 있다고 보는 것이다.

둘째, 중국은 비핵화를 위한 접근법으로 쌍중단双暂停 쌍궤병행双轨并行

을 주장해왔다. 쌍중단은 북핵 도발중지와 한미연합훈련의 동시적인 잠정 중지를 의미한다. 처음에 중국의 제안을 미국은 거부했었다. 그러나 제1차 북미정상회담 직후 남북 군사 실무회담의 논의를 거쳐 2018년 8월 실시 예정이던 을지프리덤가디언 한미연합훈련 잠정 중단이 이루어지면서 미중의 입장 차이는 다소 좁혀졌다.

미국은 2차 북미정상회담 결렬 이후에도 대화 기조는 지속하면서 한미연합훈련을 축소했다. 워게임의 지휘소 훈련인 키리졸브 연습을 19-1연습으로 변경 축소하고 야외기동 훈련인 독수리 훈련을 대대급 이하 규모로 축소했다. 중국이 주장해왔던 북한의 핵도발 중지와 한미연합훈련 중단의 동시적 병행으로 불리는 쌍중단이 이루어지는 결과에 중국은 만족했다.

다음으로 쌍궤병행은 비핵화 프로세스와 한반도 평화 프로세스가 병행해서 같이 진전이 되는 것을 의미한다. 중국은 한반도 평화체제 구축에서 정전협정 당사자로서 의미 있는 역할을 하기를 원한다. 쌍궤병행 주장에는 그러한 의미도 내포되어 있다. 제2차 북미정상회담 결렬 이후 중국의 공식 반응은 '북한과 미국이 계속 대화를 유지하고 한반도 비핵화와 평화체제 구축을 추진하기를 희망한다'였다. 하지만 일부 전문가들은 북미협상이 결렬됨에 따라 미국과 북한 모두 중국의 도움이 필요할 것이기 때문에 중국으로서는 나쁠 것이 없다는 입장을 보이기도 했다. 비핵화와 평화체제 구축에서 중국이 역할을 할 수 있는 기회가 될 수 있다고 보았기 때문이다.

이러한 입장은 종전선언에 대한 태도에서도 나타난다. 중국은 정전협정 당사자로서 종전선언에서 빠질 수 없다는 입장을 보였다. 겉으로 종전선언을 환영하는 듯 보였지만 중국의 속내는 종전선언이 남북한 및 북미 양자 간이라면 모르지만 중국이 빠진 채 남북미 3자 형태로 할 수는 없다는 입장을 보였다. 중국은 종전선언이든 평화협정이든 중국이 중요한 역할을 해야 한다고 생각하고 있다.

한반도 평화체제 구축과 관련, 중국은 남북한이 주가 되며 미국과 중국이 지지자가 되는 4자 간 평화협정을 강조하고 있다. 이는 한반도 평화체제 구축 과정에 주한미군의 철수와 같은 내용이 담기는 것을 의미하지는 않으나 미중 간에 협의가 이루어져야 함을 의미하는 것이다. 중국의 동아시아 전략과 한반도 정책이 미국과의 전략적 관계를 어떻게 설정하는가와 연관이 있다고 볼 수 있다.

2. 중국의 대북정책

2013년 제3차 핵실험 이후 시진핑 집권 시기에 중국의 대북정책이 변화하고 있는가의 여부가 학자들 간에 논쟁의 주제가 되어 왔다. 중국 외교부 대변인이 한반도 정책의 원칙을 공표함에 있어 한반도 평화와 안정, 그 다음이 한반도 비핵화의 순이었던 것이, 3차 핵실험 이후 한반도 비핵화가 먼저 나오고 그 다음이 한반도 평화와 안정으로 바뀐 것도 주목의 대상이 되었다. 이에 대해 중국의 대북정책이 실질적으로 변화한 것인가에 대해 의견이 분분했다. 시진핑 시대에 와서 근본적인 변화가 없다는 견해와[8] 대북정책의 근본적 목표는 아니라도 수단과 방법을 달리하려는 경우가 있음을 지적하는 경우도 있었다.[9] 전략적인 변화가 아니라 전술적인 변화나 북한을 다루는 방식의 변화로 보는 경향이 있었다. 제6차 핵실험 후 북한에 대한 제재 압박 강화나 북미정상회담을 전후하여 북중정상회담을 개최한 것도 대북정책의 전술적인 변화로 보기도 한다. 중국의 대북정책이 근본적인 변화

---

8 미국의 고위급 대북정책 정책 결정자들이 유엔회의에서 만난 중국의 정책 결정자들의 태도를 통해 중국의 대북정책은 근본적으로 바뀌지 않고 있음을 주장. Brendan Taylor, "Does China Still Back North Korea?," *Survival*, Vol. 55, No. 5 (2013), pp. 85-91.

9 중국 인민대 진찬룽 교수는 북한에 대한 견해 차이가 있음을 제시하며, 중국의 대북정책 변화 가능성을 시사했다. 진찬룽. "북핵문제에 대한 중국 정책의 진화," 「전략연구」 (2013), pp. 123-125.

인가 아닌가의 여부보다 중국의 대북정책의 주요 특징을 구분하여 살펴보는 것이 대북정책 이해에 더 중요하므로 몇 가지로 나누어 보고자 한다.

가. 한반도 비핵화와 북한 관리

우선 중국 대북정책의 특징으로 비핵화와 북한 관리를 위한 중국의 제한적 개입을 들 수 있다. 1990년대 제1차 북핵위기 시 직접 관여하지 않았던 중국이 비핵화 과정에 개입하게 된 계기는 2002년 미국의 지원요청이었다. 2002년 북한이 고농축 우라늄 프로그램을 진행 중이라는 제임스 켈리 미 대통령 대북특사의 보고로 제2차 북핵위기가 촉발되자 중국에 지원요청이 들어갔다. 2003년 1월 북한이 NPT 탈퇴를 재차 선언하고 고농축 우라늄 프로그램을 시인하면서 중국 개입의 필요성이 더욱 강화되었다.[10]

2003년 한국, 미국, 북한, 중국, 러시아, 일본이 참여해 한반도 문제를 논의하는 다자간 대화틀로 6자회담이 만들어지면서 중국이 의장국으로서 주도적 역할을 했다. 2006년 북한의 제1차 핵실험 이후에도 중국은 제한적이고 상징적인 대북 압박과 설득을 통해 미국과 북한의 중재 역할을 병행함으로써 북한의 6자회담 복귀를 위해 노력했었다.[11] 그러나 6자회담이 2008년 12월 중지된 뒤 2009년 4월 북한이 일방적으로 6자회담을 탈퇴한 후 제2차 북핵실험이 있었고 이후 6자회담은 재개되지 못했다. 2009년 북한의 6자회담 탈퇴 후에도 중국이 북핵문제를 정치적으로 해결하는 방안으로 6자회

---

10 전 북한 주재 영국대사관 대리 대사, 제임스 호어(James Hoare), "중국과 북한: 복잡하고 오해로 가득 찬 관계," 〈BBC 뉴스코리아〉 2017.9.30. https://www.bbc.com/korean/news-41334433 (검색일 2020년 6월 20일)

11 6자회담은 여전히 북핵문제 해결의 가장 효과적인 방법이라는 점을 분명히 하여 북핵문제에 있어 주도적인 역할을 하였다. 2006년 10월 31일 중국의 건의 대로 북미중 3국의 6자회담 수석대표들이 북경에서 비공식 회담을 개최하여 6자회담 재개에 합의했고, 다음날인 11월 1일 북한은 6자회담 복귀를 선언한 바 있다.

담의 재개 필요를 주장한 것은 중국의 역할을 강조하기 위한 것이었다.

다음 특징은 제2차 북핵실험 이후 중국의 대북정책 논쟁을 통해 북한 관리 정책의 성격을 갖게 된 것이다. 중국내에서 대북정책에 대한 본격적인 논란은 2009년 5월 제2차 핵실험 후 제기되면서 시작되었다. 중국은 북한의 핵실험 및 보유에 대해서는 단호하게 반대 입장을 표명했다. 그러나 북한 문제에 대해서는 전통적 우의를 유지하는 태도를 취했다. 북한과의 전통적인 우호관계를 중시하는 소위 '전통파'와 북한과의 '정상국가' 관계를 주장하는 '전략파' 간의 논쟁이 있었으나 전통파의 의견을 따라 북핵문제를 북한 문제로부터 분리하여 처리한다는 전략을 채택하기에 이른 것이다.[12] 2002년 이후 북핵문제가 다시 쟁점화되면서 중국 내에서 북한이 완충지대로서의 가치보다는 부담이 되고 있다는 부담론이 제기되기도 하고[13], 2006년 10월 북한의 핵실험 이후 중국이 엄중하게 북한을 비난하고, UN의 제제에 동참했던 것은 동북아에서 핵도미노를 우려했기 때문이다. 그러나 후에 핵도미노는 가능성이 적다는 판단을 하게 되고 김정일의 건강이 악화되면서 2009년 7월 대북정책에 대해 재고를 한 것이다.

나. 한반도 비핵화와 평화협정의 병행 추진

중국의 대북정책에 대한 국내적인 논쟁이 있기는 했지만 비핵화에 대한 중국의 기본 입장은 변함이 없었다. 중국의 대북정책은 비핵화 과정에서 중재 역할을 맡게 되면서 점차 양자관계에서 벗어나 국제관계 특히 미중관계의 맥락 속에서 움직이게 되었다. 그 결과 중국이 제안한 것이 중국의 참여

---

12 International Crisis Group, "Shade of Red:China's Debate over North Korea," *Asia Report*, No.179, November 2, 2019.

13 부담론의 입장 다음 참조, You Ji, "Understanding China's North Korea Policy," *China Brief*, Vol. 4, Issue 5, March 8, 2004.

와 역할을 강조하는 한반도 비핵화와 평화협정의 병행 추진이다.

중국은 한반도 비핵화를 북한의 핵포기 문제로만 다루지 않고 한반도 평화와 미래에 대한 중국의 역할과 연계하여 다루었다. 2016년 2월 17일 중국은 "6자회담이 8년 동안 중단됐고, 그 결과 모두가 바라지 않는 국면에 봉착했다"며 회담의 조속한 재개를 거듭 촉구하며 한반도 비핵화와 평화협정 체결을 동시에 추진하는 협상을 하자고 제안했다.[14] 중국이 한반도 비핵화와 평화협정을 동시에 추진하자고 공식 제안한 것은 당시가 처음이다. 미국무부는 이에 대해 비핵화가 최우선 과제라며 거부의사를 밝혔다.[15]

다음으로 미 트럼프 정부에 와서 북미정상회담을 앞두고 시진핑 주석이 트럼프 대통령과의 통화에서 4자 평화협정 추진을 다시 제의했다. 일본 교도통신이 2018년 4월 1일 보도한 바에 의하면 2018년 3월 9일 시진핑 주석은 트럼프 대통령과의 통화에서 남북과 미중 등 4개국이 참여하는 평화협정 체결을 포함해 '새로운 (한반도) 안전보장의 틀'을 제안했다. 트럼프 대통령은 시 주석의 제안에 답하지 않은 채 중국에 대북 압박을 유지할 것을 요청했다고 알려졌다.[16]

이는 중국이 주장해온 '쌍궤병행雙軌竝行'을 좀 더 구체화한 것으로 이 제

---

14 Ministry of Foreign Affairs of the PRC, Wang Yi: Move Forward Denuclearization on the Korean Peninsula in Parallel with Transition from Armistice to Peace 2016.2.17. https://www.fmprc.gov.cn/mfa_eng/wjbxw/t1341749.shtml (검색일 2020년 8월 1일)
왕이 중국 외교부장은 베이징에서 줄리 비숍 오스트레일리아 외무장관과 회담한 뒤 한 기자회견에서 "중국은 비록 한반도 핵문제는 중국에 (책임이) 있지 않지만 6자회담 의장국으로서 비핵화를 실현하고 정전협정을 평화협정으로 바꾸는 것을 동시에 추진하는 협상을 벌일 것을 제안한다"고 말했다.
http://www.hani.co.kr/arti/international/china/730940.html#csidxfcccee0110181e7a1d530f7f64844ef (검색일 2020년 8월 1일)

15 "미 국무부, 중국 평화협정논의 제안에 '북한 비핵화가 최우선'," <연합뉴스> 2016.2.19. https://www.yna.co.kr/view/MYH20160219014600038 (검색일 2020년 8월 10일)

16 <동아일보> 2018.4.2.
https://www.donga.com/news/Inter/article/all/20180402/89409721/1

안은 1953년부터 이어진 휴전협정체제를 종식하는 종전선언과 평화협정 체결에 중국이 당사국으로 참여해야 한다는 것을 의미하는 것이다.

시진핑 시기 비핵화를 중심으로 한 중국의 대북정책은 유엔과 미국을 대상으로 한 외교정책과 맞물려 있다. 종전선언이 남북미 간에 이루어질 수 있다는 전망이 나오는 시점에 중국은 종전선언과 한반도 평화 프로세스에 대해 중국의 참여를 희망했다.

비핵화와 한반도 평화 프로세스에서 중국의 역할을 강조한 것이다. 그러한 중국의 입장을 보여준 대북정책의 변화로 연이은 북중정상회담의 개최를 들 수 있다. 2018년 북미장상회담을 앞두고 시진핑 시기에 와서 처음 북중정상회담이 개최된 후 2019년에 시진핑이 방북하기까지 정상회담을 5차례나 가진 것은 매우 이례적이라 할 수 있다. 게다가 2019년 중국 정상이 방북한 것은 2005년 후진타오 이후 14년 만이었다. 시진핑 주석은 2019년 6월 평양 정상회담에서 "한반도 비핵화 실현을 위해 적극적인 역할을 하겠다."고 강조함으로써 한반도에 대한 중국의 적극 관여 입장을 드러내었다.

다. 대북제재 압박 정책

중국은 북핵실험에 반대하며 유엔 대북제재 압박에 동참하면서 비핵화 의지를 천명해왔다. 하지만 중국이 대북제재에 동참하면서도 제재대상이 아닌 품목에 대해 거래하거나 밀무역을 허용하는 정도에서 대북 경제지원을 유지해왔다.

2013년 제3차 핵실험 이후 중국의 대북제재 압박 정책은 점차 강화되는 듯했으나 이행에 한계가 있었다. 4차 핵실험 후 2016년 1월 만장일치로 통과된 결의안 2270호가 대북제재의 전환점으로 알려져 있다. 과거와 달리 실질적인 조치들이 포함되었기 때문이다. 하지만 중국은 대북제재에 참여하면서도 그 실효성에는 부정적이었고 북한의 안보불안 해소가 먼저라는 입장을 취했다. 2016년 12월 제5차 핵실험 유엔안보리 대북제재 결의안이 통과된 후 환구시보环球时报는 "제재는 핵프로그램을 포기하도록 하는 국제사회 노력의 일부분일 뿐이며 미국과 한국은 북한의 안보 걱정을 덜어줄 계기를 가질 필요가 있다"고 주장했다. 환구시보는 "한국과 미국이 북한과 안보 및 상호 신뢰를 위한 타개책을 찾으려고 하지 않으면 어떤 제재도 북한을 포기하게 할 수 없다"[17]고 강조하였다.

그러나 트럼프 정부에 와서 북핵문제가 미 외교정책의 우선순위에서 큰 비중을 갖고 다루어지면서 중국의 태도도 변화를 보였다. 2017년 9월 제6차 핵실험 이후에 나온 유엔 안보리 대북제재에 대해서 적극 동참했을 뿐 아니라 과거보다 강력한 이행을 보이기도 했다.

2017년에는 유엔에서 더욱 강력한 조치들이 이어졌다. 2017년 8월 발표된 결의안 2371호에선 수산물 수출과 해외 노동자 신규 송출이 원천 금지되었다. 동년 9월 통과된 결의안 2375호에선 처음으로 유류품 제재가 포함됐다. 원유와 정유제품 공급을 각각 연 400만 배럴, 200만 배럴로 동결했다. 대북제재 결의안 2397호에서는 정유제품 공급량 상한선을 50만 배럴로 줄이고, 먼저 나가 있던 해외파견 노동자를 24개월 안에 송환하도록 결정했다.[18] 2019년 2월 하노이 북미정상회담 결렬 시 리용호 당시 외무상이 2016~2017년 채택된 유엔 대북제재 결의안 중 '2270', '2321', '2371', '2375', '2397'호의 5건의 제재를 지목하여 해제를 요구한 것을 볼 때 실제 압박 효과가 어느정도 있었음을 시사한다.

실제 북중 무역액은 2012년 60억 달러에서 2018년 27억 달러로 감소했고 2019년은 30.9억 달러로 약간 증가세를 보이기도 했다. 대외경제정책

---

17 "중국 '북핵문제 6자회담 재개로 해결해야'," 〈연합뉴스〉 2016.12.1.

18 〈한국경제〉 2019.3.1.

연구원KIEP이 대북제재와 북한경제에 대한 영향을 분석한 "2019년 북중무역 평가와 전망" 보고서에 의하면 2019년 북한의 대중 수출입은 각각 전년 대비 소폭 증가하여 대중 수출은 2억 1,500만 달러로 전년 대비 1.0% 증가한 반면, 대중 수입은 28억 8,000만 달러로 전년 대비 16.1% 증가했다. 상품무역수지 적자는 23억 6,000만 달러로 전년20억 달러 대비 17.7% 악화되었다.

〈표 1〉 북중 무역액(북한의 대중 수출입액 2016-2019)

구분 \ 연도	2016	2017	2018	2019
대중 수출액 $	2,634,402,000	1,650,663,000	194,624,000	215,197,317
대중 수입액 $	3,422,035,000	3,608,031,000	2,528,316,000	2,883,570,406
총액 $	6,056,437,000	5,258,694,000	2,722,940,000	3,098,767,723

자료: KOTRA

2020년 상반기에는 무역액이 4.1억 달러로 급감했다. 이는 유엔제재보다는 신종 코로나바이러스를 막기 위해 1월 말부터 국경을 봉쇄한 영향으로 보인다. 2020년 1월부터 5월까지 북한과 중국이 무역을 통해 거래한 금액은 3억 1,388만 달러로 전년도와 같은 기간의 10억 2,631만 달러와 비교할 때 7억 달러 이상 혹은 약 70% 감소한 것이다. 2019년까지만 해도 북한이 중국산 부품을 들여와 완제품 형태로 재수출하는 방식의 역외가공을 통한 대중 수출액이 8,271만 달러로, 북한의 전체 대중 수출에서 차지하는 비중이 가장 높은 약 40%였으나 그 비중이 약 20%로 떨어졌다.[19]

2018년 발표된 KOTRA 자료가 중국의 대북제재 조치의 이행의 중요성과 한계를 보여주고 있다. 자료에 의하면 북한의 정유제품 수요의 10% 수

---

19 "코로나 이후 북중무역 70% 이상 감소…지린성 교역 가장 큰 타격," *Voice of America*, 2020.7.2. https://www.voakorea.com/coronavirus/postvirus-nk-china-trade

준으로 제한함으로써 북한의 산업, 교통, 화물수송, 전력공급 등 산업전반에 타격이 예상되나 원유의 경우 중국의 연간 공급량 수준의 수출물량을 제한함으로써 원유수출 제재에 따른 애로는 발생하지 않을 것으로 예상했다.[20] 정제유는 압박을 받지만 원유는 별지장이 없다는 의미이다.

〈표 2〉 유엔 대북제재에 따른 중국의 대북제재(2017-2018)

유엔 대북제재	중국 대북제재	주요 내용
2321호 제5차 핵실험	상무부 해관총서 공고 2017년 제12호 2017.2.18.	북한산 석탄 수입 연말까지 중단
2371호 ICBM 발사	상무부 해관총서 공고 2017년 제40호 2017.8.14.	북한산 석탄, 철, 철광석, 납, 납광석, 수산물 수입 전면 금지
2375호 제6차 핵실험	상무부 해관총서 공고 2017년 제52호 2017.9.22.	북한산 방직물 수입 전면 금지, 대북 정유제품 수출 제한
2379호 ICBM 발사	상무부 해관총서 공고 2018년 제4호 2018.1.5.	북한으로 철, 철강 및 기타 금속 공업 기계, 운수차량 수출 전면 금지 대북 원유, 정유제품 수출 제한

자료: 해관총서; 유병훈, "중국의 대북제재 현황 및 효과," KOTRA 선양 무역관(2018.2.26.)에서 인용

라. 대북 영향력 유지 정책

중국은 6자회담과 유엔 대북제재에는 적극 참여하는 한편 북미접촉에 대해서는 복합적이면서 이중적인 입장을 갖고 있다. 핵문제 해결을 위해 북미대화가 필요하다는 입장에는 이견이 없으나 북미대화가 진전되면서 대부분 전문가들은 긍정적인 입장을 보이는 가운데[21] 일부는 북미관계 개선으로 중국의 발언권이 약화될 것을 우려하는 입장을[22] 보였다.

---

20 유병훈, "중국의 대북제재 현황 및 효과," KOTRA 선양 무역관, 2018.2.26.

21 邵峰, "朝核問題的發展前景與東北亞安全機制建設," 『世界經濟與政治』, 2007年 第9期, pp. 12-13; 崔志鷹, "朝美接近: 發展前景及對東北亞局勢的影響," 『中國評論』, 2007年 7月號, p. 89.

22 石源華, "六方會談面臨的新挑戰與東北亞安全合作," 『現代國際關係』, 2007年 第8期, p. 12. 신상진, "중국의 대 북한 인식변화 연구: 북한전문가 심층 면담조사," 『통일정책연구』 제17권 1호(2008), pp. 280-281에서 재인용.

이 같은 우려는 중국의 대북 영향력 유지와 연관이 있다. 북중관계가 소원해져 있을 때에도 중국의 대북 영향력은 유지되어왔다. 이는 북한이 국제사회로부터 고립되어 있기 때문이며 특히 미국과의 관계가 개선되지 않고 있기 때문이다. 북미관계가 급속히 개선될 경우 세계은행을 포함한 국제기구 및 국제사회와 북한의 관계도 개선되면서 중국의 대북 영향력 감소가 일어날 수 있다고 보는 것이다.

이러한 우려를 잘 보여준 대표적인 사례가 북중정상회담이다. 북미관계가 급진전된 1차 북미정상회담 전후로 북미 접근에 대한 중국의 입장은 이중적이었다. 2018년 제1차 북미정상회담 개최를 전후하여 북중정상회담을 두 차례 개최하고 2019년 제2차 북미정상회담 결렬 이후에 시진핑이 평양을 방문하여 제5차 북중정상회담을 가졌다. 대북제재와 압박의 기조를 유지하면서도 북한과의 관계를 정상화하면서 업그레이드 한 것이다. 시진핑 집권 이후 6년간 성사되지 않았던 북중정상회담을 몇 달 간격으로 다섯 차례나 개최한 것은 극히 이례적인 것으로 북미정상회담이 중국의 대북 영향력을 약화시킬 가능성을 차단하고자 한 것으로 볼 수 있다.

제6차 핵실험 이후 강력한 대북제재 결의안에 찬성하여 동참했으면서도 다른 한편 북한의 안보 우려를 해소해 주어야 한다는 입장을 견지해온 것도 대북 영향력을 고려하고 있음을 보여주는 것이다. 이러한 대북 영향력 증대를 위한 중국의 입장은 2019년 말 유엔 대북제재 완화를 위한 제안에도 나타난다. 러시아와 공동으로 국제사회의 대북압박 정책의 완화를 시도한 것이다.

Ⅲ

중국의 대북정책에 영향을 미치는 요인

1. 중국의 대외정책 목표와 전략

중국의 대외정책 목표와 전략은 중국의 동북아정책, 한반도정책과 대북정책에 영향을 미치는 주요 변수이다. 특히 지도부가 교체되거나 경제력과 군사력과 같은 경성의 힘이 증대되었을 때 그리고 중국의 위상에 변화가 있을 때 그 영향이 더욱 크게 작용할 수 있다.

중국은 2009년 후진타오 시기에 덩샤오핑 이래 견지되어온 기본적인 대외전략 방침인 실력을 드러내지 않고 기회를 기다리는 "도광양회 유소작위韬光养晦(Tao Guang Yang Hui) 有所作为(You Suo Zuo Wei)"에서 "견지도광양회, 적극유소작위堅持韬光养晦, 積極有所作为"로 유소작위에 더 적극성을 갖는 것으로 방점을 바꾸었다. 유소작위란 필요 시 중요한 문제에 대해서는 확실히 자기입장을 드러내야 함을 의미하며 이를 "적극적으로 한다"로 변화시킨 것이다. 시진핑 주석은 2013년에 이를 넘어서 좀 더 공세적인 奋发有为Fenfa youwei를 내세우고 대외정책을 수립해왔다.

그 기초가 되는 전략으로 2012년 18차 당대회에서 천명한 부강한 국가, 중화민족의 부흥, 인민 행복을 주요 내용으로 하는 중국의 꿈중국 몽과 해양강국의 건설을 위한 구체적 청사진을 제시한 것이다. 2012년 11월 제18차 당대회 업무보고에서 해양강국 건설을 공식적으로 선포한 것은 2010년 GDP 규모 세계 2위의 경제 대국으로 부상한 중국이 더 이상 대륙 강대국이 아닌 해양강국이 되어야 함을 인식했기 때문이다. 2013년 중국 국방백서에서 해양강국 건설이 국가의 중요한 발전 전략이라고 밝힌 것과 2015년 국방백서에서 중국이 기존 대륙 중심의 전략에서 벗어나 해양 중심 전략으로 전환할 것을 명시한 것은 이러한 인식을 잘 보여주는 것이다.[23] 이 국방백서에서 표명된 해양 전략은, 쿠릴열도, 일본, 타이완, 필리핀, 보르네오로 이어지는 제1도련선 내에서의 국가이익 방어뿐 아니라, 소위 제2도련선, 즉 괌Guam과 인도네시아 및 그 외곽까지 이어지는 원해에서의 이익 보호도 포함하고 있다.

2019년 7월 발간된 「신시대 중국 국방」이란 제목의 2019년 국방백서에는 아태지역이 대국 간 게임의 요충지가 되면서 지역 안전에 불확실성이 증가하고 있으며 세계 경제와 전략의 무게 중심이 아시아 태평양 지역으로 이동하고 있다고 지적했다.

다른 한편, 2015년 발표한 국방백서와 달리 영원히 패권 확장을 도모하지 않을 것이라고 밝히고 방어적 국방정책을 강조했다. 그러나 미국 등 서방 그리고 주변국의 평가는 중국 국방정책이 더 이상 방어 위주가 아니며, 해외로 확장을 위한 적극적 군사전략을 지향하고 있다고 평가했다.[24]

실제로 중국의 군사력은 10년간 획기적인 증강과 질적 향상을 보였다. 이에 대한 다른 강대국들과 주변국들의 반응과 평가는 다양하지만 대체로 지난 2년간 중국 군사력 증강 속도와 질적인 향상에 위협 내지는 도전을 받고 있다고 보고 있다. 증가율이 과거보다 높지는 않지만 지속적으로 증가하는 추세이다. 중국의 경제가 지속적으로 성장하고 규모도 계속 확대되고

---

23 中华人民共和国 国务院新闻办公室,《中国的军事战略》白皮书, 2015年 5月.

24 中国政府发表《新时代的中国国防》白皮书, 新华网 2019.7.24.;
http://www.xinhuanet.com/2019-07/24/c_1124791816.htm
The Diplomat, July 23, 2019; *Global Times*, July 24, 2019 (검색일 2020년 8월 12일).

있어 Jane's Defense Budget에 의하면 연간 7%정도 증가할 것으로 전망된다.[25] 2019년 중국의 군사비 지출은 2010년보다 35% 증가, 2018년 대비 5.1% 증가한 2,610억 달러였다.[26]

중국의 군사력 증강과 더불어 동아시아에서 미중 간 해양경쟁의 막이 오른 것은 중국의 해양강국 건설 전략과 무관하지 않다. 시진핑 집권 2기에 접어들며 동중국해와 남중국해에서의 미중 간 세력경쟁이 심화되는 추세다. 미국은 인도-태평양 전략을 추진하고 중국은 남중국해와 동중국해에서 미국의 영향력을 견제하기 위해 A2/AD**반접근과 지역거부 전략**을 채택하고 미사일**DF-31AG** 능력을 향상시켰다.[27] 해양에서의 미중 간 각축전은 2018년 해군 함정 간의 근접으로 심화되는 듯하였으나 소강상태를 유지했다가 2020년에 다시 격화되기 시작했다. 서로 군사활동의 빈도와 강도를 높여가고 있어 과거 어느 때보다 우발적인 군사충돌 우려가 커졌다는 견해가 많다.[28] 2020년 7월 중국이 남중국해에서 잇따라 강도 높은 훈련을 벌이자 미국이 항공모함 두 척을 투입해 맞불 훈련에 나서기도 했고 중국은 신형 상륙함을 시운전하면서 군사적 긴장이 고조되기도 했다.[29] 중국은 이어서 남중국해에서 실탄 방공 훈련을 통해 대만 독립 움직임에 대한 강력한 경고를 보내기도 했다.

---

25 "US DoD bases Chinese defense budget projections on data from Jane's," https://www.ihs.com/Info/0817/janes-defence-budgets.html

26 미국은 2.7배에 이르는 7320억 달러(2019). *SIPRI Yearbook: Armaments, Disarmament and International Security Summary,* June 2020, p.12.

27 "China has upgraded its Dongfeng missile: report," *Taipei Times*, Jul 26, 2017, p. 3.

28 "'국제법 지켜라' vs '위험 행동 피하라'…미중 국방장관 설전," <매일경제> 2020.8.7. https://www.mk.co.kr/news/politics/view/2020/08/809204/

29 인민해방군이 사실상의 경항공모함으로 불리는 강습상륙함 첫 대규모 해상 시운전을 했다. 075형 강습상륙함은 4만t급으로, '헬리콥터 항공모함'으로 불리며, 남중국해 분쟁 지역 작전이나 대만을 겨냥한 작전 등에서 역할을 할 수 있으며 2022년 이내에 실전 배치될 것으로 예상되고 있다. 중국군은 최근 몇 년 사이 2만 5천t급 071형 강습상륙함 5척을 발주했으며, 차세대 076형 강습상륙함을 개발 중인 것으로 전해졌다. "중국 첫 '헬리콥터 항모' 075형 강습상륙함, 해상 시운전," <연합뉴스> 2020.8.7.

미국의 국방수권법 추진과 환태평양 군사훈련, 대만 초청 등 미국과 대만 관계가 강화되는 상황에서 행해진 것이다.[30]

종합해 보면 중국의 해양강국 건설과 적극적인 대외전략으로 아태지역에서 미중 군사갈등이 고조될 수 있는 여건이 조성되어왔다 할 수 있다. 한반도에서의 미중 간 직접적인 갈등과 충돌은 아니더라도 한반도를 둘러싼 전략적 경쟁과 긴장이 고조될 가능성도 증대한 것이다. 남중국해에서 미중 군사갈등이 고조될 때 북한이 도발하는 경우 중국이 가장 꺼리는 상황이 도래할 수 있기 때문이다. 실제 북한의 도발은 남중국해가 아닌 서해와 한반도 주변에 미 군사력이 집결하는 결과를 초래했다. 천안함 사태와 연평도 포격 이후, 2010년 11월 미국 핵 항공모함 조지 워싱턴함9만7000t이 서해로 진입하여 북한뿐 아니라 중국에 대한 무력시위를 한 것이 좋은 예다.[31] 미중의 군사적 갈등이 남중국해나 동중국해 대만 해협에서 고조되는 경우에도 미국의 전략 자산이 한반도 주변에 집결하는 결과가 초래될 수 있기 때문에 한반도 정세에 영향을 준다고 볼 수 있다.

남중국해에서 미중 군사갈등이 심각한 경우에도 북핵문제에 대해 미국이 직접 충돌하거나 갈등을 빚지 않았다. 이는 두 가지 이슈가 직접 연계되지는 않기 때문이기도 하지만 미국의 전략 자산이 한반도 주변으로 결집될 수 있는 상황을 만들지 않도록 하는 것이 중국의 이익에 부합되기 때문이다.

---

30 환구시보(環球時報)는 2020년 8월 14일 사평(社評)에서 "차이잉원(蔡英文) 정부는 미국의 인도·태평양 전략을 통해 중국을 억제하려고 시도하고 있다"고 비판하고 실탄 방공 훈련이 미 대만관계 강화에 대한 경고임을 지적했다. <매일경제> 2020.8.14. https://www.mk.co.kr/news/world/view/2020/08/837949/ (검색일 2020년 8월 14일)

31 "작전 반경 최대 1000㎞ … 북 도발 땐 10분 내 평양 타격 가능," <중앙선데이> 2010.11.28.

2. 미중관계와 중국의 대북정책

중국은 북한을 북중 양자 관계보다는 국제정치 역학구도의 관점에서 바라보고 있다. 미중관계와 중일관계, 한중관계를 포함하는 전략적 이해관계에 대한 중국의 관심과 우려가 중국의 북핵 및 대북정책에 영향을 미치고 있다. 중국의 북핵에 대한 입장과 정책은 주로 미국의 대중정책의 영향을 받았다. 시진핑 집권 1기에 중국은 세계적인 차원에서 미국과의 관계를 안정적으로 유지하고 동시에 동북아 지역에서 전략적인 입지를 넓혀가기 위한 대전략을 기초로 한반도 정책을 수립했다. 미국과 신형대국관계의 수립을 위해 중국이 미국과 북핵문제에 대해 과거보다 적극적으로 협력하는 자세를 취한 것이다. 이러한 중국의 대전략과 미국의 대중정책과 미중관계의 변화가 중국의 대북 정책에 영향을 언제 어떻게 미쳤는지 이해하는 것이 매우 중요하다. 이를 비핵화, 대북제재문제와 북미, 북중관계를 중심으로 살펴보기로 하자.

첫째, 미중관계를 고려해 중국은 북한 핵실험과 보유에 강력한 반대입장 표명과 함께 미국과 협력해 나가는 모습을 보여왔다. 1차 북핵위기 시부터 1994년의 제네바 합의를 이끌어내는 과정에서 중국은 미국에 협력했다. 1996년 한국과 미국이 제안한 4자회담을 북한이 수용하도록 조언한 것도 중국이었다. 동시에 중국은 미국과 한국에 북한의 생존을 위협하는 강경책에 반대한다는 점을 분명히 하며 남북한 모두에 대한 영향력을 견지했다.

미중관계가 북핵문제의 주요 변수가 되기 시작한 것은 2005년 8월 1차 미중 전략대화에서 북한의 미래에 대해 논의하면서부터이다. 당시 미국은 중국을 이해상관자라고 부르며 중국의 우려를 배려하여 북한 정권 교체가 아닌 개혁개방을 통해 비핵화를 이루는 데 미중이 공동의 이해를 갖고 협력했다. 중국의 역할이 확대되기는 했지만 대북 입장과 정책에 큰 변화는 없었다.

2013년 3차 핵실험 이후 중국은 대북정책의 근본적 변화는 아니라도 북한에 대한 인식과 북한을 다루는 자세에 있어 변화를 보였다. 대북 입장 변화 요인 중 하나가 중국의 미중관계에 대한 고려이다. 2013년 오바마-시진핑 정상회담에서 북핵문제가 미중 간 협력 증진을 위한 핵심적인 사안들 중 하나라는 데 두 정상이 합의하였고, 북한을 핵보유국으로 인정할 수 없으며, 비핵화가 대북정책의 목표라는 데 합의했다. 유엔결의안 2087호는 비록 중국이 수정안을 제출하여 채택되기는 했지만 중국이 동참한 가운데 만장일치로 채택된 것이다.

제4차와 제5차 북한 핵실험 및 미사일 도발에 대해 미국의 입장은 그 어느 때보다 강경했다. 2016년 북한의 제4차 핵실험과 미사일 발사 이후 중국은 이에 대해 강경한 자세로 돌아서면서 미국과 초강경의 유엔안보리 제재안에 합의하였다. 5차 핵실험 이후 미중은 북한 비핵화 방침을 거듭 확인하면서 안보리제재 결의안 채택에 합의했다. 이후 채택된 유엔안보리 대북제재는 과거와 달리 고강도 제제조치를 포함했다.

둘째, 미중관계 변화는 중국의 대북제재 이행 정도에도 영향을 미쳤다. 유엔 안보리 대북제재위원회 산하 전문가패널의 보고서에 나타난 결과에 대해 마크 피츠패트릭Mark Fitzpatrick 국제전략문제연구소IISS 연구원은 중국의 유엔 안보리 대북제재 이행 정도는 대체로 미중관계에 의해 영향을 받았다고 분석했다. 중국의 대북제재 이행은 북중관계, 그리고 미중관계에 따라 잘 이행되기도하고 이행되지 않기도 하며 미국이 중국에 제재 이행에 관한 압박을 얼마나 가하느냐에 따라 달라지기도 한다는 것이다.[32] 2018년 미중 무역갈등으로 미중관계는 악화된 반면 제1차 북미정상회담과 북중정상회담으로 대북제재완화에 대한 기대가 생기면서 중국의 입장이 변화를 보였다.

---

32 "전문가들 '중국의 대북제재 이행, 미-중 관계 따라 달라져'," *Voice of America*, 2020.4.21.

2018년에 비해 2019년에 와서 대북제재 이행이 느슨해진 것은 유엔전문가 패널 보고서에서 밝혀진 것과 같이 중국의 참여 정도가 달라진 것에 기인하는 것으로 볼 수 있다. 2020년 4월 발표된 유엔 전문가 패널 보고서에 의하면 2019년에 제재 이행이 제대로 되지 않았음이 드러났다. 불법 해상활동, 해외 노동자 파견, 금융제재 분야에서 제재 위반 사례가 지적되었다. 보고서는 북한이 선박 간 환적 등 외국 선박을 통해 유류를 조달하는 불법 행위를 통해 정제유 수입을 지속했다고 지적하고 2019년 10월 말을 기점으로 결의안 2397호가 북한이 연간 수입할 수 있는 정제유의 한도로 정한 50만 배럴의 8배에 해당하는 약 400만 배럴에 가까운 정제유를 수입했을 것으로 추정했다.[33] 2018년 대북제재 효과보다 2019년 제재 효과가 줄어든 것이 중국의 제재 이행 정도에 달려 있음을 보여 주는 대목이다.

이에 따라 미국은 대북제재에 있어 대중압박을 강화하는 동시에 대북문제에 대한 미중의 협력을 강조했다. 미국의 대중압박 조치의 예로 미국 연방 상원에서 2020년 7월 22일 중국과의 전략적 경쟁에 대한 미국의 포괄적 정책을 다룬 법안인 '무역, 역내 동맹, 기술, 중국 관련 경제 및 지정학적 주도권 강화 법안'STRATEGIC ACT이 발의된 것을 들 수 있다. 이 법안은 중국 정부가 북한 정권 및 북한의 불법 자금 원천인 북한 해외노동자들을 수용하는 관행을 종식하기를 권고하고 선박 대 선박 환적을 포함한 불법 대북 운송Shipments의 엄격한 차단을 촉구하고 있다.

미국은 대중 압박을 하는 한편 대북제재 이행에 대해 중국과 협력할 의지가 있음을 명백히 밝히고 있다. 2020년 7월 22일 상원 청문회에서 비건

---

33 안보리 결의에 의해 금지 혹은 제한된 품목의 수출과 수입이 모두 증가했다고 지적했는데 2397호에 의해 수출이 금지된 석탄을 중국에 집중적으로 수출하여 37개의 중국 바지선이 2019년 5월부터 9월까지 북한 석탄 수출에 개입하여 북한이 2019년 1월부터 8월까지 370만t, 미화 3억 7천만 달러 상당의 석탄을 수출했음이 밝혀졌다. "전문가패널 보고서, 불법 해상활동·해외노동자·금융제재 위반 집중 조명," *Voice of America*, 2020.4.18.

미 국무부 부장관 겸 대북정책 특별대표가 북한 문제가 미국과 중국이 이해관계를 공유하는 중요한 사안임을 강조하면서 중국이 대북제재 이행에 대해 할 수 있는 것이 훨씬 더 많이 있으며 이 현안에 대해 중국을 계속 관여시켜 나갈 것이라고 언급했다.[34] 중국이 이에 대해 어느 정도 협력할지는 향후 북미관계 진전 여부와 북중관계에도 달려 있다.

셋째, 미중관계는 한반도를 둘러싼 북미관계와 북중관계에 영향을 미쳤다. 트럼프 정부에 와서 중국이 미중관계를 새롭게 정립해가는 과정에서 북한의 거듭된 미사일 도발과 6차 핵실험으로 북중관계는 더욱 복잡한 양상으로 변화하였다. 2018년 북중관계가 급반전한 것은 북한의 비핵화를 위한 남북정상회담의 판문점선언에 이어 북미정상회담의 싱가포르 공동성명에 이르기까지 북미관계가 급진전된 것에 기인한다. 미국은 대북협상에서 중국의 협조를 이끌어 내기 위해 여러 가지 외교적 노력을 기울였다.[35]

북미관계 진전에 따라 중국의 입장도 변화하기 시작했다. 2017년 말까지도 북한이 비핵화 의지를 보이지 않아서 그동안 성사되지 못했던 북중정상회담이 제1차 북미정상회담을 전후해 두 번이나 개최되었고 연이어 5차에 이르기까지 북중정상회담이 개최된 것은 한반도에 대한 미중의 전략적 이해관계가 반영된 결과이다. 2018년 제 1차 북미정상회담 이후 중국은 대북제재 완화를 시도했고 일부 북중 접경지역 등에서 제재완화 움직임이 나타나기도 했다. 비핵화 시간표와 방법에 있어서도 미국과 차이를 보였다.

---

34 〈자유아시아 방송〉 2020.7.23. https://www.rfa.org/korean/in_focus/nk_nuclear_talks/sanctionnk-07232020155123.html

35 미국은 제1차 북미정상회담 직후 폼페이오 국무장관이 중국을 방문하여 브리핑을 하였다. 이어서 2018년 6월 26일 매티스 미 국방장관은 국방장관으로서는 4년 만에 처음으로 중국을 방문하여 미중의 전략적 이슈에 대해 논의하였고 29일에는 폼페이오 국무장관과 왕이 외교부장이 통화를 하여 대북제재를 포함한 현안을 논의하였다.

2019년 제2차 북미정상회담 전에 4차 북중정상회담을 통해 북미 간 중재 역할을 함과 동시에 북한에 영향력을 행사하여 중국의 입지를 강화했다. 제2차 하노이 북미정상회담 결렬 후에도 결렬 자체를 아쉬워하기보다 향후 중국의 역할이 증대할 것을 기대하는 목소리가 나올 정도로 중국은 적극적인 자세를 보였다.

마지막으로 미중의 대립과 갈등고조가 한반도에서 북한 이슈로 미중 간 충돌을 불러일으킬 가능성은 낮다. 미중 간, 중일 간 해양 군사충돌을 방지하기 위한 대화와 소통 노력도 지속되고 있다. 양국 간 군사 대화채널이 있고 위기관리 지침이 마련되어 있기 때문이다.

중국은 미국과 전략적 신뢰를 구축하고 미중 간 군사관계를 발전시키기 위해 2015년 군사적 신뢰구축을 위한 두 개의 양해각서MOU를 체결했다.[36] 이후 양국 군사지도자들과 국방부 장관간 소통을 계속해오고 있으며 위기고조를 방지하는 노력도 병행되고 있다. 남중국해와 대만해협에서 미중 간 군사충돌 위기가 고조되는 가운데 2020년 8월 7일 에스퍼 장관과 웨이펑허魏鳳和 국방부장이 전화 통화를 하고 양국 간 군사문제와 향후 군 교류 문제 등을 논의했다. 웨이 부장은 해상 위험을 통제해야 한다며 정세를 뜨겁게 만들 위험한 행동을 피하고 지역의 평화와 안정을 수호해야 한다고 주장했다. 이에 에스퍼 장관은 미중관계가 긴장된 때 양국 군대가 대화와 협상을 통해 위기를 통제하고 오판을 방지함으로써 위험을 낮춰야 한다고 언급했다.[37]

---

36 2015년 6월 12일 중국 군사위원회 부주석 판창룽이 미국을 방문하여 군사지도자들과 회담하여 몇 가지 주요 합의를 이루었다. 하나는 미중 간의 육군을 중심으로 한 대화 메커니즘 협정 체결로 미중 간 군사협력을 촉진하는 것이다. 다른 하나는 양측 공중충돌 방지를 위한 공대공(Air to Air) 행동규범(Rule of Behavior)을 만들기로 합의한 것이다. 군사적 충돌 방지를 위한 노력을 통해 미중 양국이 충돌할 가능성을 줄이고자 한 것이다. 이어서 미중 양국은 2015년 6월 제7차 전략경제대화(S&ED)에서 남중국해문제를 제외한 다른 해양협력에 합의했다.

37 "'국제법 지켜라' vs '위험 행동 피하라'…미중 국방장관," 〈연합뉴스〉 2020.8.7.

한반도 비핵화 이슈에서는 충돌보다 대화와 협상을 통한 협력이 우선시되고 있다. 미중 양국 모두 북핵문제가 최우선순위 이슈가 되는 것을 원하지 않는다. 트럼프 정부 초기에 그러한 것과는 다른 양상을 보이고 있는 것은 코로나 사태를 포함한 다양한 이슈를 둘러싸고 양국갈등이 확대되고 있어 더 이상의 갈등의 확산보다 안정을 바라고 있기 때문이다.

3. 지정학적 요인

중국은 역사적으로 한반도의 지정학적 요인에 의해 대 한반도 정책을 전개해왔다고 해도 과언이 아니다. 중국이 북한과의 관계를 순망치한으로 일컬은 것은 지정학적인 이유에서이다. 현재도 중국의 한반도 정책은 지정학적인 요인에 의해 영향을 받는다. 그러나 한반도를 둘러싼 안보질서 구도가 20세기와는 다르고 동북아 안보지형도 지정학 요인에 의해서만 결정되지는 않는다.

대북정책도 마찬가지다. 중국의 입장에서 북한의 지정학적인 가치를 고려해서 대북정책을 수립하는 것은 중국의 전략적 이익과 부합될 때에 이루어진다. 대개는 대북정책의 변화보다는 지속에 작용한다. 중국이 북한이나 한반도의 지정학적 가치에 비중을 두고 고려하는 사안은 동북아 안보질서 구도의 변화와 중국의 위상 같은 것들이다.

중국이 2012년 공세적 대외전략인 해양강국 건설을 위한 해양진출 전략을 천명한 것은 동북아 안보질서 구도에 영향을 미칠 수 있는 사안이다. 2012년 11월 제18차 당 대회 업무보고에서 중국은 더 이상 대륙 강대국이 아닌 해양강국이 되어야 함을 천명하고 2013년 국방백서에서 해양강국 건설이 국가의 중요한 발전 전략이라고 밝힌 것이다. 2015년 국방백서에서는 중국이 기존 대륙 중심의 전략에서 벗어나 해양 중심 전략으로 전환할 것을

명시하기도 했다.[38]

2013년 3차 핵실험에 대응한 중국의 입장에는 이러한 전략적 고려가 반영되어 있다. 3차 핵실험 이후 북한을 다루는 태도의 변화는 동북아 지정학에 대한 전략적 고려에 의한 것이었다.

중국은 북한의 핵실험으로 인해 대미관계를 포함하여 중국의 대외환경이 복잡해질 것이라고 보았기 때문이다.[39] 시진핑 정부 1기가 출범한 당시 동북아 정세는 미국의 재균형정책과 조어도를 둘러싼 중일 간 영토분쟁 등 중일대립의 격화로 중국의 전략적 입지가 좁아져 있었다. 중국은 이러한 시기에 북한의 핵실험 도발로 인한 위협으로 인해 미국과 일본의 군사력 강화가 이루어지는 것을 바라지 않았다. 중국이 추진하는 미중 간 신형대국관계 논의를 위해 2013년 9월 20일 왕이 외교부장이 방미하여 아태 지역에서 중미 양국이 신형 대국관계에 따라 협력하자고 제안한 것도 그러한 전략적 고려에서 나온 것이다. 비슷한 시점인 2013년 9월 23일 중국이 '민군 겸용물자와 기술의 대북수출 금지 품목에 관한 공고'를 상무부 홈페이지에 게재함으로써 대량살상무기로 전용될 수 있는 900여 개 품목들에 대한 대북수출 금지 조치를 취한 것이 처음으로 공개되었다. 유엔 대북제재 결의안에 따른 중국의 대북제재 이행이 과거와 다른 행태를 보인 것이 중국의 동북아 정세에 대한 전략적 고려와 연관이 있어 보이는 이유다.

동시에 중국은 대북제재로 북중관계가 경색됨에도 불구하고 2012년 김정은 정권 시기 시작부터 2015년에 이르기까지 그 이전보다 더 많은 고위급 인사교류를 했다. 1차 핵실험 이후 고위급 교류는 현격히 줄어들었으나 2012년 이후 급증한 것이다. 이는 지정학적인 고려에 의해 북한의 도발을

---

38 中华人民共和国 国务院新闻办公室,《中国的军事战略》白皮书, 2015年 5月.

39 Jerome Socolovsky, "Stakes High for Third North Korean Nuclear Test," *Voice of America*, February 8, 2013.

방지하고 이를 관리하려는 입장에서 주요한 대북 레버리지를 확보하기 위한 것이었다고 볼 수 있다. 북중 간 전략대화를 통해 중국은 6자회담 재개를 위해 꾸준히 북한을 설득했다. 특히 친중파였던 장성택 처형과 김정은 정권 승계로 새로워진 북중 간 인맥을 관리하고자 인적 교류를 지속했다. 중국이 북한과 대화와 협상의 재개 노력과 정치적 교류 확대를 통해 북한과 관계 유지를 꾀한 것도 이러한 전략적 고려와 연관이 있다.

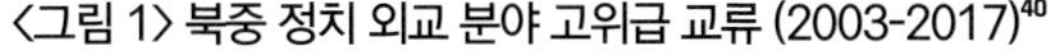

〈그림 1〉 북중 정치 외교 분야 고위급 교류 (2003-2017)[40]

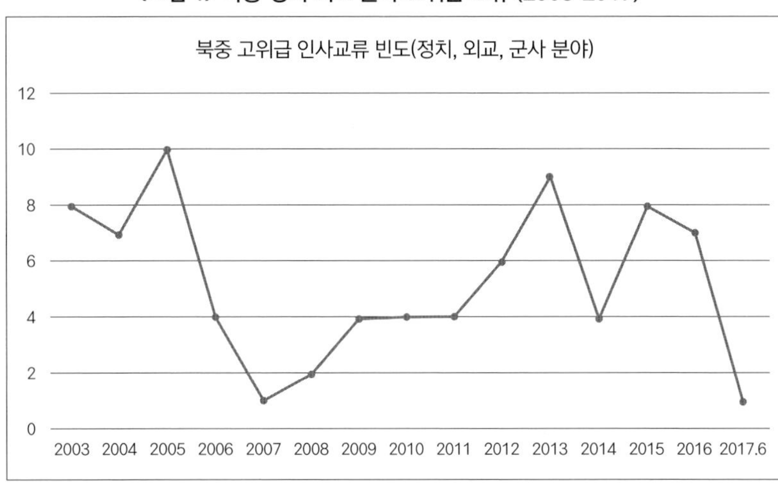

40 임강택 외, 『북중관계 주요 분야별 현황 분석』, 북중관계 종합백서 및 남북중 협력방안(2/3년차) (서울: 통일연구원, 2017), p. 80.

그러나 제6차 핵실험 이후 중국의 대북정책에서 한반도의 지정학적인 요인의 비중은 감소했다. 렉스 틸러슨 미 국무장관, 제임스 매티스 미 국방장관이 월스트리트저널WSJ 공동 기고문을 통해 북한 문제와 관련해 '정권 교체나 정권 붕괴, 급속한 한반도 통일, 38선 이북으로의 군대 파견을 추구하지 않는다'는 이른바 '4 노No' 원칙을 선언했기 때문이다.[41] 중국이 지정학적으로 가장 우려하는 부분에 대해 미국의 입장을 명확히 밝혔기 때문에 미중갈등이 심화되는 가운데 북한의 지정학적 가치는 감소했다고 할 수 있다.

4. 북한 체제의 안정

중국에게 북한 체제의 안정은 중요한 변수이다. 북한 체제의 안정은 중국의 한반도 전략 구상에서 중요한 요소이기 때문이다. 북한 정권의 붕괴 방지와 한반도 안정을 우선시하는 중국의 입장은 계속되는 북핵실험에도 불구하고 별 변화가 없었다. 북한의 핵포기 이전에 북한 체제의 안정을 담보하라는 요구는 북한만이 아니라 중국의 변함 없는 입장이기도 하다. 북한 정권의 안정이 중국의 이익에 매우 중요하기 때문이다. 중국은 정치적, 경제적 요인으로 북한 정권이 붕괴되거나 체제 자체가 불안정해질 수 있으므로 체제안정을 유지하고 유사시 발생할 수 있는 불안정 요인의 영향을 최소화하기 위한 대북정책을 견지하고 있다.

첫째, 북한 내 권력 변동 시 발생할 수 있는 체제불안을 최소화하고 체제안정을 우선시하는 정책이다. 북한 김정일의 건강 이상으로 인해 2009년부터 시작된 후계 체제 구축기간에 북한 체제 안정성을 고려한 대북정책이

---

41 "미 국무·국방 '북한 정권 교체 의사 없다' 4 NO 공식 선언," <중앙일보> 2017.08.15. https://news.joins.com/article/21843855 (검색일 2020년 9월 1일)

2008년부터 시작되어 2015년까지 이어졌다. 북한이 대포동 2호 종류의 미사일을 발사한 후 2009년 5월 25일 2차 핵실험을 단행했을 때 중국은 이전에 비해 더 단호한 태도를 취했다. 또한 중국 국내에서 북한에 대한 인식을 둘러싼 북한 가치론과 부담론으로 나누어 논쟁도 있었다. 하지만 북한과 교류협력을 통해 우호협력관계를 지속하는 중국의 대북 현상유지 정책이 지속된 것은 북한 체제의 안정요인 때문이었다.

북한의 권력 이양기라 할 2011년부터 2012년에 중국은 대북 비핵화보다 북중 우호협력관계 복원과 경제협력을 강조하고 후진타오 시기부터 추진해온 국가 대 국가의 관계를 추구하기보다 당 대 당 관계를 복원했다. 북한 체제안정이 우선이었기 때문이다. 2011년 5월 김정일 위원장이 중국을 방문하였을 때 후진타오와 만나 후계 체제 구축에 대한 중국의 지지를 재확인하였고 양국 간 전통적인 우호관계 강화 및 경제교류 및 지원 관련을 논의했다. 이어 동년 7월에는 중국 측 장더장張德江 상무위원이 북한을 방문하여 「북중 우호협조 및 상호원조 조약」기념활동에 참여하기도 했다.[42] 2012년 7월에는 중국 공산당 대외연락부장인 왕자루이가 북한을 방문하여 김정은 당시 당 1위원장을 비롯한 고위 지도자들을 만나 북중 간 당 대 당 관계 복원에도 합의하였다. 이어 8월 장성택 당시 국방위원회 부위원장이자 당 행정부장이 중국을 방문하여 북중 간에 양당 및 양국의 전통적 우호관계 강화 의지를 서로 확인함과 동시에 경제교류협력을 위한 논의가 진행되었다. 실제 2008년 김정일이 쓰러진 이후 2012년 김정은 영도체제가 수립되는 기간 동안 북중 경제 분야 인사교류는 1년 평균 18.5회로 2003~2008년 6년간 1년 평균 17.7회보다 오히려 증대하였다.[43]

---

42 임강택 외, 『북중관계 주요 분야별 현황 분석』, p. 52.

43 임강택 외, 『북중관계 주요 분야별 현황 분석』, p. 81.

〈그림 2〉 북중 경제 분야 고위급 교류 (2003-2017)[44]

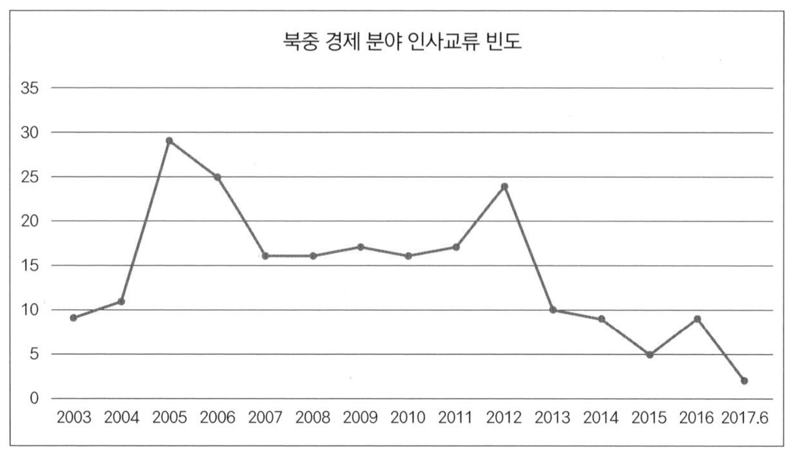

둘째, 중국이 북한 체제의 안정을 바라는 주요 이유는 유사시 대량 탈북 사태에 따른 대규모 난민 유입에 대한 우려이다. 북한 정권의 변동 자체에 대해 우려하는 것보다 유사시 대량 탈북 난민 발생이 초래될 동북 3성의 대혼란과 중국 경제에 대한 악영향을 우려하는 것이다. 틸러슨 미 국무장관이 2017년 6월 미중 고위급 외교안보대화에서 논의한 내용 일부를 공개하면서 중국이 정권 붕괴에 대한 대비책을 준비하고 행동에 나섰다고 밝히고 중국의 가장 큰 우려는 북중 국경을 통해 난민이 대규모로 유입되는 사태라고 밝힌 바 있다.[45]

셋째, 북한 체제가 불안할 경우나 유사시의 미국의 입장도 중요한 변수이다. 중국은 북한 체제 불안으로 야기되는 힘의 공백 상태에 미국의 개입으로 인한 중국의 한반도에 대한 영향력 상실을 우려하고 있다. 북한 정권

---

44 임강택 외, 『북중관계 주요 분야별 현황 분석』, p. 82.

45 "〈뉴스해설〉 미 · 중 북한 급변사태 논의, 불안정한 한반도 정세가 배경" *Voice of America*, 2017.12.14 https://www.voakorea.com/korea/korea-politics/4163500 (검색일 2020년 9월 1일)

붕괴 시 한국 정부에 의한 통일도 가능한데, 이러한 상황이 주한미군이 주둔한 상태에서 이루어질 경우 통일한국과 한반도에 대한 중국의 입지가 약화될 것이기 때문이다.

북한 체제 위기 시 불확실성에 대비하기 위해서 중국은 급변 사태에도 대처할 수 있는 훈련도 하고 있고 준비도 되어 있다.[46] 유사시 북한에 개입할 수 있는 근거로 1961년 체결된 「우호협력 및 상호원조 조약」을 인용할 수도 있다는 견해도 있다.[47] 중국은 북한의 비상사태 발생으로 인한 잠재적 위협을 인식하고 있고 그런 위협에 대처하기 위해선 미국과의 협력이 중요하다는 점을 이해하고 있다.[48]

이에 대한 고려로 2017년 8월 렉스 틸러슨 미 국무장관과, 제임스 매티스 미 국방장관이 북한 문제와 관련해 '4 노No' 원칙, 즉 '정권 교체나 정권 붕괴, 급속한 한반도 통일, 38선 이북으로의 군대 파견을 추구하지 않는다.'[49]는 것을 명확히 했다. 때문에 북한 체제 안정을 중요시하는 중국의 대북정책에도 어느 정도 영향을 주었을 것으로 보인다.

---

46 Department of Defense, Office of the Secretary of Defense, *Military and Security Developments Involving the Republic of China 2019*, Annual Report to Congress, May 2, 2019, p. 79.

47 이 조약에는 외부 침략으로 전쟁이 발발하면 즉각 지원하는 '자동군사개입조항'이 포함되어 있다.

48 "게리 세이모어 전 대량살상무기 조정관, 전 백악관 관리 '미국, 북한 급변사태 장기간 대비...쿠데타 · 핵무기 유출 등 여러 시나리오'," *Voice of America*, 2020.4.24.

49 "미 국무 · 국방 '북한 정권 교체 의사 없다' 4 NO 공식 선언," 〈중앙일보〉 2017.8.15. https://news.joins.com/article/21843855 (검색일 2020년 9월 1일)

Ⅳ

중국의 대북정책 전망

중국의 대북정책은 미국의 대중정책과 미중관계, 지정학적 요인, 북한 체제의 안정요인에 의해 영향을 받았다. 지정학적 요인과 북한 체제 안정과 같은 요인은 시진핑 시기 이전 북중관계의 특수성에 영향을 미치는 주요 요인이었지만 시진핑 시기에는 중국 대북정책의 지속에 영향을 주거나 정책 변화의 한계를 보여주는 정도에서 영향을 미치고 있다. 중국의 한반도 및 대북한 정책은 전략적인 차원에서 미중관계에 의해 점점 더 많은 영향을 받고 있다. 중국의 대북정책의 지속과 변화는 미국의 대중정책과 중국의 대미정책 그리고 이에 따른 미중관계 변화에 의해 영향을 받게 될 것이다. 미중은 갈등이 고조되는 가운데에서도 북한 문제에 대해서는 협력해왔다. 협력의 정도와 한계는 미국의 대외정책 우선순위에 한반도 비핵화와 북한 문제의 비중이 어느 정도일지에 달려 있다. 그에 따라 중국의 대응 전략도 달라질 수 있기 때문이다. 북핵문제가 한반도에서 중국의 전략적 이익을 극대화하기 위한 미중경쟁과 협력의 대상이 될 가능성이 크다. 중국의 대북정책이 어떠할 것인가에 대한 전망을 위해 미국의 대중전략과 중국의 대미전략을 중심으로 미중관계 전망을 하고 이에 기초하여 중국의 대북정책 전망과 시사점을 살펴보기로 한다.

1. 미중관계 전망

미 백악관이 2020년 5월 20일 발표한 '중국에 대한 미국의 전략적 접근' 보고서에서 미국의 중국에 대한 대응은 중국의 위협 정도에 따라 결정됨을 설명하고 있다. 또한 장기간에 걸쳐 두 시스템 사이에 전략적 경쟁이 있었다고 보고 있다. 그러한 경쟁 가운데 미국은 중국을 세계무역기구WTO에 가입시키고 미국 시장을 개방하는 등 중국의 경제적·정치적 개방을 위해 노력했는데 이러한 노력이 허사가 되었다는 것이다. 이는 중국이 더 개방된 사회가 되면 시민 중심적인 자유롭고 개방된 사회로 변화될 것이라는 믿음에 기인했으나 이 믿음이 틀렸다는 것이다. 고도성장한 중국이 경제적 안보적으로 위협을 증대시키고 있고 이러한 도전에 대응하기 위한 전략으로 힘을 통한 평화의 보존과 미국의 영향력의 증대를 목표로 제시했다. 이를 위해 중국을 봉쇄하는 전략이 아니라 힘을 바탕으로 한 압박과 대중 관여 정책을 주장하고 있다. 대 중국 관여와 협력정책을 유지하고 중국 지도자들이 천명한 것들을 지켜 나갈 수 있도록 압박과 관여를 지속해 나갈 것을 제시한 것이다. 미국은 미중갈등의 고조를 억제하기 위해 대 중국 관여 정책을 유지하고 위기에 대처하기 위해 중국과 열린 소통 채널을 유지할 의지가 있음을 천명했다.[50]

폼페오 미 국무장관도 한 연설에서 구소련과 중국의 차이를 언급하고 중국 경제의 압도적 대외 의존도를 지적했다. 대 중국 전략으로 중국의 변화를 견인해야 한다고 주장하고 이를 위해 중국에 대한 봉쇄가 필요한 것이 아니라 민주국가동맹과 같은 집단 안보체제 구축 검토가 필요하다는 의견

---

50 https://www.whitehouse.gov/wp-content/uploads/2020/05/U.S.-Strategic-Approach-to-The-Peoples-Republic-of-China-Report-5.24v1.pdf

을 제시하였다.[51] CNBC와의 인터뷰에서 그는 미국의 국익을 위한 강경한 입장이 계속될 것임을 시사하면서도 대화의 창은 열려 있음을 강조했다.[52] 갈등과 긴장이 고조되는 가운데에서도 위기관리를 위한 소통 채널 유지를 강조한 것이다.

바이든 정부의 대중, 대북 정책은 어떠한 변화가 있을 것인가?

우선 주목할 것은 국무장관 지명자인 토니 블링컨Antony Blinken과 국가안보좌관으로 지명된 제이크 설리번Jake Sullivan의 대중정책에 대한 입장이다.

블링컨은 트럼프 대중정책을 비판하면서 중국과 완전히 결별decoupling하는 것은 있을 수 없다고 보고 있다. 중국과 경쟁을 하면서도 군비통제나 기후변화와 같은 이슈에서는 중국과 협력할 수 있는 기회를 찾는 것이 필요함을 역설하고 있다.[53] 북한 문제에 대해서도 트럼프 정책이 실패했고 완전한 비핵화가 단기적으로 거의 실현 가능성이 없다고 보고 있어 그보다는 군비통제에 더 관심을 기울여야 함을 강조하고 있다.

설리번은 '아시아태평양 재균형' 전략을 수립하는 데 핵심적인 역할을 한 것으로 알려져 있다. 북한 문제와 관련, 설리번도 북한이 핵을 포기할 것으로 보고 있지 않다. 북한 비핵화가 장기적 목표이며 단기적으로는 북한의 핵확산을 감소시키는 데 외교적 노력을 집중할 필요가 있다고 밝히기도 했다.[54] 그는 2018년 5월 한 인터뷰에서 트럼프 정부의 대북정책이 북한에만

---

51 U.S. Department of State, "Communist China and the Free World's Future," SPEECH MICHAEL R. POMPEO, SECRETARY OF STATE, THE RICHARD NIXON PRESIDENTIAL LIBRARY AND MUSEUM, YORBA LINDA, CALIFORNIA, JULY 23, 2020. https://www.state.gov/communist-china-and-the-free-worlds-future/ (검색일 2020년 9월 25일)

52 https://www.cnbc.com/2020/08/21/pompeo-vows-to-maintain-tough-us-stance-onchina-but-is-open-to-talks.html

53 David Brennan, "What Antony Blinken Has Said About Key Foreign Policy Issues," *Newsweek*, Nov 23, 2020.

54 2020년 9월 'World Affairs Council' 세미나에서 북한 비핵화에 해법에 대해 언급한 바 있다.

초점을 맞추고 있음을 비판하고 아시아 지역에 대한 보다 체계적이고 넓은 시각에서 북한 문제를 접근해야 하며 아시아태평양 지역에서 동맹국들과의 조율과 협의를 강조했다.[55] 동맹국인 한국과 일본과 긴밀하게 협력하면서 대북압박에 중국을 동참시켜야 함을 강조하기도 했다.[56]

바이든의 대중정책 조언을 하고 있는 외교안보팀의 대중정책에 대한 한 분석도 지역국가들과의 협력을 통한 다자적인 접근법을 선호하는 입장을 보여주고 있다. 과거 미국이 중국을 세계질서에서 책임 있는 이해상관자로 제안한 것을 중국이 일축하고 미국을 전략적인 경쟁이 아닌 숙적으로 대한 것에 대해 더 이상 중국에 대한 희망적 사고를 하지 않기로 한 것이다.[57] 때문에 과거 민주당 정부의 중국 관여 정책과는 다를 것은 분명하다. 대중 강경 기조와 압박은 계속되지만 글로벌 차원과 지역차원에서 사안별로 다른 접근법이 병행될 것으로 보인다.

트럼프 정부와 달리 바이든 대중 정책은 구체적으로 보면 첫째, 중국과 전면적으로 신냉전적 대결 구도로 나아갈 것인가 하는 문제보다 사안별로 미중경쟁에 있어 미국의 경쟁력을 강화하는 데 초점을 맞추어야 한다는 것이다. 둘째, 사안별 접근 방식을 달리하는 것이다. 중국의 하이테크와 권위

"美 안보보좌관 43세 설리번…이란 핵 합의 이끈 '외교 수재'," <중앙일보> 2020.11.25. https://news.joins.com/article/23929425

55 "Jake Sullivan on the Future of American Foreign Pokicy in Asia," *The Diplomat*, May 16, 2018.

56 "I believe in the possibility that the U.S. and China can cooperate on North Korea, I don't think we're there yet. This has to be one of the first and most important pieces of business in the first summit between the next president and Xi Jinping." 2016년 대선 캠페인 당시 아시아 소사이어티에서 설리반이 '미국의 아시아정책'에 대해 발제한 내용, Tom Nagorski, "Jake Sullivan on Asia," Asia Society, https://asiasociety.org/jake-sullivan-asia

57 James Traub, "Biden Is Now a China Hawk—With Limits," *Foreign Policy,* Sept 3, 2020. https://foreignpolicy.com/2020/09/03/biden-is-now-a-china-hawk-with-limits/

주의 수출은 봉쇄 전략으로 좌절시키는 접근법으로 대처하고 남중국해 이슈는 중국의 패권추구를 저지하는 방어적인 접근, 비확산과 기후변화 이슈에서는 중국과 협력추구, 중국의 영향력 증대가 미국의 이해관계에 영향을 별로 미치지 않는 이슈는 관여하지 않는 등 다양한 전략을 구사하는 것이다.[58] 셋째, 서구 민주주의를 핵심으로 하는 자유주의적 세계질서를 기치로 내건 동맹과 동반자 관계의 강화이다. 동맹국가들과 전략적인 제휴에 따른 일사불란한 방식보다 사안별로 동맹이나 동반자 국가들과 연대하여 대응하는 형태를 취하는 방식이다.

이를 종합해보면 지역 안보의 관점에서 북핵문제가 다루어질 것으로 보이며 군비통제와 위기관리라는 차원에서 중국과 협력 내지 묵시적 동의를 추구할 가능성이 크다.

중국의 대미정책은 어떠할 것인가? 트럼프 정부에서 중국의 정책은 미국의 대중정책에 대한 대응의 성격이 짙다. 양제츠 중국 공산당 정치국원이자 중앙외사공작위원회 판공실 주임이 2020년 8월 7일 미중 관계에 대해 발표한 성명서에 나타난 중국의 대미정책 방향의 핵심 메시지는 두 가지다. 첫째, 중국은 중국의 핵심 이익과 국제지역 문제를 구분하고 둘째, 미국이 타이완·홍콩·시장西藏·티베트·신장新疆 문제 등 중국의 핵심 이익에 개입하지 않으면 국제지역 문제에서 협력해 나갈 것이다. 국제지역문제인 한반도 문제와 관련, 미중이 한반도·아프가니스탄·중동 문제 등에서 밀접히 소통, 협력했음을 상기시키고 국제지역 문제에 대해 계속 협력해야 한다고 주장했다.[59] 국제지역 문제에서 미중의 협력을 강조한 것은 중국의 역할이 중요

---

58 Richard Fontaine and Ely Ratner, “The U.S.-China confrontation is not another Cold War. It’s something new,” *Washington Post*, July 2, 2020.

59 http://www.xinhuanet.com/english/2020-08/07/c_139272907.htm; “中양제츠 ‘미 일부 정치인의 미중관계 위협 놔둬선 안돼’,” 〈연합뉴스〉 2020.8.7.

하며 역할을 할 의사가 있음을 표명한 것이다. 한반도 문제와 관련, 2020년 8월 22일 양제츠 정치국원이 방한하여 안보실장과 회담을 하고 발표한 내용에도 한중일 협력을 지지하면서 지역통합을 강조하는 한편 한반도 문제에 대해 중국의 역할이 강조되었다.[60]

중국도 2021년에는 코로나 사태로 어려워진 경제를 얼마나 빨리 회복하느냐가 1차적 관심과 초점의 대상이 될 것이다. 미국의 새 행정부가 북핵문제에 우선순위를 두지 않는데 중국이 먼저 나서야 할 이유는 없을 것이다.

2020년 10월 26일부터 29일까지 개최된 제19기 5중전회에서 나타난 중국의 최대 관심사는 시진핑의 권력 강화와 경제발전을 위한 제14차 5개년 계획이다. 회의 폐막 뒤 발표한 〈공보〉에서 14차 5개년 계획과 2035년 사회주의 현대화 실현 국가 목표 달성을 위해 당 중앙의 집중 통일적 지도를 강화하고 복잡한 국제형세에 직면해 시진핑 주석을 당 중앙의 핵심 및 전당의 핵심 조타수领航掌舵로 삼아 위험을 헤쳐 나가야 한다고 언급하고 있다. 이와 관련해 사회주의 현대화 국가로 진입하는 중기 목표 달성 년도를 2035년으로 제시한 것은 이례적인 것으로 장기집권을 위한 목표제시의 성격이 짙다. 이로써 2년 뒤인 2022년 말에 열리는 20차 당대회에서 연임은 물론 10년 뒤인 22차 당대회가 개최되는 2032년까지 국가주석을 유지할 가능성을 시사했다.[61]

2021년부터 5년간 시행될 14·5계획의 핵심은 '쌍순환双循环' 발전 전략

---

60 한·중·일 협력의장국으로서의 역할을 지원하고 지역경제 통합을 추진한다. 한반도 남북이 개발관계를 개선하고 화해협력을 추진할 수 있도록 지원하고, 한반도 문제의 정치적 해결 과정을 진전시키기 위해 관련 당사국들과 건설적인 역할을 할 준비가 되어 있다.; 杨洁篪同韩国国家安保室长徐薰举行磋商 新华网 2020.8.22.
http://www.xinhuanet.com/politics/2020-08/22/c_1126400898.htm

61 Willy Wo-Lap Lam, "'Helmsman' Xi Jinping primed to rule at least until the early 2030s," *China Brief*, Volume 20, Issue 20, November 13, 2020.

이다. 쌍순환 전략은 대외 무역 환경이 악화한 상황을 감안해 내수 중심의 경제 구조를 구축하는 것을 주요 내용으로 국내와 국외 쌍순환이 상호 촉진하는 새로운 발전 방안을 의미한다.[62] 그러나 이러한 전략이 성과를 거두는 데는 상당한 시간이 필요하다.

다음으로 대외개방의 새로운 구도를 형성하고 국제경제협력에 참여한다는 것이다. 이와 관련해 최대 규모의 다자 FTA로서 한국과 일본이 이미 참가하여 2020년 11월에 타결된 역내포괄적경제동반자협정RCEP을 중국이 주도해왔다. 중국은 트럼프 정부가 탈퇴한 포괄적 점진적 환태평양경제동반자 협정CPTTP에도 가입할 것을 적극 고려하고 있음을 내비치기도 했다.[63] 미국과 협력의 가능성과 여지를 제시하는 것이다.

미중관계는 사안별로 경쟁과 갈등이 심화되는 가운데, 협력을 지향할 것으로 보인다. 미중갈등이 신냉전으로 가고 있다는 평가도 있지만 20세기 냉전과는 다른 구조하의 갈등이다. 정치 체제는 비록 다르지만 전 지구적 시장경제 체제하에서 벌어지는 전략적 경쟁이기 때문이다. 미중 양국의 경제적 상호의존도도 높다. 다만 미국의 대중의존도는 중국의 대미의존도보다 낮다.[64] 중국의 수출시장에서 미국이 차지하는 비중도 미국의 수출에서 차지하는 중국의 비중보다 높다. 2019년 미국시장은 16.8%로 EU 다음으

---

62 "What is China's dual circulation economic strategy and why is it important?," *SCMP*, Nov 19, 2020.
https://www.scmp.com/economy/china-economy/article/3110184/what-chinas-dualcirculation-economic-strategy-and-why-it

63 2020년 11월 20일 APEC 정상회의에서 시진핑 주석이 "아시아태평양 지역을 개방과 포용, 또 협력과 공영의 운명공동체로 만들어야 한다"며 "CPTPP 가입을 적극적으로 고려하겠다"고 밝혔다. "China may join trade pact that replaced Trans-Pacific Partnership, Xi Jinping tells Apec," *SCMP*, Nov 21, 2020.
https://www.scmp.com/news/china/diplomacy/article/3110784/china-may-jointrade-pact-replaced-trans-pacific-partnership

64 트럼프 대통령이 취임한 2017년 기준 중국의 대미 수출의존도는 18.9%였는데 반해 미국의 대중 수출의존도는 8.4%에 머물렀다.

로 2위를 차지했다. 대미흑자 비중은 줄었음에도 미국은 여전히 중국의 수출 2위의 시장인 것이다.[65] 미중교역에서 중국이 얻는 게 훨씬 많다.[66] 중국이 내수시장이 충분히 확보되지 않는 한 쉽사리 미국과 경제관계를 단절할 수 없고 대결 지향적으로 갈 수 없는 이유이기도 하다.

양국의 정책을 토대로 미중관계 변화를 전망해 보면 바이든 정부하의 미중관계는 다방면으로 갈등이 지속될 전망이다. 미중 양국이 덜 민감한 분야에서 협력할 가능성과 기회는 양국 지도부에 달려 있다.[67] 사안별로 다른 접근법을 취할 바이든 정부의 성향으로 볼 때 민감한 분야에서의 양자 간 갈등은 지속되는 한편 글로벌 차원과 지역 차원에서는 경쟁과 협력이 예상된다.

2. 중국의 대북 정책 전망

중국의 대북정책에 대한 기본 입장은 미중관계에 의해 영향을 받았고 중국은 전략적 이익을 고려하여 대북제재에 관한 미국의 압박에 어느 정도 협조하는 태도를 보여왔다. 2017년 6차 핵실험 이후 중국은 적극적으로 고강도 대북제재에 동참했다. 미 트럼프 행정부가 그 어느 때보다 강력한 대북압박을 강조하며 중국의 대북압박을 전방위적으로 전개하고 있기 때문이다.

---

65 「2019년 중국무역동향 및 시사점」, KITA Market Report, 2020.2.

66 미국의 대중무역적자가 무려 3,752억 달러로 2017년 전체 무역적자(7,962억 달러)에서 대중무역적자가 차지하는 비중이 47%에 달했다. 반면 중국의 대미무역흑자는 2,758달러로 전체 무역흑자 중 차지하는 비중이 65%였다. 2018년에는 대미무역흑자가 더욱 증가해 3,233억 달러로 무려 91.9%에 달했으나 2019년에는 대미흑자가 전년보다 약 275억 달러 감소한 2,958억 달러로 비중이 하락해 70.2%였다. 「2019년 중국무역동향 및 시사점」, KITA Market Report.

67 Thilo Hanemann, Daniel H. Rosen, Cassie Gao and Adam Lysenko, *Two-Way Street: 2020 Update: US-China Investment Trends,* A Report by the US-China Investment Project May 2020, 2020 Rhodium Group and National Committee on U.S.-China Relations. https://www.ncuscr.org/sites/default/files/TWS%202020_Report_8May2020_Final.pdf

미 해군의 해상훈련을 통한 압박도 병행되고 있다. 북핵위기가 고조되던 지난 2017년 11월 미국은 항모 3척을 한반도 동해상에 전개시켜 한국군과 연합훈련을 실시했다. 이후 처음으로 2020년 6월 태평양에 10만 톤급 항공모함 3척이 7함대 구역에 배치되어 항모전단이 방공훈련, 해상감시, 장거리 공격, 기동훈련 등의 임무를 수행한 바 있다. 이는 동중국해 등에서 중국을 압박하기 위한 목적이 가장 크지만 동시에 북한도 견제하기 위한 것으로 볼 수 있다.

미중갈등이 극대화되는 상황에서도 대북문제에 대한 미중 간 협의는 지속되었다. 2020년 6월 16일부터 미 하와이에서 이틀간 개최된 마이크 폼페오 미 국무장관과 양제츠 중국 공산당 외교담당 정치국원의 고위급 회담에서 북한 문제가 논의된 것이다.[68] 데이비드 스틸웰 미 국무부 동아시아·태평양 담당 차관보가 2020년 6월 18일 전화 브리핑에서 밝힌 바에 의하면 이 회담에서 북한과 관련한 논의가 있었고 어떻게 실행되는지의 문제로 이어질 것이라고 언급함으로써 북핵문제에 이견이 크지 않았음을 시사했다.[69]

미중 고위급 외교 대화에서 나타난 양국 외교 사령탑의 북한 문제에 대한 논의 결과를 보면 전망이 어둡지만은 않다. 중국은 유엔대북제재 이행을 하는 동시에 북미대화와 북미정상회담을 위해 협조했다. 다른 한편 한반도 문제에 있어 남북한에 대한 영향력을 유지하면서 한반도 비핵화와 평화체제 구축에서 중국 역할의 중요성을 인식시키기 위해 노력했다.

---

68 杨洁篪同蓬佩奥夏威夷对话谈及朝鲜半岛问题 外交部: 望美朝相向而行, 新华网, 2020. 6.19. http://www.xinhuanet.com/asia/2020-06/19/c_1126137394.htm (검색일 2020년 8월 31일)

69 “스틸웰 동아태 차관보 ‘북한 문제, 분명한 미-중 협력 분야’,” *Voice of America*, 2020.6.19. https://www.voakorea.com/korea/korea-politics/stilwell-teleconference-china (검색일 2020년 8월 19일)

바이든 새 행정부 출범 이후 북미 대화가 재개될 가능성이 있지만 북한의 도발 가능성도 병존한다. 바이든 행정부는 트럼프 정부와 달리 북핵문제에 우선순위를 두지 않고 시간을 두고 북한과 대화와 협상을 실무적인 차원에서 추진할 것으로 예측되고 있다. 코로나와 산적한 국내경제문제로 인해 대외관계에 대해서는 하반기 정도에나 관심을 집중할 수 있을 것으로 보인다. 대외관계에서도 글로벌 차원의 환경과 기후변화협약이나 중국과 이란 핵 문제에 우선순위를 둘 수 있다. 따라서 북핵문제에 대한 바이든 정부의 관심은 북한이 먼저 도발하지 않는 한 2021년 하반기에나 집중될 수 있을 것이다. 때문에 많은 전문가들이 북한이 미국의 관심을 끌고 협상력을 높이기 위해 SLBM이나 ICBM을 발사할 가능성이 있다고 본다.

그러면 도발을 방지하기 위해 중국이 미국과 어느 정도 협력을 할 것인가. 중국이 이를 저지하기 위한 물밑 방지 노력에 어느 정도 부응할지가 관건이다. 북한이 도발할 경우 미국이 어떻게 대처하고 이에 대해 중국이 어떠한 입장과 전략을 취할 것인가는 확실하지 않다.

그러나 도발 방지를 위해 북미대화가 재개되면 중국은 적극적으로 개입하려 할 것이다. 북한 도발이든 북한 입장 변화이든 미국과 북한이 북미대화를 시도할 경우 중국의 개입이 있을 것으로 보인다. 미중관계가 개선되지 않은 상황이더라도 바이든 정부가 비핵화와 군비통제 이슈에 중국의 협력이 필요함을 인식하고 있음에 비추어 중국은 북미 간 실무협상 시점부터 개입하여 나중에 남북미중의 4자대화를 추진하는 방식을 선호할 가능성이 크다. 6자회담 재개와 같은 방식은 북한이 선호하지 않기도 하지만 중국 입장에서도 4자회담이 우선되는 것이 바람직하다고 보기 때문이다. 이는 북한 비핵화를 먼저 이루고 한반도 평화체제 구축을 나중에 하는 방식에서 중국이 주장해왔던 비핵화와 평화협정을 동시에 진행하는 형태가 될 것으로 보기 때문이다.

V

결론

중국은 전통적인 시각에서 보는 양국 관계가 아니라 국제정치적 시각에서 북중 관계를 새롭게 재정립하는 중이라 할 수 있다. 중국의 대외전략의 기본 방향은 중국이 주축이 되는 아시아의 질서를 재건축해 나가고자 하는 것이다. 시진핑 주석이 당총서기가 된 2012년 제18차 당대회에서 중국은 해양강국 건설을 국가목표로 공식 선언한 바 있다. 중국이 태평양으로 해양진출을 시도하는 것은 전통적인 해양세력인 미일과의 충돌을 결과할 수도 있다. 이러한 충돌 가능성을 완화하고 평화롭고 순조로운 해양진출을 위한 교두보로서 한반도는 가장 적합한 대상이 될 수 있다. 한국을 포함하는 한반도가 중국의 해양진출 출구 역할을 할 수 있는 통로가 될 수 있기 때문이다. 북한도 이 안보 구도의 부분으로 동참해야 한다고 보는 것이므로 이러한 전략에서 북한 문제를 단순히 양자 관계로 다루기는 어려워진 것이다. 중국이 핵문제를 포함하여 북한 문제를 원만히 해결하지 못하고 한반도의 평화체제 구축이 이루어지지 않으면 중국의 태평양 진출 가능성은 줄어든다. 중국이 북한 비핵화를 넘어 한반도 평화체제 구축에 적극적인 역할을 하려는 것도 그러한 전략적 고려와 무관하지 않다.

중국이 대북제재에 동참하면서도 북한과 긴밀한 관계를 유지하기 위해 노력하는 것도 북한을 통제할 수 있는 지렛대를 유지하는 것이다. 북미정상회담을 계기로 중국이 북한과 정상회담을 하여 관계 개선을 꾀하는 것은 북한에 대한 영향력을 강화하면서 한반도 평화체제 구축에 관여하고 미국과 협상하는 데 있어 대미 지렛대로 사용하여 중국의 입지를 넓히기 위한 것이다. 미중갈등이 증폭되는 시기에도 북미협상과 북미정상회담이 진행되었을 뿐 아니라 북중정상회담이 진행되어 북한핵을 둘러싼 미중 간 협력과 경쟁의 심화가 이루어졌다. 제2차 북미정상회담의 결렬과 대북제재 지속으로 북한의 대중 경제의존도는 더욱 심화되었고 5차례 북중정상회담을 통해 중국의 대북 외교적 레버리지가 더욱 증대하면서 한반도에서 중국의 영향이 증가하고 있음을 볼 수 있다.

중국은 북미대화와 북미정상회담이 진행되는 동안 남북한 모두와 관계 강화를 위해 노력했다. 급변하는 동북아 정세에서 중국이 주도적 역할을 하기 위한 전략적 고려에서 나온 것이다. 이러한 전략적 관점애서 중국은 한국과의 관계도 안정적으로 유지하면서 영향력을 강화하는 데 역점을 두고 있다.

미국 대선 이후 왕이 외교부장이 방한하여 11월 26일 강경화 외교부 장관과 회담 전 발언에서 한국과 함께 "지역의 평화·안정을 수호"하고 싶다는 뜻을 내비친 것은 중국이 한반도만이 아니라 지역문제에 대해 한국과 협력이 중요하다고 본다는 의미이다.

한중 외교장관 회담에서 공동의 인식에 도달했다는 10가지 항목 중 중국 외교부 발표에만 나타난 "중-한 외교·안보 2+2대화 시동"에 주목할 필요가 있다.[70] 이는 미국의 신행정부가 동맹과의 협력을 강조하며 한미일 삼각협력이 강화될 경우에 대처하려는 움직임일수도 있다. 경제협력뿐 아니라 군사안보문제에서도 소통을 강화하려는 움직임은 중일관계에서도 나타나고 있다. 왕이 외교부장이 방한 직전에 방일하여 중일관계 개선을 위한 중일외교장관회담을 마친 후 발표한 5개의 공동인식과 6개의 성과 중 주목

---

70 한중 외교안보대화는 양국 외교부 국장급과 국방부 부국장급이 참여한 대화로 지난 2013년 12월과 2015년 1월 두 차례 열리고 중단되었다. 중국외교부가 10개 항목에 대한 한중공동 인식을 발표한 내용에는 한중 외교·안보 '2+2대화' 재가동이 포함되어 있다. 〈연합뉴스〉 2020.11.26.

할 것은 12월 중 중일해양사무고위급 협상을 개최하기로 한 것, 2020 연내 국방부 해상공중연락 핫라인을 개통하는 것을 추진하고, 리스크 통제를 강화하기로 합의한 것이다.[71] 중국의 대북정책이 중국의 동북아 안보정책과 연계되고 있음을 시사하는 것이다. 때문에 중국의 대북 정책을 전망함에 있어 동북아와 한반도 안보 관점에서 보는 것이 더욱 중요해지고 있다.

중국의 대북정책이 한반도에 주는 영향과 시사점 그리고 한국의 대응전략을 다음과 같이 요약할 수 있다.

- 중국은 대북정책을 미중관계의 맥락에서 다루고 있어 미국의 대북정책에 대응하는 정책을 추진할 것이다. 미국은 중국을 수정주의 국가로 인식하고 있다. 중국을 중심으로 하는 국제질서를 재건축하려는 장기적 목표를 가진 것으로 보고 있다. 2020년 10월 개최된 제19기 5중전회에서 2035년을 중국의 경제적 도약을 위한 중기적 목표로 세운 것도 이러한 맥락에서 이해할 수 있다. 따라서 미국은 장기적으로 중국과 갈등이 불가피함을 인식하고 있으며 이를 견제하기 위해 동맹국과 동반자 국가들과 협력을 강화하며 국제적인 연대로 중국을 견제하는 한편 중단기적으로는 사안별로 지역과 글로벌 한 차원의 이슈에 대해 협력을 추진할 것이다.

  중국은 장기적으로 미국과 전략적 경쟁을 견지하면서 미국과 직접 대결하기보다 주변 국가들과 동반자 협력관계를 강화하여 미국에 대응하려 할 것이다. 중단기적으로 북핵을 비롯한 지역안보 이슈에서 대립과 충돌보다는 경쟁과 협력을 추구할 것으로 보인다.

---

71 "China's Wang visits Tokyo, with bilateral ties and Biden topping agenda," *Japan Times*, Nov 24, 2020.

- 미국의 새행정부가 북미협상을 서두르지 않고 대북압박을 강화하지 않으면 중국이 대북 압박을 강화하거나 비핵화를 위해 적극 나서야 할 필요를 느끼지 않을 것이다. 그러나 미국이 '전략적 인내' 정책으로 돌아가지 않고 대북정책에 우선순위를 두고 북한과 협상을 통해 북핵동결 및 핵무기 통제를 위한 군비통제와 같은 의제를 다루려고 하면서 중국의 협력을 요구할 경우 중국은 적극적 역할을 하려 할 것이다. 중국은 의장국으로서 영향력을 증대했던 6자회담보다는 이에 앞서 남북미중의 4자회담을 추진하고자 할 것이다.

- 중국의 한반도에서의 영향력을 증대시키기 위한 정책은 지속될 것이다. 북한의 도발 방지를 위한 중국의 대북압박 지속과 동시에 대북 원조 및 인도적 지원도 계속될 것이다. 한반도 평화 프로세스에서 역할 증대를 위한 노력도 계속될 것이다. 이는 중국의 동북아 안보 차원의 전략이다.

이에 따라 한반도를 둘러싼 미중 간 영향력 경쟁이 격화될 수 있다. 한국의 외교가 비핵화와 한반도 평화를 적극적으로 만들어 가는 데 있어 새로운 차원의 전략과 노력이 요구되는 시점이다. 이를 위해 한국은 북한의 핵무기 보유에 대응하는 국방력 강화를 하는 것은 아무리 강조해도 지나치지 않다. 그러나 방어적인 자세만으로는 비핵화와 한반도 평화체제 구축을 하기는 어렵다. 미중의 경쟁과 대립이 격화되고 있는 국제정치적 상황에서 북한이 핵을 포기하려 하지 않을 가능성이 크다. 이에 대응하고 한국의 전략적 입지를 넓히기 위해서 다음의 중장기전략을 수립하여 격변하는 한반도와 동북아 정세에 대응하여야 할 것이다.

첫째, 중장기적 관점에서 북한 비핵화와 평화체제 구축의 로드맵을 만들어 미중과 북한에 제시하도록 한다. 북한 비핵화와 한반도 평화체제를 구축하는 것은 한반도와 동북아 국제질서에 영향을 미치는 것으로 미중의 합의가 우선되어야 한다. 미국은 트럼프 정부에서 한반도에서 4 No 원칙을 제시하여 중국의 우려를 불식시키고자 했다. 중국도 한반도에서 중국의 역할에 대해 미국의 우려를 불식시켜 나가도록 해야 하며 이를 위해 한국이 주도적으로 로드맵을 제안하여 설득할 수 있어야 한다. 미중의 입장만이 아니라 한국의 입장이 반영된 로드맵을 마련해야 하며 미중의 대립이 격화되더라도 그 영향을 최소화할 수 있는 기제가 구축되어야 한다.

둘째, 중국의 대북정책에 영향을 미치는 요인들에 대한 검토를 통해 중국에 영향을 미칠 수 있는 방안을 강구해야 한다. 북한의 핵무력을 견제함과 동시에 북한이 대화 협상으로 나오는 데 미중의 협력이 필요하다. 미국과 국제사회의 대북압박과 제재가 실효를 거두기 위해서는 중국의 협조 내지 묵시적 동의가 필요하다. 남북관계의 개선을 위해서도 미중의 협조가 필요하다. 북핵문제에 대한 미중의 어느 정도 협조가 이루어지는 상황에서 북미협상이나 남북관계 개선을 위한 노력은 지속되어야 한다.

마지막으로 미중이 합의하고 주변 국가들이 받아들일 수 있는 로드맵을 작성하기 위한 중층적 외교안보 채널이 구축되어야 한다. 한미 간 외교안보 2+2 장관급 채널을 발전시켜 한반도 문제에 우선순위를 두고 다룰 외교안보 대화채널을 확대 시켜 나갈 필요가 있다. 한중이 국장급 2+2 외교안보 대화채널뿐 아니라 비정부 기구 차원의 대화채널을 중층적으로 확대 가동할 필요가 있다.[72] 궁극적으로 보다 넓은 국제정치적 관점에서 한미중의 대

---

72 양 장관은 2022년 한중수교 30주년 계기 한중관계의 발전방향을 제시하는 로드맵을 마련하기 위한 한중관계 미래발전위원회 출범에 원칙적으로 합의하였다. 외교부, 대한민국 정책브리핑, "한중 외교 장관회담 개최 결과," 2020.11.26.
https://www.korea.kr/news/pressReleaseView.do?newsId=156423554

화를 한국이 주도적으로 해서 북한 핵문제를 포함한 한반도 문제에 대한 비전과 청사진이 나올 수 있도록 해야 한다.[73] 과거 한미중 대화의 시도가 있었지만 성공하지 못한 것은 정부 차원의 대화부터 시작함으로써 사전에 이해하지 못한 채 오해를 불러일으킨 측면이 있기 때문이다. 트랙2 수준에서 해 나가며 1.5 트랙으로 발전시키는 것이 바람직하다.

결론적으로 중국의 대북정책은 동북아와 한반도 안보 구도에 대한 고려에서 변화할 가능성이 크므로 종합적인 동북아 안보전략적 관점에서 이해하고 대응해 나가는 것이 중요할 것이다.

---

73 미중관계와 한반도, 동북아 안보와 한미중 협력 등에 대한 논의 및 중국의 입장에 대한 분석은 이태환, 『미중관계와 한반도의 미래』 (파주: 한울 아카데미, 2013), pp. 271-289; 이태환, 『한반도 평화와 한미중 협력』 (성남: 세종연구소, 2010) 참조.

미중갈등과 한반도 안보:
북핵문제와 한국의 생존전략

박인휘

I

서론

한국전쟁 이후부터 한반도 문제가 안고 있는 국제적 성격은 한국의 외교안보상황을 결정짓는 가장 중요한 요인으로 작용해 온 것이 사실이다. 과거 한반도의 분단상황은 국제안보의 핵심 이슈로서 냉전대결의 최전선에 위치했던 것이 사실이었고, 냉전 종식 이후에는 1990년대 초부터 지금에 이르기까지 북핵문제가 국제안보의 중요 이슈로 다뤄지면서 여전히 탈脫한반도적인 변수들에 의해서 큰 영향을 받고 있는 상황이다. 학자들은 한반도 안보상황이 국제 차원의 변수들에 의해서 영향을 받는다는 사실을 다양한 관점에서 설명하고 있다.[1] 문제는 한반도 안보상황이 국제적 변수의 영향력 하에 놓이게 되면서, 한국 정부의 정책적 자율성이 침해 받게 됨은 물론 현재의 분단 및 안보불안상황이 우리의 의자와는 무관하게 전개될 가능성이 크다는 점이다.

국제정치는 기본적으로 강대국 정치power politics의 성격이 강하고, 이와 관련하여 미중갈등은 현재의 국제정치질서를 규준規準하는 핵심적인 특징이다. 미중갈등이 글로벌 영역에서 전방위적으로 전개되기보다는 특히 동아시아 지역을 중심으로 더욱 치열하게 전개된다는 점을 고려할 때, 미중갈등이 한반도에 미치는 영향은 매우 크다. 2018년 이후 극적으로 전개된 북미

---

1 한반도 안보가 국제적 변수에 종속적이라는 설명은 대체로 '지리적 관점', '강대국의 이해관계와 의도', '한국 발전전략의 결과' 등 다양한 접근법에 기반하고 있다.

간 협상국면이 의미 있는 성과로 이어지지 못하고 있는 현실에서 미중 간 갈등이 전례가 없는 최고조로 치닫는 점은 한반도 비핵화 및 평화정착에 부정적인 요인으로 작용할 것이 분명해 보인다. 더구나 미국과 중국이 한반도 문제를 양국 간 갈등고조 국면에서 자국에게 유리한 외교 자산으로 활용하려고 한다면, 세계 최강대국을 상대해야 하는 한국의 입장에서는 치명적인 제약요인으로 작용할 것이 자명하다.

하지만 안타깝게도 미중경쟁이 한반도 문제에 긍정적인 요인 및 부정적인 요인으로 작용하는 문제와 관련하여 아직까지 이론적으로 정교한 설명이 존재하는 것은 아니다. 미중갈등을 한반도 관점에서 설명하는 대부분의 국내연구는 특정 시기의 미국 행정부를 거치면서 발견되는 미중관계 양상을 사후적으로 분석하거나, 혹은 사드THAAD 배치 사례처럼 특정 이슈가 미중갈등에서 한반도로 전환되는 과정을 결과론적으로 설명하는 것이 대부분이었다.[2] 따라서 미중갈등이 향후 상당 기간 동안 국제질서의 핵심 특징으로 작용한다고 가정할 때, 미중관계가 한반도 문제와 어떻게 연결되어 있는가에 대한 보다 분석적인 설명이 필요한 실정이다. 특히 대략 2000년도 이후부터 다양한 모습으로 전개되고 있는 미중경쟁은 현재까지 일종의 단계적 국면 변화를 보이고 있는데, 미중경쟁 각 단계의 특징은 무엇이고 그 특징들은 한반도 안보상황과 구체적으로 어떻게 맞물려 있는지, 특히 북핵 문제 해결과 관련하여 어떤 영향을 미치고 있는지를 분석적으로 설명하는 노력은 매우 중요하다.

이러한 배경에서 본 논문의 목적은 미중갈등의 성격과 한반도 문제 사이의 구조적 연결성을 규명하고, 현재의 강대국 정치 상황을 슬기롭게 극복

---

2 대표적인 예로서, 김재철, “미중관계와 한국 대미편승전략의 한계: 사드 배치의 사례를 중심으로,” 『한국과 국제정치』 33권 3호(2017), pp. 1-31 외 다수.

하기 위한 한국의 생존전략을 모색하는 데에 있다. 이 과정에서 한반도 문제를 둘러싼 미중갈등이 북핵문제를 중심으로 어떻게 구체화되었는가를 살펴보고자 한다. 마지막으로 생존전략을 위한 정책 대안을 제시하여 정부 관계자 및 관련 연구자들과 문제의식을 공유하고자 한다.

Ⅱ

미중갈등의 변화와 성격

1. 강대국 정치와 미중갈등

'강대국 정치power politics'는 국제정치의 핵심적인 특징이다.[3] 국제질서 안에서 국가들 간 불균등한 힘의 분배가 이뤄진다는 근거로 인해, 글로벌 리더십을 행사하는 주요 강대국들 간 세력관계를 이해하는 일은 국제정치 차원에서 발생하는 다양한 현상들을 설명하는 가장 중요한 접근법이다. 주요 강대국들 사이의 경쟁 혹은 갈등에 대한 분석은 대체로 세 가지의 구체적인 질문으로 이어진다. 적대적 관계 혹은 라이벌관계에 놓인 국가들은 어떤 계기로 적대적 관계를 시작하게 되는지, 일단 시작된 혹은 형성된 적대관계는 어떤 내용과 전개과정을 보이면서 진행되는지, 그리고 궁극적으로 적대 혹은 경쟁관계는 어떤 양상으로 종결되는지 등이 그 내용이다.[4] 이 논

---

3 물론 구조적 현실주의 전통을 이어받은 입장이지만, '합리적 현실주의'나 새롭게 중요성이 강조되는 '고전적 현실주의' 및 '지정학 중시의 현실주의' 관점 역시 강대국 정치의 중요성은 인정하고 있다. 이러한 점을 동아시아 지역질서 차원에서 적용한 대표적인 연구로는 Robert S. Ross, *Strategic Adjustment and the Rise of China: Power and Politics in East Asia* (Ithaca, NY: Cornell University Press, 2017) 참고.

4 여기에서는 경쟁, 라이벌, 적대관계 등이 서로 교환 가능한 용어로 사용되고 있다. 물론 사전적 의미는 서로 다를 수 있겠으나, 국제정치에서 핵심적인 영향력을 행사하는 두 개 이상의 강대국이 갈등적 관계에 놓이게 된다는 차원에서 통용하고자 한다. 한편 강대국 간 갈등과 관련한 대표적인 연구는 Jack S. Levy and William Thompson, *The Arc of War* (Chicago, IL: University of Chicago Press, 2011); Graham Allison, *Destined for War: Can America and China Escape the Thucydides's Trap?* (Boston, MA: Mariner Books, 2018) 등 참고.

문에서 구체적으로 다루지는 않겠지만 국가들이 적대관계에 놓이게 된 원인은 매우 다양한데, 전근대 시기의 식민지배와 같은 역사적 경험, 지리적 요소로 인한 인접한 국가들끼리의 갈등, 종교나 이념적 차이로 인한 사회문화적 배경, 그리고 국제사회의 리더십 쟁탈 등과 같이 매우 다양한 요인으로 인해 갈등관계가 형성된다.

본 연구의 주된 관심인 국제질서의 리더십을 다투는 국가들끼리의 경쟁만을 놓고 본다면, 근대 국제질서가 유럽이라는 제한적인 공간에서만 적용되던 19세기 국제정치는 영국이라는 강대국이 유럽 대륙에 자리 잡은 다른 강대국들을 상대로 전개한 '세력균형정책'이 국제질서를 규준하는 핵심 논리였다. 한편 2차 세계대전 이후 20세기 국제정치질서를 이해하는 가장 효과적인 방법은 미국과 소련 사이에 전개된 경쟁과 세력관계의 변화를 이해하는 것이다. 냉전으로 일컫는 미소 양극체제는 국제사회를 두 개의 극성 polarity으로 나눈 채 각자의 진영 안에서 공고하게 구축한 세력과 리더십을 바탕으로 매우 독특한 경쟁관계를 전개했던 경험을 의미한다. 동일한 논리의 연장선에서 현재의 국제질서는 미국과 중국 사이에 전개되는 경쟁, 갈등 및 세력관계의 변화에 따라 많은 국제정치적 영향과 결과들이 빚어지는 경향을 보이고 있다.

앞서 언급한 세 개의 구체적인 질문과 관련하여, 미중관계가 정확하게 언제부터 갈등관계를 시작하게 되었는지를 규정하는 일은 쉽지 않다. 대체로 냉전 종식 이후 강대국 간 경쟁이 소멸된 것처럼 보이던 시절, 중국이 가지고 있는 잠재적 국력 및 반 서구적인 정체성으로 인해 탈냉전 초기시점부터 미국은 소위 '중국 위협론China threat'을 둘러싼 논쟁을 경험하게 된다.[5]

---

5 미중관계에 대한 초기 논쟁을 이끌었던 '중국 위협론'과 '중국 유화론'을 상징하는 대표적인 논문은 Richard Bernstein and Ross H. Munro, "The Coming Conflict with China," *Foreign Affairs*, Vol. 76, No. 2(Mar/Apr 1997); Robert S. Ross, "China II: Beijing as a Conservative

하지만 클린턴 대통령 시절이던 1997년 미중 외교관계에서 역사상 처음으로 당시 중국 지도자였던 장쩌민의 미국 '국빈방문state visit'이 이뤄졌는데, 이 방문 직전 클린턴 대통령은 중국에 대해서 막연한 거부감을 가지고 있던 미국의 오피니언 리더들에게 미국을 중심으로 국제사회가 중국을 포용해야 한다는 매우 중요한 메시지를 전달하게 된다.[6] 당시 클린턴 대통령이 취한 대 중국 외교 스탠스는 중국에 대한 미국 내의 우려를 불식시켰다. 특히 2000년 미 의회가 중국을 상대로 통과시킨 '대외무역법TRA, Trade Relations Act'은 중국을 국제사회에 편입시키는 결정적인 계기가 되었다. 미국 의회의 TRA가 없었다면 다음 해에 이뤄진 중국의 WTO 가입 역시 불가능했다는 점을 고려할 때, 대체로 이 시기를 탈냉전기 미중관계의 구체적인 양상이 디자인된 시점으로 평가할 수 있다.

지금으로부터 약 20년 전인 2000년을 전후로 시작된 국제질서 안에서의 미중 간 세력관계의 시작은 그 이후 다양한 국면을 거치면서 변화를 경험하게 된다. 국가들 간 형성된 경쟁관계가 어떤 경로를 거치면서 갈등을 심화시키는가의 문제와 관련하여, 2008년 글로벌 금융위기는 미국과 중국 모두에게 매우 중요한 모멘텀을 제공한 것으로 알려져 있다. 2000년 대선에서 승리한 부시 행정부는 재선을 거친 8년 동안 대통령으로 집권하면서, 대 중국 정책에 있어서 초기 4년과 후반기 4년 사이에 뚜렷한 차이점을 보였다. 소위 '아미티지 스쿨Armitage School'로 대표되는 강경파의 의견을 수용했던 초기 4년에 비해, '졸릭 스쿨Zoelick School'로 대표되는 협상파의 의견을 수용했던 후반부 4년은 미국의 힘을 전제로 하면서도 안정적이고 제도적으로 정착된 미중관계가 미국의 국익은 물론 국제질서 전체에 긍정적인 영향

Power," *Foreign Affairs*, Vol. 76, No. 2(Mar/Apr 1997) 등 참고.

6 https://clintonwhitehouse4.archives.gov/WH/New/html/19971024-3863.html (검색일 2020년 7월 31일) 참고.

을 미친다는 판단에 근거하고 있다.[7] 2008년 미국의 글로벌 리더십에 치명적인 요소로 작용한 금융위기의 발생과, 동시에 등장한 오바마 행정부의 경우, 글로벌 금융위기 이후 발생한 다양한 문제들을 해결하기 위해 미국의 가용한 외교안보 자원을 투입했다. 그 결과 대체로 중국의 부상을 전략적으로 관리할 결정적인 기회를 놓쳤다는 평가를 받고 있다.[8]

2. 미중경쟁의 단계적 변화

2000년대 이후 형성되기 시작한 미중 간 경쟁관계는 물리적 시간의 경과와 중국의 국력 부상에 따라 단계적으로 다른 양상을 보이면서 변화하기 시작했다. 그런데 전문가들의 관점에 따라 미중경쟁이 전면적인 대결을 전제로 한 글로벌 차원의 포괄적인 경쟁인지 혹은 일부 선별적인 영역 및 특정 지역에서만 전개되는 제한적인 경쟁인지에 대해서는 조금씩 다르게 설명되고 있다. 한 가지 분명한 점은 미중경쟁이 전 지구적 차원에서 전개된다는 설명에는 이견의 여지가 있지만, 적어도 동아시아 지역에서는 미중경

---

7 공화당 정부에서 두루 중용되었던 아미티지(Richard Armitage) 대사와 조셉 나이 교수가 2000년 대통령 선거 과정에서 작성한 보고서(The United States and Japan: Advancing Toward a Mature Partnership)를 의미한다. 동 보고서는 미국의 아시아 정책을 '미일동맹' 중심으로 접근한 내용을 담고 있는 관계로 상대적으로 중국보다는 일본을 중시하는 미국 정책결정자들에게 높이 평가되었고, 이러한 입장을 지지하는 정책그룹을 '아미티지 스쿨'로 부르게 된 것이다. 한편 '졸릭 스쿨'은 졸릭(Robert B. Zoellick) 전 세계은행 총재가 부시 행정부의 국무부장관으로 재직할 시기가(2005~6년), 그 이전의 미중관계보다 더 안정적이었던 점을 강조하고 있다. 특히 졸릭 부장관 재임 시기부터 미중 간 '2+2 회담'이 시작되었는데, 이러한 사실은 중국을 중시하는 미국의 대 아시아정책 정책 결정자들로부터 높게 평가받았고, 결과적으로 미국의 중국 중심적 접근에 지지하는 사람들을 '졸릭 스쿨'이라고 부르게 된 것이다.

8 Joseph S. Nye Jr, "American and Chinese Power After Financial Crisis," *The Washington Quarterly*, Vol. 33, No. 4(2010); Joseph S. Nye Jr, "The Future of American Power: Dominance and Decline in Perspective," *Foreign Affairs*, Vol. 89, No. 6(Nov/Dec 2010); David M. Edelstein, "Cooperation, Uncertainty, and the Rise of China: It's About Time," *The Washington Quarterly*, Vol. 41, No. 1(2018) 등 참고.

쟁이 매우 구체적으로 전개되고 있다는 데에는 분명한 공감대가 형성된다는 것이다.[9] 특히 트럼프 행정부의 아시아 정책이 '인도-태평양 구상'으로 규정되면서 미국의 대중국 압박전략이 태평양과 인도로 직접 연결된 까닭에, 미중갈등 차원에서 동아시아와 아시아를 구분하는 일은 더 이상 무의미하다. 이런 배경에서 동아시아동북아 국가로서의 정체성이 강한 한국에게 미중갈등의 특징과 향후 국면이 어떻게 전개될 것인지 예측하는 것은 국가이익 및 생존전략적 관점에서 매우 중요한 일이 아닐 수 없다.

연구자들은 대체로 2008년 글로벌 금융위기를 거치면서 일종의 미중관계 조정기를 지나 2010~12년을 전후로 지금과 같은 본격적인 대결구도가 시작되었다고 평가한다.[10] 대결구도의 핵심에는 전통적으로 아시아 지역에서의 안정성 유지가 미국의 핵심 이익에 부합한다는 대외전략이, 자신만의 '글로벌-지역 연계전략One Belt One Road'을 구축하기 시작한 중국의 대외전략과 충돌한 데에 그 원인을 찾아볼 수 있다.[11] 특히 한반도 문제와의 연결고리라는 차원에서 주목해야 할 사항은 미중경쟁의 주요 내용이 시간의 흐름에 따라 변화를 겪었다는 점이다. 구체적으로 1990년대 후반 이후부터 발견되기 시작했던 '사건중심적인 경쟁even-driven competition', 2010년 전후를 시점으로 가시화되기 시작한 '제도중심적인 경쟁institution-driven competition', 그리고 최근에 와서는 글로벌 질서 수립의 주도권을 놓고 다투는 '표준지향적인 경쟁global standard-driven competition'에 이르기까지 미중경쟁은 일정한

---

9 대표적인 설명들로는 David C. Kang and Xinru Ma, "Power Transition: Thucydides Didn't Live in East Asia," *The Washington Quarterly*, Vol. 41, No. 1(2018); Markus Brunnermeier, Rush Doshi and Harold James, "Beijing's Bismarckian Ghosts: How Great Power Competes Economically," *The Washington Quarterly*, Vol. 41, No. 3(2018) 등 참고.

10 Joseph S. Nye Jr, "American and Chinese Power After Financial Crisis"; David M. Edelstein, "Cooperation, Uncertainty, and the Rise of China: It's About Time" 참고.

11 대표적인 국내 연구로는 이동률, "시진핑 정부 '해양강국' 구상의 지경학적 접근과 지정학적 딜레마," 『국제정치논총』 57권 2호(2017) 참고.

시간적 격차를 보이면서 흥미로운 단계적 변화를 보여왔다.[12] 미중갈등의 단계적 국면 변화의 구체적인 내용은 아래 〈표 1〉에서 보는 바와 같다.

〈표 1〉 미중갈등의 단계적 변화[13]

시기	핵심 특징	갈등의 내용	등장 배경
1단계 (1990년대 말)	이슈 중심 대결 (event-driven)	- 특정 사안을 중심으로 한 충돌 - 대 중국 포용전략 견지 - 미국 질서에 대한 자신감	- 소련 붕괴 - 문명 간 충돌 - '중국 활용론'
2단계 (2010년 전후)	제도 중심 대결 (institution-driven)	- 경제성장이 군사성장으로 전환 - SCO, AIIB, NDB, CICA 등 - system-building에서 오는 이익에 관심 급증 → G2 경쟁	- '테러와의 전쟁' - 중동문제 악화 - 미국 힘의 한계
3단계 (2020년 전후)	글로벌 표준 대결[14] (global standard -driven)	- 5G 사태(화웨이) 등으로 표출 - 충돌의 양상이 점점 구체화 - 협력/대결의 극단적 공존	- 트럼피즘 - (일대일로) - 강대국 이기주의[15]
4단계 코로나19 이후	"새로운 모델의 국제협력을 누가 주도?"	- 새로운 협력 모델의 주도권 - 국제기구의 중요성 부각 - 방역 등 새로운 이익을 공유하는 국가군(群)의 출현	- 바이든 정부 등장 - 새로운 위협 - 글로벌 신안보 - 피해 진원지 논쟁

12 특히 최근 '글로벌 표준경쟁'을 둘러싼 미중갈등에 대한 설명으로는 "기획특집: 중국의 5G 시대와 미중경쟁," 『성균차이나 브리프』 제7권 3호(2019) 참고.

13 저자 작성.

14 미중갈등의 새로운 국면에 대한 분석이 한국의 국가이익에 어떤 영향을 미치는지에 대한 연구는 비교적 활발히 진행되고 있다. 대표적으로 김상배, "데이터 안보와 디지털 패권경쟁: 신흥안보와 복합지정학의 시각," 『국가전략』 26권 2호(2020), pp. 5-34; 배영자, "기술표준의 정치: 행위자-네트워크 이론과 중국 AVS 사례," 『대한정치학회보』 19권 2호(2011), pp 281-306; 이승주, "불확실성 시대의 국제정치경제: 자유주의 국제질서의 위기," 『국제정치논총』 57권 4호 (2017), pp. 237-271 등 참고.

15 G. John Ikenberry, "The End of Liberal International Order?," *International Affairs*, Vol. 94, No. 1(2018), pp. 7-23; Constance Duncombe and Tim Dunne, "After Liberal World Order," *International Affairs*, Vol. 94, No. 1(2018), pp. 25-42.

특히 최근에 와서는 '코로나19' 사태로 말미암아 미중 전략갈등이 새로운 국면으로 접어들고 있는 상황이다. 하지만 한 번 더 생각해 보면, 코로나19로 인한 국제질서의 변화요인이 중요한 의미를 가지기는 하지만, 코로나19 문제는 미중갈등 국면의 새로운 전개를 유발하기보다는, 2016년을 전후로 시작된 '브렉시트Brexit' 사태, 트럼프 행정부의 미국 우선주의트럼피즘, 강대국들의 민족주의, 국제질서의 리더십 실종 등으로 대표되는 자유주의 국제질서Liberal International Order의 근본적인 변화라는 현실과 맞물리면서 이러한 논쟁 속에 수용될 가능성이 더 커 보이는 것이 사실이다.[16]

16 G. John Ikenberry, "The End of Liberal International Order?," *International Affairs*, Vol. 94, No. 1(2018), pp. 7-23; Constance Duncombe and Tim Dunne, "After Liberal World Order," *International Affairs*, Vol. 94, No. 1(2018), pp. 25-42.

Ⅲ

미중경쟁과 한반도

1. 동북아와 한반도 문제의 국제성

지역 및 안보 연구자들의 설명에 따르면 전 세계는 대체로 13~14개 정도의 지역 차원의 독자성을 가지는 안보권역이 존재하는 것으로 알려져 있다.[17] 이들 지역은 각자 일종의 고유한 지역안보복합성Regional security complex을 가지고 있다. 아시아는 통상 네 개의 지역으로 나뉘고East Asia, Central Asia, Southwest Asia, Middle East, 좀 더 구체적인 하위 논의에서 동아시아East Asia는 다시 동북아시아Northeast Asia와 동남아시아Southeast Asia로 나뉜다. 동북아와 동남아가 정책적 및 학문적 차원에서 비교적 정교하게 분리되어 논의되기 시작한 것은 1990년대 중후반 이후부터로 볼 수 있다. 하지만 앞서 언급한 바와 같이, 지난 트럼프 행정부 이후 중국을 관리하기 위한 미국의 아시아 지역전략이 '인도-태평양 구상'이라는 이름으로 추진되면서, 인도와 서태평양이 전략적 차원에서 연결 되었고, 결과적으로 아시아를 나누는 전통적인 지역구분이 점차 무의미해지고 있는 것이 사실이다. 바이든 정부 출범 이후에도 이러한 아시아 전략 기조는 유지될 것으로 보인다.

---

17 관련한 상세한 설명은 Peter Katzenstein, *A World of Regions: Asia and Europe in the American Imperium* (Ithaca, NY: Cornell University Press, 2005) 참고.

그렇다면 동북아(혹은 동아시아) 지역만의 특징적인 현상은 무엇일까?[18] 미중갈등이라는 차원에서 살펴보자면, 동북아에서는 경제사회적 '상호의존성'과 정치안보적 '경쟁갈등'이 공존한다는 점을 최우선적 특징으로 꼽을 수 있다. 혹은 관찰자에 따라 이러한 공존을 '동맹관계'와 '지역공동체' 사이의 부조화라고 표현할 수도 있을 것이다. 우선 동맹관계 혹은 '정치안보적 민감성'의 측면을 살펴보면, 과거 한국전쟁을 전후로 동북아에 매우 정교한 '복층적' 양자동맹구조가 자리 잡게 된다. 미국이 주도한 양자동맹은 한마디로 미국이 역내 대다수 국가들한국, 일본, 과거 대만 등을 상대로 안보동맹을 체결하고, 동맹질서에 포함되지 않은 역외 국가들중국, 북한, 구소련 등을 냉전기간 동안 지역질서에서 배제시킨 과정을 의미한다. 미국이 냉전의 또 다른 전초기지였던 유럽과 비교하여, 동북아 지역에서는 나토와 같은 집단안보체제가 아닌 양자동맹을 선호한 이유와 관련해서는 기존의 많은 연구들이 있다.[19]

동북아 이외의 다른 지역의 안보환경이 탈냉전 이후 지금까지 크게 바뀐 것과 비교하여, 동북아 지역의 경우 냉전기에 작동한 미국 중심의 양자동맹구조가 여전히 매우 견고하게 유지되고 있다. 그런데 이론적으로 동맹구조는 상시적으로 존재하는 '적대세력'을 전제로 한 군사안보적 국력의 공

---

18 학술적으로 동아시아와 동북아는 개념적으로 호환성(interchangeable)을 가지지 않는다. 다만 최근에 와서 동아시아 국가들 간 역내 상호의존성이 높아지면서, 정책 추진 과정에서 동북아와 동남아 사이의 구분이 크게 의미가 없는 경우가 많다. 특히 우리 정부가 '신남방정책'을 강조하면서 동남아 국가들을 한반도 문제의 우호적인 관여자로 강조하면서, 이러한 경향을 더욱 두드러지고 있다.

19 이 글에서는 동북아 동맹구조의 기원과 관련해서는 소상히 설명하지 않겠다. 다만 동북아 안보와 유럽 안보의 구조적인 차이는 대체로 세 가지 접근법(미국의 의도적 선택, 동북아 역내 지도자들의 전략, 유럽과의 구조적 차이)에 의해서 설명되고 있는데, 이와 관련해서는 Park Ihn-hwi, "Alliance Theory and Northeast Asia: Challenges of the 60th Anniversary of the Korea-US Alliance," *Korea Journal of Defense Analysis*, Vol. 25, No. 3(2013), pp. 317-331 참고.

유이다.[20] 물론 시대의 변화에 따라 동맹관계가 상정하는 근본적인 의미가 변화하였다고 하지만, 동북아의 한미동맹과 한일동맹의 경우 상대적으로 체결 당사자들 간 군사안보적 능력의 공유라는 점을 강조하고 있으며, 이러한 특징은 안보확보를 위해 누구를 포함하고 배제할 것인가의 문제와 직접적으로 연결되어 있다.[21]

미국을 중심으로 한 복수의 양자동맹 질서가 한국전쟁 이후 동북아 지역의 안보를 지켰고 전쟁의 가능성을 제거하여, 결과적으로 이 지역이 세계에서 가장 역동적인 경제성장의 상징이 된 점은 부인할 수 없다. 하지만 이와 동시에 동맹개념의 변화에도 불구하고 동북아 동맹구조는 '적'과 '방어'를 전제로 한 특징을 보이고 있기 때문에, 중국의 성장 등과 같은 지역안보의 구조적 변화요인이 발생함에 따라 지역안보 안정성에 근본적인 의문이 제기되는 점 역시 사실이다. 특히 본 문제의식과 관련하여 냉전 종식 이후 지속적으로 동북아 안보의 핵심 현안으로 여겨졌던 북한 문제가 해결되고 향후 한반도에 평화체제**북미 관계정상화 포함**가 들어서게 된다면, 동맹질서의 근본적인 변화는 불가피한 상황이다. 한마디로 '누구를 누구의 위협으로부터 지켜야 하는 안보개념'에서 어떻게 벗어날 수 있는가의 문제인 것이다.

경제성장이 '군사강대국화'로 손쉽게 전환되는 특징을 가진다는 차원에서 중국의 부상으로 인한 미중갈등은 불가피한 상황이다. 특히 '위협을 설정'해야만 하는 강대국 간 안보구조 상황에서 한반도 문제는 미중갈등의 한가운데에 위치한다고 해도 과언은 아닐 것이다. 핵개발을 생존의 논리로 제시한 북한의 존재는 앞서 언급한 동북아 동맹구조, 특히 한미동맹과 북중

---

20 Glenn H. Snyder, "Alliances, Balance, and Stability," *International Organization*, Vol. 45, No. 1(1991), pp. 121-142.

21 이와 관련한 대표적인 설명으로는 Ken Booth, *Theory of World Security* (Cambridge, UK: Cambridge University Press, 2007) 참고.

동맹이 첨예하고 대립하고 있는 한반도 안보구조를 국제화시키는 핵심 요인이 되고 있다. 북한 핵개발의 기원을 탈냉전기 직후인 1990년대 초반으로 본다면, '생존survival' 논리를 내세운 북한의 핵개발은 구소련의 몰락과 한중수교가 결정적인 이유로 작용하게 되는데, 소위 '남북한 사이의 내적 균형'과 '한미 및 북중(소) 사이의 외적균형'이 한반도 안보상황에서 팽팽한 균형을 유지하다가 냉전질서의 종식으로 말미암아 일거에 무너졌기 때문이다.[22] 전후질서에서 독일, 베트남 등과 함께 국제정치적 요인에 의해 분단되었던 한반도는 다른 분단국 사례들과는 달리 한반도 내부 대결에 의한 '내적 균형'과 한반도 외부세력의 관여로 인한 '외적 균형'이 한반도 안보 구조를 특징짓는 핵심 요소로 작용하고 있었다.

소련의 붕괴와 한중수교로 상징되는 '외적 균형'의 붕괴는 북한으로 하여금 생존에 대한 매우 근본적인 위협으로 다가왔고, 냉전 종식을 목도한 다른 사회주의 국가들과는 달리 '핵무기 개발'이라는 매우 극단적인 옵션을 생존의 근거로 내세우게 되었다. 북한이 개혁개방, 경제성장, 내부개혁 등과 같은 생존전략이 아닌 '핵개발'을 생존전략으로 선택한 배경에는 여러 가지 이유가 있지만, 미중갈등이라는 요인은 본 논문의 주제와 관련하여 매우 중요한 의미를 가진다. 그것은 바로 다른 생존전략과 달리 핵개발은 미국과 중국이라는 초강대국의 한반도 개입을 지속적으로 정당화시키는 결과로 이어지고, 북한의 전략적 판단에 의하면 한반도 안보가 남북 간 게임은 물론 미중 간 게임이라는 복합성을 가지는 상황이 자국의 생존에 더 유리한 환경을 제공하기 때문이다.[23] 미중갈등과 북핵문제의 연결성에 대해서

---

22 한반도 분단 구조가 안고 있는 남북한 사이의 '내적 균형' 및 '외적 균형'과 관련한 대표적인 연구로는 구갑우, "한반도적 맥락의 비판적 안보담론: '평화국가담론' 재론," 『한국과 국제정치』 24권 3호(2008), pp. 95-124 참고.

23 박인휘, "한반도 '안보-안보부재'의 정치학: '한미-남북' 관계의 모순적 결합," 『한국정치학회보』 45권 2호(2012), pp. 229-249.

는 다음 장에서 다시 설명하겠지만, 북한의 이러한 판단은 기본적으로 북한 스스로 일관되게 내세우는 '주체와 자주'의 논리가 얼마나 허구적인지를 잘 보여주고 있으며, 기본적으로는 한국전쟁 이후부터 존재하던 한반도 안보 구조의 국제성 활용을 극대화한 국가생존전략으로 볼 수 있다.

2. 미국과 중국의 한반도 정책과 이해관계[24]

다음으로는 미국과 중국이 가지는 '한반도 이해관계'에 대해서 구체적으로 살펴보도록 하겠다. 미국과 중국 어느 일방을 선택하기 어려운 한국의 입장에서 두 초강대국 모두를 우리의 전략적 파트너로 묶어두기 위해서는, 미중의 대한반도적 이익과 그것을 실천하기 위한 전략이 무엇인지를 알아야만 한다.

기본적으로 최근까지 미국의 동북아정책은 미중관계의 안정적 운영을 중심으로 전개되는 특징을 보여왔다. 미국은 미중관계를 안정적으로 유지하는 것이 동북아에서 최대의 이익이라고 생각해 왔으며, 이에 따라 동아시아에 '중국 묶어두기' 전략을 통해 중국의 '미국 밀어내기' 전략에 대응하며, 지속적인 세력권 확장을 도모해 왔다. 이러한 모습은 중국의 '신형대국관계'라는 동진전략과 '일대일로一帶一路' 및 AIIB에 기초한 서진전략이 결합된 외교정책에 대한 미국의 본격적인 대응전략으로 이해될 수 있다. 예를 들어, 동중국해와 남중국해에서 벌어지고 있는 중국의 해양 영유권 주장과 이에 대한 미국의 적극적 대응은 미국의 아시아전략 성공여부의 중요한 테

---

24 탈냉전기 미중이 경험한 다양한 경쟁적 국면, 미중의 각자 국가이익 및 한반도적 이해관계를 중심으로 종합적으로 잘 설명하고 있는 자료는 김태현, 류석진, "특집: 탈냉전 30년의 조명,"『한국과 국제정치』 36권 1호(2020) 참고.

스트가 될 것이라는 분석 또한 이러한 이해에 기반하고 있다.[25]

한반도 문제로 좁혀보면, 미국은 북한에 대한 국제사회의 제재 이행과정에서 중국을 견제하고 동북아에서 대북정책 관련 리더십을 유지하며, 이 과정에서 미국의 동아시아적 이해관계의 확장을 위해 한국과 일본을 적극적으로 활용하겠다는 입장이 분명하다. 이러한 맥락에서 미국의 동북아 전략은 한미동맹과 미일동맹을 결합한 삼각 협력체제를 구축하는 것이다. 한일관계의 불협화음 때문에 미국의 삼국협력 전략이 차질을 빚는 것처럼 보이기도 하지만, 중국의 군사강대국화로 인해 미국의 입장에서 한국과 일본 모두 각자 고유한 동맹적 가치를 지니고 있다는 점이 여전히 확인되고 있다. 결과적으로 미국은 어떤 형태로든 한미일 협조체제를 포기하지 않을 것으로 판단된다. 더구나 2018년 이후 전개된 북미협상 국면이 모멘텀을 상실하고 북한이 비핵화를 포기하는 듯한 입장을 취하면서, 미국은 한국과 일본을 지속적인 군사동맹 파트너로 묶어둘 지렛대를 확보했다고 볼 수 있다. 뿐만 아니라 북한 문제를 해결하기 위한 노력은 '한반도 게임'과 '미중 게임'을 한반도 안에서 혼재하게 만드는 효과를 가져온다. 예를 들어 과거 대북제재 과정에서 미중의 이해관계가 첨예하게 충돌한 THAAD 배치 문제에서 보듯이, 북핵 방어의 목적을 가지는 THAAD 배치가 한편으로는 미중갈등 게임을 강화시키는 측면이 있다. 이처럼 북한 문제의 본질이 한반도 게임과 미중게임을 혼재하게 만드는 상황 자체가 미국 입장에서는 한반도에 대한 미국의 영향력 강화로 이어진다고 판단할 것으로 예상된다.[26]

---

25 Marvin Ott, "The South China Sea in Strategic Terms," Wilson Center's Asia Dispatches (2019); Leszek Buszynski, "The South China Sea: Oil, Maritime Claims, and US-China Strategic Rivalry," *The Washington Quarterly*, Vol. 35, No. 2(2012).

26 사드(THAAD)와 관련한 다양한 논쟁을 편의상 구분하면 크게 두 가지 범주의 논의로 요약되는데, 사드가 가지는 한반도적 적실성에 초점을 맞춘 논의와, 사드를 미중 간 게임으로 관점을 확장시켜서 이해하려는 논의가 있다. 두 가지 논점 모두 장단점이 있는 것으로 판단되는데, 이와 관련

결론적으로 얘기해서, 미국이 북한 문제로 인해 미중관계의 리스크를 부담할 것이냐가 핵심 관건인데, 이와 관련하여 한미 간에 다양한 정책 영역과 정책 결정 차원에서 인식 차가 발생할 수 있다. 미국이 진정으로 북한 핵과 미일로 인해 본토의 위협을 느낀다면 미중관계에 일정한 부담이 되더라도 군사적 옵션을 적극적으로 추진할 것이지만, 현재는 유엔 결의에 의한 다자제재에 중점을 두고 있는 것으로 보아 중국을 설득하여 대북제재의 효과를 보려는 대응전략을 가진 것으로 해석된다. 바이든 정부 출범 이후 이러한 정책적 경향이 더욱 강화될 것이다. 따라서 미국은 대북제재의 과정에서 중국을 견제하기 위해 동북아 지역의 입지를 강화할 것이고, 주한미군의 THAAD 역량 확장 및 일본 내 중거리전략미사일 배치를 통해 동아시아에서 미사일방어MD를 강화할 수도 있다. 또한 북한 문제 해결과정에서 미국의 역할을 부각시켜 한국의 '중국경사론'을 불식시킬 수 있을 것이다. 이와 관련하여 미국은 한미일 협력을 강화하고, 제재의 과정에서 북중관계의 간극을 확대시킬 정책을 개발하고 있다. 당장은 대북제재에 초점을 두지만, 미중관계를 고려하여 일정기간 이후 언제든 북한과 미국 사이에서 협상의 가능성 역시 배제할 수는 없는 상황이다.

다음으로 중국의 대동북아 및 한반도 이해관계와 관련하여, 잘 알려진 바와 같이 중국 지도부는 2050년을 국가현대화 목표 달성 시점으로 보고 2020년까지는 국내 발전에 전력투구 하겠다는 입장을 강조해 왔다. 이 때문에 중국 주변의 안보환경을 안정적으로 관리하는 것이 중요하고, 그 연장선에서 한반도의 평화와 안정을 유지하는 것이 가장 중요하다고 인식하고 있다. 이런 기조하에서 중국은 소위 '한반도 3대 기조'인 '한반도의 평화와

하여 핵심적인 두 개의 글을 소개하면, 박휘락, "사드의 한국 배치 논란에 드러난 오인식과 집단사고," 『국가정책연구』 29권 3호(2015); 서재정, "사드와 한반도 군비경쟁의 질적 전환," 『창작과 비평』 168호(2015) 등 참고.

안정', '북한체제 유지', '북한 비핵화'를 강조하고 있는 것이다. 하지만 최근 수년간 미중 사이에서 벌어진 다양한 외교적 갈등국면은 2020년까지 국내 발전에 집중하겠다는 중국의 입장과는 상충되는 모습이다. 이러한 상황이 중국의 인도양 진출, 남중국해 독점 시도, 홍콩보안법 등에서 보듯이 중국의 과도한 힘의 과시에서 비롯된 것인지, 혹은 과거 트럼프 행정부 이후 대만 문제의 이슈화, 북한 문제 해결 시도, 인도-태평양 연결을 통한 중국 봉쇄 등과 같은 전략이 추진되는 과정에서 중국이 불가피하게 강압적으로 반응한 결과인지는 분명치 않은 부분이 있다.

중국의 대미전략 측면에서도, 한반도에서 발생할 수 있는 여하한 분쟁은 한반도 내 미국 군사력의 영향력을 증대시키게 되어 중국 안보에 상당히 부정적 영향을 미칠 수 있으므로, 중국의 입장에서 이러한 사태를 사전에 방지할 수 있는 한반도의 평화와 안정은 매우 중요하다. 북한체제가 변하거나 남한 주도의 통일이 이뤄질 경우, 한반도에 들어설 유일 정부는 상대적으로 미국의 영향력하에 편입될 가능성이 크기 때문에, 중국은 최소한 현 상황에서는 북한체제의 유지가 자국의 국가이익에 더 부합한다고 판단하고 있다. 이러한 판단이 북중관계에 영향을 미치게 되었고, 김정은 집권 이후 단 한 차례의 수뇌부 회동도 없었던 북중관계가 2018년 북미 협상국면 이후부터 2019년 6월 시진핑의 평양 방문까지 무려 5차례 걸친 북중정상회담 개최를 가능케 한 것으로 분석된다.

잘 알려진 바와 같이, 한반도는 지정학적으로 대륙세력**중국, 러시아**과 해양세력**미국, 일본**의 교차점에 위치함으로써 전략적 완충지대 역할을 담당한다. 한반도를 영향권 내에 둘 경우 해양 진출이 용이하며, 향후 중미 혹은 중일 경쟁이 격화될 경우를 감안하면 중국에게 전략적 가치가 높은 것은 당연한 이치이다. 무엇보다도 미국, 일본, 한국은 중국의 핵심 경제 교역국인데 한반도의 분쟁은 이들 국가와의 정상적 교류를 어렵게 하여 경제적 타격을 입을 수 있다. 이는 경제 성장에 정치적 정당성을 두고 있는 중국 공산당에게 큰 부정적 영향을 미치는 것으로 판단할 것이다. 또한 중국은 단기적으로는 한반도의 '안정적 국면 유지'를 전략적 목표로 삼고 있지만, 중장기적으로는 '안정적 국면 경영'으로 전환할 것으로 예상된다. 중국이 추구하는 구체적인 이익과 관련해서는 다층적 소통 창구, 메커니즘 구축, 경제 등의 공통이익 형성, 상호 타협 촉진, 안보이익 충돌 관리 등을 들 수 있다. 중국은 한반도 평화와 안정 유지, 그리고 비핵화를 위해 한국과의 관계를 확대 및 심화해 가면서 다자 틀 안에서 북핵문제를 해결해야 한다는 입장을 고수할 것이다.

한반도를 둘러싼 미중갈등이라는 관점에서 또 한 가지 유념해야 할 변수는 중일관계의 가변성이다. 과거 2018년 10월 아베 총리가 약 500명에 가까운 경제사절단을 이끌고 중국을 방문한 사건은 이러한 가변성을 보여주는 상징적인 사건이었다. 물론 그 이후 미중갈등이 악화되면서 미일동맹을 중시하는 일본의 외교 기조와 아베 총리의 리더십 성향으로 인해 중일관계가 다시 악화된 측면이 있지만, 중일관계의 변화는 한국의 전략적 스탠스에 많은 시사점을 주고 있다. 과거 냉전기와 같은 '북방삼각**북-중-러** vs. 남방삼각**한-미-일**'의 대결은 이제 무의미한 상황이지만, 그렇다고 하더라도 자유민주주의를 연결고리로 한 한미일 협력은 한국의 외교안보 이익에 긍정적인 요인으로 작동했던 것이 사실이다. 하지만 한미일 삼국은 자국의 국가이익 극대화를 위해 과거와는 다른 다양한 전략을 고려하고 있고, 이와 동시에 미중갈등의 악화로 미국이 일본과 한국을 자국의 영향력에 묶어두려는 전략을 더욱 노골화한다면, 가용 외교안보자원이 절대적으로 부족한 한국의 입장에서는 더욱 불리한 상황에 놓이게 될 것이다. 다음 장에서 미중갈등을 북핵문제라는 보다 구체적인 사안의 관점에서 분석해 보겠다.

3. 미중경쟁과 북핵문제

탈냉전기의 시작과 함께 고질화된 북핵문제는 우리 정부와 국제사회의 다양한 노력에도 불구하고 해결의 가능성이 좀처럼 보이지 않는다. 핵문제가 본질적으로 안고 있는 국제안보 이슈로서의 중요성을 고려할 때, 한반도 안보상황에 대한 미국과 중국의 관여는 하나의 구조적인 상수가 되었다. 한국과 미중으로 대표되는 국제사회는 북한의 핵개발 의도를 두고 지금까지 두 가지 방식의 논쟁을 경험하곤 하였다.

하나는 북한의 핵개발은 외부 세계로부터 더 많은 지원과 관심을 받기 위한 전략수단이라는 시각이다. 이 시각은 2017년 북한이 극단적인 안보 위기를 경험했음에도 불구하고 실제로 미국을 상대로 전쟁을 일으킬 의사는 없었던 입장을 포함하고 있다. 이 경우 북한의 핵개발은 기본적으로 외교수단으로써의 정체성 안에 머무르게 된다. 핵개발이 더 많은 이득을 얻기 위한 외교적 수단이라는 설명은 미국뿐만 아니라 북한의 외교적 의도가 중국을 타깃으로 하고 있다는 설명으로까지 확장된다. 또 다른 시각은 북한의 핵개발은 궁극적으로 북한이 핵보유국가의 지위를 확보하기 위해 매우 정교하게 오랜 시간에 걸쳐 준비한 일련의 과정이라는 해석이 있다. 이 경우 북한 핵개발의 정체성은 외교수단의 하나가 아니라 핵개발 완성을 목표로 일관된 노력을 기울여 핵보유국가라는 강성군사대국의 지위를 확보하는 데에 있다. 북한은 다른 일반적인 국가와는 달리 어떠한 국가목표 혹은 국가이익보다도 '국가안보'가 아닌 '정권리더십안보'를 최우선 가치로 설정한 이상 핵개발을 통한 생존 확보만이 안보를 추구할 수 있다는 신념에 사로잡혀 있다는 설명이다.

이러한 두 가지 시각은 한국 사회 내부의 보수 혹은 진보적 입장을 설명하는 데에 그치지 않고, 미국이나 중국의 정책 결정자들 사이에서 발견되는 두 가지 상반되는 입장에도 적용되는 논리이다. 두 관점은 어느 한 방향으로 수렴되지 못하고 현실 세계 속에서 지속적으로 경쟁하고 자신의 접근방식에 매몰되는 경향을 보일 수밖에 없다. 북핵문제가 한반도 차원에 머무르지 않고, 한반도를 넘어 동북아 지역으로 확장되는 이유도 바로 여기에 있다. 왜냐하면 전자의 경우처럼 북핵이 외교적 수단이라는 해석은 한반도 비핵화의 실천이 결국 우리의 노력과 정책에 달려 있다는 주장으로 연결되어, 현실적으로 결국 미국이 어떤 대북정책을 취하느냐가 북핵문제 해결의 열쇠를 쥐고 있다는 것을 의미한다. 한편 후자의 경우 북한의 핵포기 및 한반도 비핵화는 결국 우리의 노력과는 무관한 북한의 의지와 선택의 문제라는 주장으로 연결되어, 결과적으로 이 경우에도 역시 대북압박을 위한 미국의 동북아 동맹전략 강화로 이어진다.[27] 이와 관련하여 후자의 상황에서 중국의 적극적인 북핵문제 개입 논리는 더욱 공고해질 것이 자명하다.

북핵문제를 바라보는 상반되는 두 시각이 결국은 미국과 중국이라는 국제 행위자의 역할 강화로 이어진다는 사실은 김정은 시기에 들어와서 더욱 견고해지고 있다. 아직까지 학계에서는 김정은 위원장 등장 이후인 2013년부터 북한은 왜 아버지 대에서는 상상하기 어려웠던 매우 신속하고 과감한 핵개발을 시도했는지에 대해 명확한 설명을 내놓지 못하고 있다. 하지만 어떤 분석에 의거하더라도 핵무력 완성을 향한 김정은의 노력은 미중갈등과 매우 깊숙이 연동되어 있다는 점을 확인할 수 있다.

북한은 김정은의 공식 집권 다음 해인 2013년부터 그 이전 시기까지 유지하던 일종의 핵개발 관련 '전략적 모호성'을 포기하고 핵개발의 속도전을 추진했다. 구체적으로 북한은 2012년 4월 자국의 헌법 전문에 핵보유국이

---

27 북한 스스로 혹은 우리 및 국제사회의 정책 관여자가 이렇게 규정하고 있다기보다는 사회과학적 인과관계에서 '분석-정책적 대응' 사이의 논리적 일관성에서 보자면 이와 같은 설명이 성립된다는 의미이다.

라는 점을 명문화한 이후 2017년 말까지 전례가 없을 정도로 위기를 고조시키는 전략을 구사했다. 한 마디로 한반도는 물론 동북아 안보질서를 새로운 국면으로 몰아가는 한 전략을 선택한 것이다. 북한은 김정은 집권의 장기화를 염두하고, 상대적으로 집권 초기 국면에서 정권의 안정화를 목표로 북한에게 유리한 한반도 및 동북아 안보환경을 만들기 위해 모든 국력을 쏟아 부었던 것으로 판단된다. 북한의 이러한 판단 이면에는 2010년을 전후로 더욱 부각되고 있는 미중갈등이 핵심 요인으로 작용한 것으로 풀이된다. 즉, 미중경쟁 심화로 상징되는 동북아 안보질서 전환기를 맞이하여 북한의 관점에서 자국의 국가이익에 가장 유리한 대외환경을 만들기 위한 전략을 구사하고 있는 것이다. 한마디로 한반도의 최대 위기 조성을 통해 미국과의 외교적 담판의 기회를 확보함은 물론 중국과는 완전한 외교관계 복원 및 신뢰할 만한 경제적 지원을 이끌어내기에 이르렀다.

사실 북한은 지금까지 한반도 및 동북아 지역에서 위기를 일정하게 유지하는 것이 자국의 안보와 생존에 더 도움이 된다고 판단해왔던 것이 사실이다.[28] 좀 더 구체적으로 한반도 및 동북아 지역의 안보 위기는 미국 및 중국의 적극적인 개입을 정당화시키고, 한반도에서의 대결 구조가 미중을 포함한 국제적 성격을 띠는 것은 궁극적으로 자국의 생존 유지에 더욱 도움이 된다고 생각해 왔던 것이다. 물론 김정은 정권이 핵무력 완성과 관련한 속도전을 결정했을 당시 미국 트럼프 행정부의 등장, 한국에서 탄핵 국면을 포함한 진보정권 등장 등과 같은 사건을 미리 예견했던 것은 아니다. 다만 핵무력 완성 전략과 이러한 변수들이 서로 맞물리면서, 과거와 같은 위기를

---

28 물론 북한 정권의 생존이라는 관점에서 동북아의 일정한 상시 위기 유지가 어느 정도의 수준이어야 하는가와 관련해서는 북한 스스로 정확히 판단하기 어려운 측면이 있다. 이러한 이유에서 핵개발, 북중관계 강화, 대화 제의 등 외견상 혼돈스럽지만 북한 내부적으로는 일정한 세력균형을 유지하고 있는 대외정책이 구사되는 것으로 판단된다.

통한 정권 유지가 아닌 동북아 질서 내에서 영구적으로 보장받는 전략으로 이동하게 된 것으로 판단된다.[29]

2018년 이후 북한 문제에 대한 새로운 접근은 북한 및 한반도 문제가 안고 있는 동북아적 의미를 새삼 부각시키고 있다. 현재의 동북아 안보질서는 한국전쟁을 계기로 정착된 구조이고, 1970년대의 데탕트와 1990년대 초반의 냉전 종식을 거쳐 두 차례의 거시적인 구조적 변화를 경험한 바 있으나, 미국 주도의 양자동맹 질서는 현재까지 유지되고 있다. 비핵화를 위한 해법으로 평화체제가 수면 위에 올라왔고, 구체적인 시기를 예상할 수는 없지만 평화체제의 마지막 단계에 북미관계의 완전한 정상화(국교수립 등)가 이뤄진다면, 이는 동북아 안보질서에 매우 중요한 영향을 미치는 구조적 변화를 의미한다. 가령 북미관계 정상화는 한미동맹의 정당성에 일정 부분 영향을 미칠 수밖에 없고, 미일동맹과 한미동맹을 동아시아 지역전략의 핵심 기반으로 삼고 있는 미국의 입장에서 새로운 지역전략의 수립이 필요할 것이 자명하다. 뿐만 아니라 평화체제적 접근은 북한에게 동북아 지역 역내에서 일종의 '정상적인 지역 멤버십' 보장을 의미하는데, 북한의 참여가 전제가 되는 동북아 국가 간 관계는 북한의 배제와 고립을 전제로 했던 지금까지의 지역질서와 전혀 다른 구조를 만들 것으로 보인다. 한마디로 한국전쟁 이후 중국의 배제를 전제로 전개됐던 동북아 지역질서가 1970년대 데탕트를 통해 커다란 구조적 변화를 경험했듯이, 북한의 배제가 관행처럼 여겨졌던 동북아 질서가 '한반도 평화체제'를 통해 또 한 번의 커다란 구조적 변화를 경험하게 되는 것이다.

---

29 박인휘, "김정은 시대의 외교전략," 박재규 편, 『새로운 북한 이야기』(서울: 한울, 2018).

Ⅳ

한국의 생존전략과 정책 제안

이상에서 살펴본 바와 같이, 미국과 중국은 한반도 문제에서 핵심적인 행위자로서의 지위를 가지고 있고, 향후 더욱 악화될 미중갈등은 한국의 생존 및 북핵문제 해결과정에서 부정적인 영향을 미칠 수 있다. 미중은 물론 다른 주변국과 비교해서 외교안보전략에 투입할 수 있는 정책자원이 절대로 부족한 우리의 현실에서 국익 극대화를 위하 '대對 미중전략'을 수립하는 일은 매우 어렵다. 많은 전문가들의 의견을 두루 종합하여 다음과 같은 전략 옵션들을 제안하고자 한다. 정책 제안은 '단기적' 제안과 '장기적' 제안으로 나눠서 설명해 보겠다.

1. 새로운 정책 제안

가. 단기적 정책 제안

• '가치'에 기반한 외교원칙 정립

지금까지 관행처럼 유지해 오던 미국과 중국 사이에서의 '전략적 모호성'은 더 이상 효력을 상실했다. 한국의 국가 정체성이 적극적으로 반영된 '국가목표'와 '외교원칙'이 시급히 수립되어야 한다.[30] 특히 '분단국'이라는

---

30 윤영관, 『외교의 시대: 한반도의 길을 묻다』(서울: 미지북스, 2015); 전봉근, 『미중 경쟁 시대 한국의 중간국 외교전략 모색』(서울: 외교안보연구소, 2020); 이상현, 『복합 국제정치질서와 한국의 네트워크 외교전략』(성남: 세종연구소, 2014) 등 참고.

매우 독특한 국가 정체성을 고려하여, '안보', '경제', '평화', '평화', '통일'이라는 국가목표를 설정하고, 이 과정에서 안보와 평화를 서로 상충하는 목표로 인식했던 과거의 우愚를 범해서는 안 될 것이다. 한국의 지리적 위치, 경제자원, 산업구조, 문화적 배경, 북한 문제 등을 고려할 때, 미국과 중국 중에서 어느 일방을 선택하는 건 한마디로 불가능하다. 미국과 중국 사이에서 이러한 딜레마적 상황이 심화될수록 하루 빨리 외교 영역에서 민주주의, 인권, 신안보, 평화, 번영, 정의, 기후변화 등과 같은 '가치 지향적인' 원칙을 먼저 수립하는 일이 절실하다. 원칙을 우선해서 정립하는 일이 의도하지 않게 특정 분야에서 국가이익을 등한시하는 것처럼 보일 수도 있겠으나, 원칙에 기반한 외교를 추진하겠다는 확고한 스탠스는 장기적으로 미중 사이에서는 물론이고 국제사회에서 한국의 입지를 강화시켜 줄 것이다. 예를 들어, '남중국해 문제' 혹은 '인도-태평양 구상'이 지역의 평화와 번영에 부합하는 국제사회의 가치를 보호하는 방향으로 해결되기를 희망한다는 입장을 천명하면 되는 것이다. 미중 사이에서 '거리의 균형'을 유지하던 시간을 마감하고, '가치의 중심'과 '이익의 균형'을 맞이해야 할 때가 되었다. 이러한 배경에서 최근의 미중갈등과 국제안보환경 변화를 적극 반영한 '신외교원칙'을 수립 및 천명할 것을 제안하는 바이다.

• 한미관계를 중심으로 한 미중게임-한반도게임의 분리

남북 간 평화정착, 북한의 완전한 비핵화, 북미관계 개선, 평화체제의 등장 등과 같은 일련의 사건들은 의도하지 않게 중국으로 하여금 한반도에 대한 자국의 이익이 위협받는 것이 아닌가 하는 우려를 자아내게 만들 수 있다. 따라서 북핵문제를 포함한 한반도 문제를 해결하려는 일련의 시도는 의도하지 않게 미중 간 갈등의 심화로 연결되어, 한반도에서 미중게임과 한반도게임이 서로 복잡하게 얽히는 결과를 빚을 수 있다. 한반도 평화정착 과정에서 미국과 중국을 유력한 협력자로 확보하는 일은 절대적으로 필요하지만, 두 초강대국의 과도한 개입은 한국의 자율성을 상실하는 결과를 초래할 뿐이다. 본문에서도 언급했듯이, 과거 THAAD 배치 사례를 통해 우리는 이러한 문제점을 너무도 절실히 체감한 바 있다.

더구나 문재인 정부가 추진하고 있는 한반도 '비핵평화 프로세스'는 한반도는 물론 동북아 안보의 구조적인 변화를 야기할 전망이다. 북한의 완전한 비핵화, 평화로운 남북한관계의 정착, 북한의 외교관계 정상화 등은 미중경쟁을 중심으로 작동하고 있는 동북아 안보질서에 큰 영향을 미칠 것이기 때문이다. 따라서 한반도 비핵평화 프로세스가 동북아 및 한반도 차원에서 미국에게 구체적인 어떤 이익을 가져다 줄 수 있는가에 대한 논리를 정립하고 이를 미국 측에 적극 설명할 필요가 있다. 동시에 중국을 향해서도 동일한 노력을 기울여야 한다. 이러한 외교적 노력을 토대로 한반도게임과 미중게임의 혼돈에서 비롯되는 국가이익의 침해를 최소화해야 할 것이다. 우리 정부가 미중갈등 자체를 막지는 못하겠지만, 미중갈등에서 비롯되는 국가이익의 침해는 최소화해야 한다.

• '대對 미중외교'의 강화와 '한·미·중' 전문가 그룹의 양성

국제질서가 불안정하고 한국을 둘러싼 역내 국가 간 외교관계가 급변할수록 워싱턴 D.C.와 베이징을 대상으로 한 전문가 그룹 네트워크를 더욱 강화할 필요가 있다. 물론 지금까지 기존 정부들 역시 '공공외교', '통일외교' 등의 이름으로 미국과 중국을 상대로 한 외교를 강화해 왔다.[31] 그럼에도 불구하고 현재 미국 및 중국 내에서 활동하고 있는 일본 전문가 규모와 비교

---

31 이와 관련한 대표적인 기존 연구로는 박영호·황병덕 외, 『한반도 통일외교 추진전략 II』 (서울: 통일연구원, 2013); 김규륜·황병덕 외, 『한반도 통일외교 추진전략 I』 (서울: 통일연구원, 2012); 전재성, 『통일의 외교안보 편익 분석 및 대주변국 통일외교 전략』 (서울: KIEP, 2014) 등 참고.

하면 이들 양국 내 한반도 전문가의 숫자는 현저히 부족한 수준이다. 이러한 맥락에서 본 연구는 미국과 중국은 물론 국제사회를 대상으로 한 '대 미중' '한반도평화 공공외교' 강화를 제안하는 바이다. 향후 전개될 대 미중 '한반도 평화외교'는 과거처럼 일부 전문가 그룹이 특정 외교 사안**예: 동북아 평화협력구상, 신북방외교, 신한반도 등**을 홍보하는 데에 그쳐서는 안 될 것이고, 안정적이고 건설적인 '한미중관계'가 무엇인지 그리고 한반도 평화정착 과정에서 한·미·중의 역할**international division of labor**은 어떻게 정의되어야 하는지 등에 대한 적극적인 공감대 확보로 이어져야 할 것이다.

'안정적인 한미중관계'를 주도하기 위해서는 현시점에서 '미중 전문가 그룹'의 양성이 시급한 과제이다. 현재 국내에는 미국 전문가와 중국 전문가는 일부 존재하지만, 미중관계를 포괄적으로 이해하고 미국과 중국의 국가이익 및 전략을 동시에 연구하는 전문가는 매우 드물다. 물론 미국과 중국을 동시에 이해하고 분석하는 전문가들이 짧은 시간 안에 생겨나는 것은 아닐 것이다. 따라서 단기적으로는 정부 및 민간 싱크탱크가 기존의 미국 전문가 및 중국 전문가 그룹 간의 다양한 네트워크적 연계를 적극 주선하여, 정보 공유 등 상호 집단의 전문성을 공유하는 노력이 필요하다.

● 전작권 전환 이후 미래 한미동맹 정체성 제시

문재인 정부는 과거 정부에서 두 번이나 연기된 전작권 전환을 임기 내에 반드시 추진하겠다는 입장을 밝힌 바 있고, 이를 둘러싼 국민적 공감대 역시 형성된 것으로 판단된다. 다만 현재 코로나19으로 인해 전작권 전환 이전에 충족되어야 할 점검 과정에 차질이 발생하고 있고, 북한 비핵화 문제가 예상처럼 진전을 보지 못하고 있는 것은 다소 우려할 만한 점이다. 그럼에도 불구하고 과거 두 차례 연기 사례를 경험 삼아, 북한 비핵화 과정과 전작권 문제를 과도하게 연계시키는 것은 현명하지 못하다는 여론 역시 만

만치 않기 때문에 어떤 형태로든 전작권 전환은 실현될 가능성이 높아 보인다. 북한의 '완전한 비핵화'를 둘러싼 해석이 분분한 상황에서, 추후 북한이 비핵화 마지막 단계에서 어떤 형태로든 주한미군 문제와 연계시키려는 전략을 구사할 것이라는 전망이 상당하다. 이와 관련하여 전작권 전환 종결 및 주한미군 성격 규정은 한반도에서 전개되는 미중게임의 핵심 사안이 아닐 수 없다.

한미동맹은 최초 군사동맹적 성격을 중심으로 발전하다가 점차 시간이 흘러가면서 새로운 이슈를 발굴하여 동맹 간 협력분야를 지속적으로 확산해 왔다. 현재 한미동맹은 한반도 안보 확보는 물론 글로벌 이슈들에 있어서도 공고한 협조체제를 유지하고 있으며, 중국의 부상에 따른 지연안보환경의 변화에 따라 역내 차원에서의 동맹 역할 가능성에 대해서도 많은 고민을 하고 있는 상황이다. 뿐만 아니라 한반도의 완전한 비핵화가 실현되기 위해서는 북한 내 정보수집, 핵기술의 평화로운 처리, 북한 개방에 따른 국제법적 적용 등 매우 다양한 정책 분야에 걸친 한미중 간의 협력이 절실히 요구되는 상황이다. 따라서 전작권 전환 이후 그리고 북핵위협이 사라진 상황에서 한미동맹의 미래 정체성에 대한 다양한 질문들을 논리적으로 준비하여, 미국과 중국이 한반도에서 자국의 안보이익을 놓고서 다투는 상황을 최소화해야 할 것이다.

나. 장기적 정책 제안

• 국제 이슈에 대한 평화적 해결과 한미중 협력

우리 사회 스스로의 '자기-실천적' 평화 의지는 미국과 중국은 물론 국제사회 전체를 상대로 한반도 평화와 통일을 공고화하기 위한 가장 효과적인 메시지라는 점을 명심해야 한다. 국제질서의 불안정성이 높고 동아시아 역내 질서의 급변이 가시화될수록 우리 스스로 먼저 평화를 실천하는 '자기

실천적인' 모습이 필요하다. 이를 위해서는 최근 들어 국제사회에서 새롭게 등장하는 다양한 신안보 위협들을 해결하기 위한 글로벌 리더십을 조속히 확보하여, 이 과정에서 미국 및 중국과의 협력체계를 적극 활용해야 할 것이다. 국제평화를 위해 적극적으로 노력하는 모습이야 말로 미국과 중국을 향해 한반도 문제가 평화롭게 해결되어야 한다는 메시지를 전달하는 가장 구체적인 방법이다. 이런 관점에서 우리 사회 내부의 성숙한 민주주의의 정착, 지속적인 선진경제 시스템 구축, 인권 존중, 국제평화를 위한 다양한 기여 등은 장기적인 관점에서 반드시 실천해야 할 과제들이다. 국제사회가 당면한 인권문제, 빈곤, 분쟁, 환경 등의 이슈들에 있어서 적극적인 대안을 개발하고 제시하는 노력이 요구된다.

• '대對 미중외교' 강화를 위한 외교자산 발굴

지금까지 우리 정부의 외교정책은 의도하지 않게 대미외교와 대중외교가 분리되어 있었다. 장기적으로 '미중관계' 자체를 타깃으로 한국만이 특화할 수 있는 외교정책 어젠다를 설정해야 하고, 한발 더 나아가 이러한 정책을 성공적으로 추진하기 위한 '정책자산'을 상시적으로 발굴해야 할 것이다. 대표적으로 인적 자원외교관 활용 방식, 효율적이고 강력한 국가 리더십, 지식&정보 인프라 등 국가 중심의 자원은 물론, 상대적으로 지금까지 관심을 덜 받았던 전문화되고 역동적인 글로벌 네트워크NGO 포함, 시민사회의 사적 행위자들, 문화자원한류, 국가 이미지 및 브랜드 관리 등을 적극 활용하여 한미중관계에 투입할 수 있는 외교안보자산을 넓혀 나가야 할 것이다.

특히, 북핵문제로 인한 기존의 'Korea Discount'에서 탈피하여, 한반도 평화를 세계 평화의 중심으로 설정하는 노력을 통해 미국의 영향력을 활용할 필요가 있다. 주지하는 바, 동아시아에서 미중 간 갈등 심화는 불가피한 상황이므로, 미중이라는 양 강대국 외교의 중요성이 절실한 한국의 입장에서 대미 및 대중외교에 적합한 외교자산을 적극 발굴하여, 국제사회에 일종의 '양兩 강대국 외교 모델'을 제시하는 비전이 필요해 보인다.

• 동북아 역내 다자회의 활성화

과거 한국전쟁 이후 동북아에는 큰 안보위기 없이 평화와 안정이 유지되어 왔고, 한국, 중국, 일본 등으로 대표되는 역내 주요 국가들의 경제성장 또한 괄목할 만한 성과를 이뤘다. 여기에는 미국이 주도한 '복층적' 양자동맹이 크게 기여한 것으로 평가된다. 하지만 시간이 지날수록 동북아 역내 국가들의 경제사회적 의존이 왜 정치군사적인 영역으로 전환되지 못하는가를 둘러싼 논쟁이 제기되고 있으며, 이와 관련하여 어떤 형태로든 동북아 다자주의 논의의 필요성이 강조되고 있는 상황이다. 전후 질서에서 정착된 현재의 동북아 안보구조는 점차 악화되는 미중갈등을 근본적으로 해결하기 불가능한 구조라는 사실을 부인하기 어렵다. 물론 이러한 상황은 미국의 역할 축소 혹은 기존 양자동맹의 중요성을 폄하하는 것이 아니라, 다자협의체 등장의 필요성을 더 이상 미룰 수 없다는 생각에서 비롯된 것이다. 이와 관련하여 한반도 비핵평화 프로세스의 추진은 동북아 차원의 평화체제 출현 논의를 견인하는 측면이 있으므로 가까운 장래에 어떤 방식으로든 역내 다자회의 출현을 위한 공감대 확보를 위해 노력해야 할 것이다. 구체적으로 기존의 '한중일 협력사무국'을 둘러싼 방안일 수도 있고, 과거 6자회담을 참고로 한 방안을 생각해 볼 수 있고, 이미 효과적으로 작동하고 있는 기능주의적 차원의 협력 이슈들을 활용하는 방안도 있을 수 있다.

V

결론

'강대국 정치power politics'는 국제정치의 상징적인 특징이다. 결과적으로 강대국 간 세력관계의 변화는 국제사회 전반에 걸친 질서 제공에 큰 영향을 미친다. 탈냉전, 유럽통합, 테러리즘 등과 같은 국제정치의 주요 사건들을 겪었음에도 불구하고, 미국이 디자인한 전후 질서는 현재까지 여전히 유효하게 작동하고 있다. 미국이 세팅한 질서 안에서 전례가 없는 고도성장을 경험한 중국은 이제 기존의 국제질서를 오히려 자국의 국가이익을 침해하는 불공정한 억압으로 간주하고 있다. 이는 중국의 인식 문제라기보다는, 국제정치에서 고정적이지 않은 힘의 분포가 변화함에 따라 발생하는 강대국 간 불가피한 갈등으로 이해할 수 있다. 그럼에도 불구하고, 미중갈등은 역사 속에서 발견되는 다른 초강대국 간 갈등과 비교하여 예외적인 요소가 많아 심각한 국제정치 불안정 요인으로 간주된다.

본 글에서 살펴본 바와 같이 미중갈등은 한반도 분단 구조와 깊은 연관성을 가진다. 한국전쟁 이후 국제정치적 변수에 매우 민감하게 반응해 온 한반도 문제는 지리적 요인, 경제적 요인, 분단구조의 특징, 주변 강대국 간 이해관계 등 여러 가지 요인들에 의해 국제정치 변화에 좌우되는 속성을 보여 왔다. 특히 최근에 와서는 북한이 핵개발을 통한 생존전략을 내세운 까닭에 미중의 대한반도 관여가 더욱 심화되는 경향을 보이고 있다. 대략 2000년도 전후부터 구체화된 미중갈등경쟁은 일종의 단계적 변화를 보여주고 있다. 이럴 때일수록 한국의 입장에서 미중갈등의 현 단계가 보이는 특징은 무엇인지, 이러한 특징이 북핵문제 해결에 어떤 긍정적 혹은 부정적 영향으로 작용할 것인지 등에 대해 매우 정교한 분석이 요구된다. 향후 '글로벌 표준 장악'을 둘러싼 미중갈등 국면에서는 기존의 '전략적 모호성' 등의 전략에서 벗어나 한국의 국가정체성이 적극 반영된 '가치 중심적'인 외교 원칙을 정립할 필요가 있다. 또한 북핵문제에 대한 미국과 중국의 이해관계를 정교하게 파악하여 지금까지 생각해 보지 못했던 '한미중관계'를 하나의 외교 목표로 설정할 필요가 있다.

참고문헌

01 — 평화-안보의 균형과 대북정책

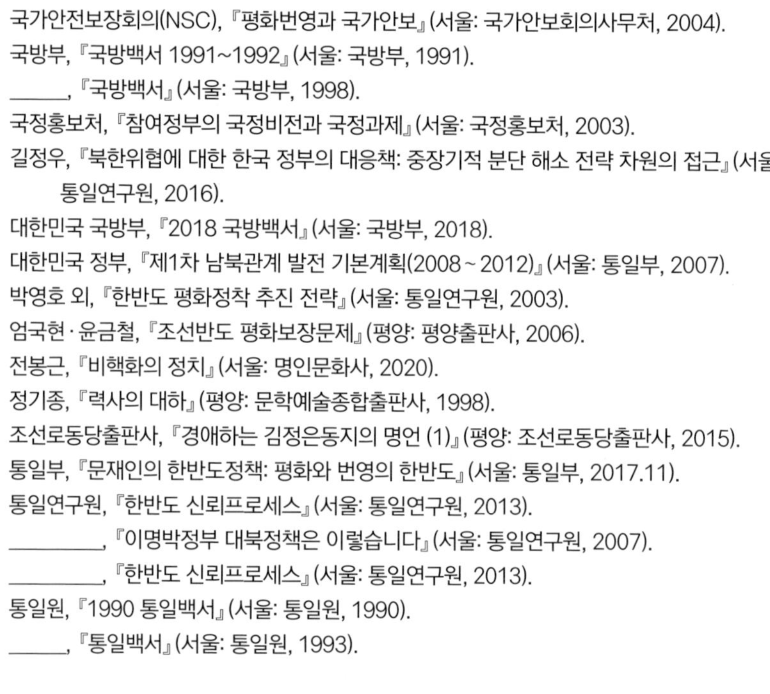

국가안전보장회의(NSC), 『평화번영과 국가안보』(서울: 국가안보회의사무처, 2004).

국방부, 『국방백서 1991~1992』(서울: 국방부, 1991).

______, 『국방백서』(서울: 국방부, 1998).

국정홍보처, 『참여정부의 국정비전과 국정과제』(서울: 국정홍보처, 2003).

길정우, 『북한위협에 대한 한국 정부의 대응책: 중장기적 분단 해소 전략 차원의 접근』(서울: 통일연구원, 2016).

대한민국 국방부, 『2018 국방백서』(서울: 국방부, 2018).

대한민국 정부, 『제1차 남북관계 발전 기본계획(2008 ~ 2012)』(서울: 통일부, 2007).

박영호 외, 『한반도 평화정착 추진 전략』(서울: 통일연구원, 2003).

엄국현·윤금철, 『조선반도 평화보장문제』(평양: 평양출판사, 2006).

전봉근, 『비핵화의 정치』(서울: 명인문화사, 2020).

정기종, 『력사의 대하』(평양: 문학예술종합출판사, 1998).

조선로동당출판사, 『경애하는 김정은동지의 명언 (1)』(평양: 조선로동당출판사, 2015).

통일부, 『문재인의 한반도정책: 평화와 번영의 한반도』(서울: 통일부, 2017.11).

통일연구원, 『한반도 신뢰프로세스』(서울: 통일연구원, 2013).

_________, 『이명박정부 대북정책은 이렇습니다』(서울: 통일연구원, 2007).

_________, 『한반도 신뢰프로세스』(서울: 통일연구원, 2013).

통일원, 『1990 통일백서』(서울: 통일원, 1990).

______, 『통일백서』(서울: 통일원, 1993).

Baylis, John and Steve Smith ed, *The Globalization of World Politics: An Introduction to International Relations*. Oxford, UK: Oxford University Press, 2005.

Bolton, John, *The Room Where It Happened: A White House Memoir*. New York: Simon & Schuster, 2020.

Collins, Alan. ed, *Contemporary Security Studies*. Oxford: Oxford University Press, 2013.

Department of the Army, *North Korean Tactics*. Washington, DC: Headquarters, Department of the Army, 24 July 2020.
Handel, Michael, *Weak States in the International System*. London: Frank Cass, 1981.
Institute for Economics & Peace, *Global Peace Index 2020*, June 2020.
Kerr, Pauline, "Human Security," In Alan Colins, ed. *Contemporary Security Studies*. Oxford, UK: Oxford University Press, 2013.
Mandel, Robert, *The Changing Face of National Security: A Conceptual Analysis*. Westport, Connecticut: Greenwood Press, 1994.
Lipschutz, Ronnie D. ed, *On Security*. New York: Columbia University Press, 1995.

SIPRI, *SIPRI Yearbook 2020: Armaments, Disarmament and International Security*. Oxford: Oxford University Press, 2020.
Woodward, Bob, *Rage*. New York: Simon & Schuster, 2020.
Biegun, Stephen, "Deputy Secretary Biegun Remarks at the U.S.-India Strategic Partnership Forum," August 31, 2020.
Esper, Mark T, "Secretary of Defense Engagement at RAND Corporation," September 16, 2020.
Governor Wilson's Introduction in Michael R. Pompeo, "Communist China and the Free World's Future," The Richard Nixon Pesidential Library and Museum, Yorba Linda, CA. July 23, 2020. https://www.state.gov/communist-china-and-the-free-worlds-future/

김여정 담화, "철면피한 감언리설을 듣자니 역스럽다," <조선중앙통신> 2020.6.17.
김영삼, "대통령 취임 100일 기자회견," 1993.6.3.
김정은, "신년사," <로동신문> 2018.1.1.
김정은, "위대한 승리자들의 위훈은 영원불멸할 것이다," 제6차 전국로병대회 연설, <조선중앙통신> 2020.7.27.
"김정일 동지의 혁명 유산," <로동신문> 2011.12.28.
노동당 통일전선부 대변인 담화. <조선중앙통신> 2020.6.5.
"'노무현 독트린'은 네오콘견제-북한 결단 촉구 위한 것," <오마이뉴스> 2004.12.6.
문재인, "독일 쾨르버재단 초청연설," 2017.7.6.
문재인, "평양 5월 1일 경기장 문재인 대통령 연설," 2018.9.19.
'민족자존과 통일번영을 위한 특별선언'(7.7선언), 1988.7.7.
"박 대통령, '김정은 정신 통제불능…국가비상사태 준해 북 주시'," <연합뉴스> 2016.9.9.
박영호, "남북정상회담 주요 합의 분석 및 평가," 『남북 정상회담 이후 한반도정세 전망과 과제』. 북한연구소·제주평화연구원 공동학술회의 발표 논문집, 2018.5.24.
북한 외무성 대변인 발표, <조선중앙통신> 2003.10.18.

북한 외무성 대변인 성명, 〈조선중앙통신〉 2005.2.10.
"'북핵이 햇볕정책 폐기 때문' 이라는 추미애 野대표," (사설) 〈동아일보〉 2016.9.12.
"[배인준 칼럼] 국민이 DJ를 위해 있나," 〈동아일보〉 2009.6.17.
"[이영종의 바로 보는 북한] 노무현 '북핵 일리 있는 측면있다'…MB는 6자회담만 믿어," 〈중앙일보〉 2016.9.13.
"조국수호정신은 주체조선의 넋이며 필승의 무기이다," 사설, 〈로동신문〉 2020.6.25.
조선노동당출판사, "경애하는 김정은동지는 인민군대를 백두산 혁명강군, 세계적인 핵전략국가의 강군으로 키우시고 이끌어나가시는 백전백승의 강철의 영장이시다," (강습제강: 장령 및 군관용), 2018.11.
"주체혁명위업승리의 활로를 밝힌 불멸의 대강 - 우리의 전진을 저애하는 모든 난관을 정면돌파전으로 뚫고나가자," 조선로동당 중앙위원회 제7기 제5차전원회의에 관한 보도, 〈조선중앙통신〉 2020.1.1.
"최고인민회의 제14기 제1차 회의 김정은 시정연설," 〈연합뉴스〉 2019.4.12.
"통계로 보는 북한 - 2019 북한의 주요통계지표," 『통계청』, 2019.12.13.
〈연합뉴스〉 2013.2.15.
https://www1.president.go.kr/articles/4334
https://en.wikipedia.org/wiki/Security

02 — 북핵외교 30년의 성찰과 새로운 비핵화 전략 모색

전봉근, 『비핵화의 정치』(서울: 명인출판사, 2020).
______, "북한 핵 교리의 특징 평가와 시사점," 국립외교원 주요 국제문제 분석 2016-26, 2016.7.
______, "북한의 평창 동계올림픽 참가와 한국의 대응전략: 세력경쟁론과 전략론의 분석틀 적용," 국립외교원 주요 국제문제 분석, 2018-02, 2018.1.10.
윤영관 편저, 『북한의 오늘 II』(서울: 늘품플러스, 2019).
Hymans, Jacques EC, *The Psychology of Nuclear Proliferation: Identity, Emotions and Foreign Policy*. Cambridge University Press, 2006.
Narang, Vipin, *Nuclear Strategy in the Modern Era: Regional Powers and International Conflict*. Princeton University Press, 2014.
Sagan, Scott D, "Why do states build nuclear weapons? Three models in search of a bomb," *International security,* 21 Mar, 1997.

03 — 북한의 생존전략과 한반도 평화 구상

강성길, 『선군시대 조국을 가다』(평양: 평양출판사, 2002).

"국가비상방역사업총화회의 진행," 〈로동신문〉 2020.4.3.

"국가적인 비상방역조치 계속 강화, 집행대책 강구," 〈로동신문〉 2020.4.19.

"국가핵무력 완성의 력사적 대업 실현, 새형의 대륙 간 탄도로케트 시험발사 대성공," 〈조선중앙통신〉 2017.11.29.

"남조선당국이 특사파견을 간청," 〈로동신문〉 2020.6.17.

"당 창건 75돌을 맞으며 평양종합병원을 훌륭히 건설하자 평양종합병원 건설 착공식에서 하신 김정은 동지의 연설," 〈로동신문〉 2020.3.18.

"더욱 활발히 벌어지는 위생선전과 방역사업," 〈로동신문〉 2020.4.5.

"러 외무차관 '북한에 코로나19 진단키트 2차분 보낼 준비돼'," 〈연합뉴스〉 2020.7.2.

"신년사," 〈로동신문〉 2019.1.1.

엄국현, 윤금철, 『조선반도 평화보장문제』(평양: 평양출판사, 2006).

우승지, "김정일 시대 북한의 국제관계론 이해를 위한 시론," 『국제정치논총』 제47집 4호, 2007.

전덕성, 『선군정치에 대한 리해』(평양: 평양출판사, 2004).

"조선로동당 위원장, 조선민주주의인민공화국 국무위원회 위원장 김정은 동지께서 중국공산당 중앙위원회 총서기, 중화인민공화국 주석 습근평 동지에게 구두친서를 보내시였다," 〈로동신문〉 2020.5.8.

"조선로동당 위원장, 조선민주주의인민공화국 국무위원회 위원장 김정은 동지께 중국공산당 중앙위원회 총서기, 중화인민공화국 주석 습근평 동지가 구두친서를 보내여왔다." 〈로동신문〉 2020.5.10.

"조선로동당 중앙위원회 국제부 대변인 담화," 〈로동신문〉 2020.6.4.

"조선로동당 중앙위원회 김여정 제1 부부장 담화," 〈조선중앙통신〉 2020.7.10.

"조선로동당 중앙위원회 제7기 제14차 정치국 확대회의 진행," 〈로동신문〉 2020.7.3.

"조선로동당 중앙위원회 제7기 제3차 전원회의 진행," 〈로동신문〉 2020.4.21.

"조선로동당 중앙위원회 제7기 제5차 전원회의에 관한 보도," 〈조선중앙통신〉 2020.1.1.

"조선로동당 중앙위원회 정치국 확대회의 진행," 〈로동신문〉 2020.2.29.

"조선로동당 중앙위원회 정치국 비상확대회의 긴급소집 국가비상방역체계를 최대비상체제로 이행할데 대한 결정 채택," 〈로동신문〉 2020.7.26.

"조선민주주의인민공화국 외무성 대변인 대답," 〈로동신문〉 2020.5.30.

조성렬, 『한반도 평화체제』(서울: 푸른나무, 2007).

"항시적인 긴장성을 유지하며 방역사업 계속 강화," 〈로동신문〉 2020.3.15.

"회주의 한 길에서 더욱 굳게 다져지는 조중친선," 〈로동신문〉 2020.6.20.

황지환, "북핵문제와 북한의 대외전략," 제주평화연구원 특별기획호 정세전망 1호, 2020.

황지환, “코로나19와 북한 거버넌스,” 서울대 국제문제연구소 이슈 브리핑 115. 2020.7.30.
황지환, “한반도평화체제 구상의 이상과 현실,” 『평화연구』 제17권 1호, 2009.
황지환, “김정은 시대 북한의 대외전략: 지속과 변화의 ‘병진노선’,” 『한국과 국제정치』 제30권 1호, 2014.
황지환, “북한은 핵실험 이후 더 공격적인가?: 현상타파 대외전략과 현상유지 대외정책의 결합,” 『한국정치학회보』 제 52집 1호, 2018.
황지환, “한반도 평화체제 논의의 귀환: 미국우선평화 대 병진평화,” 『한국과 국제정치』 제35권 1호, 2019.

Bolton, John, *The Room Where It Happened: A White House Memoir.* New York: Simon and Schuster, 2020.
Devlin, Kat, Laura Silver and Christine Huang, “U.S. Views of China Increasingly Negative Amid Coronavirus Outbreak: Republicans more negative than Democrats toward China, though unfavorable ratings have climbed among both parties,” Pew Research Center, Apr 21, 2020.
https://www.pewresearch.org/global/2020/04/21/u-s-views-of-china-increasingly-negative-amid-coronavirus-outbreak/
Pamuk, Humeyra, Andrea Shalal, “Trump administration pushing to rip global supply chains from China: officials,” *Reuters*, May 4, 2020.
Hwang, Jihwan, “Will Trump and Kim Make History?,” *The National Interest*, Oct 14, 2018.
____________, “How North and South Korea's Systems Are Leading to Different Coronavirus Outcomes,” *The National Interest*, Mar 31, 2020.
Huntington, Samuel P., “The Clash of Civilizations?,” *Foreign Affairs*, Vol. 72, No. 3, 1993.
Luce, Dan De, “After a COVID-19 lull, North Korea gets back to sanctions-busting as China turns a blind eye,” *NBC News*, July 25, 2020.
Pompeo, Michael R., “Interview with Maria Bartiromo of Fox News Sunday Morning Futures,” Washington D.C., May 31, 2020.
_______________, “Communist China and the Free World's Future,” Speech at the Richard Nixon Presidential Library and Museum, Yorba Linda, California, July 23, 2020.
White House, *United States Strategic Approach to the People's Republic of China*, May 20, 2020.

04 — 한반도 비핵 평화체제 구축과 한미동맹

강정구 외 평화통일연구소, 『전환기 한미관계의 새판 짜기』 (서울: 한울, 2005).
국방부, 『국방백서 2018』 (서울: 국방부, 2018).
김갑식 외, 『한반도 비핵 평화 프로세스와 남북한 군비통제 추진 전략』 (서울: 통일연구원, 2018).
박종철, "한반도 평화체제와 군비통제," 국방대학교 주최 군비통제 특별세미나 발표문, 2019.
서재정, 『한미동맹은 영구화 하는가: 동맹에서의 군사력, 이해관계, 그리고 정체성』 (파주: 한울 아카데미, 2009).
이희옥 외, 『한중관계의 새로운 모색』 (서울: 다산출판사, 2017).
임동원, 『피스메이커』 (서울: 중앙북스, 2008).
정욱식, 『동맹의 덫』 (서울: 삼인, 2005).
청와대 국가안전보장회의, 『참여정부의 안보정책구상: 평화번영과 국가안보』 (서울: 청와대 국가안전보장회의, 2004).
한용섭 편, 『자주냐 동맹이냐』 (서울: 도서출판 오름, 2004).
한용섭, 『북한 핵의 운명』 (서울: 박영사, 2018).
______, 『우리 국방의 논리』 (서울: 박영사, 2019).
황지환 · 김태형 · 박민형 · 설인효 · 이근욱 · 이장욱 · 정성철 · 최아진 · 황태희, 『북한이 핵보유국이 된다면 어떻게 달라지는가: 핵보유 이후 국가행동의 변화』 (서울: 사회평론아카데미, 2020).

Bandow, Doug, *Tripwire: Korea and U.S. Foreign Policy in a Changing World.* Washington, D.C.: CATO Institute, 1996.
Darilek, Richard, "The Future of Conventional Arms Control in Europe: A Tale of Two Cities, Stockholm and Vienna," *Survival*, Vol. 29, No. 1, Jan/Feb, 1987.
Glosserman, Brad, "Making Sense of Korean Anti-Americanism," *Pacific Forum CSIS, PacNet 7*, Feb 13, 2003.
Morrow, James D, "Alliances and Asymmetry: An Alternative to the Capability Aggregation Model of Alliances," *American Journal of Political Science*, Vol. 35, No. 4, Nov, 1991.
Shin, Gi-Wook, *One Alliance, Two Lenses*, Stanford: Stanford University Press, 2010.
Snyder, Glenn H, *Alliance Politics*, New York: Cornell University Press, 1997.
Straub, David, *Anti-Americanism in Democratizing South Korea*, Stanford, CA: The Walter H. Shorenstein Asia-Pacific Research Center, 2015.
The U.S. Department of Defense, *A Strategic Framework for the Asia-Pacific Rim: Looking for the 21st Century*, Sept, 1990.
The U.S. Department of Defense, *United States Security Strategy for the East Asia-Pacific Region*, Feb, 1995.
The U.S. White House, *National Security Strategy of the United States of America*, Dec, 2017.

UN Doc S/1511, Resolution Concerning The Complaint Upon Aggression on the Republic of Korea Adopted at the 474th Meeting of the Security Council on 27 June, 1950.
Walt, Stephen M, "Why Alliances Endure or Collapse," *Survival*, Vol. 39, No. 1, Spring 1997.
Wolff, Michael, *Fire and Fury: Inside the Trump White House*, New York: Henry Holt and Company, 2018.

06 — 중국의 대북 및 한반도 정책

이태환, 『미중관계와 한반도의 미래』(파주: 한울 아카데미, 2013).
______, 『한반도 평화와 한미중 협력』(성남: 세종연구소, 2010).
통일연구원, 『북중관계 주요 분야별 현황 분석』 북중관계 종합백서 및 남북중 협력방안(2/3년차) KINU 연구총서 17-12, 2017.
대한무역협회, 『2019년 중국무역동향 및 시사점』 KITA Market Report(2020).
외교부, "대한민국 정책브리핑, 한중 외교장관회담 개최 결과," 2020.11.26.

Cordesman, Anthony H. and Arleigh A. Burke, *China and the US: Cooperation, Competition and/or Conflict, An Experimental Assessment*, Full Report, CSIS, Oct 1, 2019.
Erickson, Andrew, "Breaking Down the Pentagon's 2020 China Military Power Report: A Quest for PLA Parity?," *National Interest*, Sept 2, 2020.
Hanemann, Thilo, Daniel H. Rosen, Cassie Gao and Adam Lysenko, *Two-Way Street: 2020 Update: US-China Investment Trends*, A Report by the U.S.-China Investment Project May, 2020 Rhodium Group and National Committee on U.S.-China Relations, 2020.
International Crisis Group, "Shade of Red:China's Debate over North Korea," *Asia Report,* No. 179, Nov 2, 2009.
Lam, Willy Wo-Lap, "Helmsman" Xi Jinping primed to rule at least until the early 2030s, *China Brief*, Vol. 20, Issue 20, Nov 13, 2020.
Office of the Secretary of Defense, *Military and Security Developments Involving the People's Republic of China*, Annual Report to Congress, 2020.
SIPRI Yearbook, *Armaments, Disarmament and International Security*, Summary, June, 2020.
Taylor, Brendan, "Does China Still Back North Korea?," *Survival*, Vol. 55, No. 5, 2013.
The Policy Planning Staff, Office of the Secretary of State, *The Elements of the China Challenge*, Nov, 2020.
Traub, James, "Biden Is Now a China Hawk—ith Limits," *Foreign Policy*, Sept 3, 2020.

U.S. Department of State, “Communist China and the Free World' s Future,” Speech Michael R. Pompeo, Yorba Linda, California, July 23, 2020.
You, ji, “Understanding China' s North Korea Policy,” *China Brief*, Vol. 4, Issue 5, Mar 8, 2004.
Brennan, David, “What Antony Blinken Has Said About Key Foreign Policy Issues,” *Newsweek*, Nov 23, 2020.
Fontaine, Richard and Ely Ratner, “The U.S.-China confrontation is not another Cold War. It' s something new,” *Washington Post*, July 2, 2020.
中华人民共和国 国务院新闻办公室,《中国的军事战略》白皮书, 2015.5.
新华网, 中国政府发表《新时代的中国国防》白皮书, 2019.7.24.
______, 杨洁篪同蓬佩奥夏威夷对话谈及朝鲜半岛问题 外交部：望美朝相向而行, 2020.6.19.

07 — 미중갈등과 한반도 안보: 북핵문제와 한국의 생존전략

구갑우, “한반도적 맥락의 비판적 안보담론: ‘평화국가담론’ 재론,”『한국과 국제정치』 24권 3호, pp. 95-124, 2008.
김규륜 · 황병덕 외,『한반도 통일외교 추진전략 I』(서울: 통일연구원, 2012).
김상배, “데이터 안보와 디지털 패권경쟁: 신흥안보와 복합지정학의 시각,”『국가전략』 26권 2호, pp. 5-34, 2020.
김재철, “미중관계와 한국 대미편승전략의 한계: 사드 배치의 사례를 중심으로,”『한국과 국제정치』 33권 3호, pp. 1-31, 2017.
김태현 · 류석진, “특집: 탈냉전 30년의 조명,”『한국과 국제정치』 36권 1호, 2020.
박영호 · 황병덕,『한반도 통일외교 추진전략 II』(서울: 통일연구원, 2013).
박인휘, “김정은 시대의 외교전략,” 박재규 편,『새로운 북한 이야기』(서울: 한울, 2018).
______, “한반도 ‘안보-안보부재’의 정치학: ‘한미-남북’ 관계의 모순적 결합,”『한국정치학회보』 45권 2호, pp. 229-249, 2012.
박휘락, “사드의 한국 배치 논란에 드러난 오인식과 집단사고,”『국가정책연구』 29권 3호, 2015.
배영자, “기술표준의 정치: 행위자-네트워크 이론과 중국 AVS 사례,”『대한정치학회보』 19권 2호, pp 281-306, 2011.
서재정, “사드와 한반도 군비경쟁의 질적 전환,”『창작과 비평』 168호, 2015.
성균중국연구소, “기획특집: 중국의 5G 시대와 미중 경쟁,”『성균차이나 브리프』 제7권 3호, 2019.
윤영관,『외교의 시대: 한반도의 길을 묻다』(서울: 미지북스, 2015).
이동률, “시진핑 정부 ‘해양강국’ 구상의 지경학적 접근과 지정학적 딜레마,”『국제정치논총』 57권 2호, 2017.
이상현,『복합 국제정치질서와 한국의 네트워크 외교전략』(성남: 세종연구소, 2014).

이승주, "불확실성 시대의 국제정치경제: 자유주의 국제질서의 위기," 『국제정치논총』 57권 4호, pp. 237-271, 2017.
전봉근, 『미중 경쟁 시대 한국의 중간국 외교전략 모색』(서울: 외교안보연구소, 2020).
전재성, 『통일의 외교안보 편익 분석 및 대주변국 통일외교 전략』(서울: KIEP, 2014).

Allison, Graham, *Destined for War*: Can America and China Escape the Thucydides's Trap? Boston, MA: Mariner Books, 2018.
Bernstein, Richard and Ross H. Munro, "The Coming Conflict with China," *Foreign Affairs*, Vol. 76, No. 2, 1997.
Booth · Ken Booth, *Theory of World Security*, Cambridge, UK: Cambridge University Press, 2007.
Brunnermeier, Markus, Rush Doshi and Harold James, "Beijing's Bismarckian Ghosts: How Great Power Competes Economically," *The Washington Quarterly*, Vol. 41, No. 3, 2018.
Buszynski, Leszek, "The South China Sea: Oil, Maritime Claims, and US China Strategic Rivalry," *The Washington Quarterly*, Vol. 35, No. 2, 2012.
Christensen, Thomas J, *The China Challenge: Shaping The Choices of A Rising Power*, New York: W. W. Norton & Company, 2016.
Duncombe, Constance and Tim Dunne, "After Liberal World Order," *International Affairs*, Vol. 94, No. 1, pp. 25-42, 2018.
Edelstein, David M, "Cooperation, Uncertainty, and the Rise of China: It's About Time," *The Washington Quarterly*, Vol. 41, No. 1, 2018.
Ikenberry, G. John, "The End of Liberal International Order?," *International Affairs*, Vol. 94, No. 1, pp. 7-23, 2018.
Kang, David C. and Xinru Ma, "Power Transition: Thucydides Didn't Live in East Asia," *The Washington Quarterly*, Vol. 41, No. 1, 2018.
Katzenstein, Peter, *A World of Regions: Asia and Europe in the American Imperium*, Ithaca, NY: Cornell University Press, 2005.
Levy, Jack S. and William Thompson, *The Arc of War*, Chicago, IL: University of Chicago Press, 2011.
Nye, Joseph S. Jr, "American and Chinese Power After Financial Crisis," *The Washington Quarterly*, Vol. 33, No. 4, 2010.
______________, "The Future of American Power: Dominance and Decline in Perspective," *Foreign Affairs*, Vol. 89, No. 6, 2010.
Ott, Marvin, "The South China Sea in Strategic Terms," Wilson Center's Asia Dispatches, 2019.

Park, Ihn-hwi, "Alliance Theory and Northeast Asia: Challenges of the 60th Anniversary of the Korea-US Alliance," *Korea Journal of Defense Analysis*, Vol. 25, No. 3, pp. 317-31, 2013.

Ross. Robert S, *Strategic Adjustment and the Rise of China: Power and Politics in East Asia*, Ithaca, NY: Cornell University Press, 2017.

____________, "China II: Beijing as a Conservative Power," *Foreign Affairs*, Vol. 76, No. 2, 1997.

Snyder, Glenn H, "Alliances, Balance, and Stability," *International Organization*, Vol. 45, No. 1, pp. 121-142, 1991.

Sutter, Robert G, *US-China Relations: Perilous Past, Uncertain Present*, Baltimore, MD: Rowman & Littlefield Publishers, 2017.

한반도 뫼비우스의 띠 풀기:
북한 비핵화와 평화 구축

2021년 3월 26일 초판 1쇄

지은이 박영호 외
발행인 홍석현
발행처 재단법인 한반도평화만들기 / 한반도포럼
주소 서울특별시 성북구 성북로 148
전화 02-3676-6002
홈페이지 http://www.koreapeace.foundation/
펴낸곳 늘품플러스
출판등록 2004년 3월 18일, 제2-4350호
주소 서울 중구 퇴계로 243 평광빌딩 10층
전화 02-2275-5326
ISBN 979-11-88024-47-6 03340

정가 18,000원